岩　波　現　代　文　庫

あしなが運動と玉井義臣

歴史社会学からの考察

(上)

副田義也
Yoshiya Soeda

社会 338

岩波書店

目　次

Ⅰ　個人的体験……1
1　母の交通事故　1
2　死を待つ日々　4
3　象徴的敵討ち　7
4　手術と死　13
5　損害補償　16
Ⅱ　時代の本質……21
1　高度成長期　21
2　自動車産業の発展　28
3　自動車関連産業　38

4 モータリゼーション 42
5 交通事故 49
6 大気汚染など 59
III 交通評論家の誕生……65
1 「交通犠牲者は救われていない」 65
2 「ひかれ損の交通犠牲者」 71
3 テレビによる交通キャンペーン 74
4 ダンプ論争 77
5 刑法二一一条改正キャンペーン 81
6 「殺人機械」 86
IV 社会運動家への変身……93
1 岡嶋信治の体験 93
2 交通事故遺児を励ます会 96

3　玉井と岡嶋の出会い　101
4　世論の大きいうねり　106
5　政治を動かす　110
6　交通遺児育英会の創立　115
V　資本の論理・民衆の論理……121
1　資本の論理・民衆の論理　121
2　学生募金の論理（一）　125
3　学生募金の論理（二）　129
4　交通遺児育英会の財政構造　134
5　奨学金制度（一）　140
6　奨学金制度（二）　144
VI　時代を撃つ……153
1　二六項目の要望　153

2 自損事故保険制度の創設 158
3 ゆっくり歩こう運動 164
4 宇沢弘文『自動車の社会的費用』 169
5 調査とキャンペーン 174
6 授業料減免制度の獲得 181
7 雇用促進法の挫折 185

Ⅶ 若い運動家たち …… 193

1 事務局の構成 193
2 山本孝史 198
3 山北洋二 206
4 桜井芳雄 212
5 藤村 修 217
6 吉川 明 223
7 林田吉司 229
8 工藤長彦 235
9 かれらはなぜ交通遺児育英会をえらんだのか 241

Ⅷ「あしながおじさん」群像……247
1「あしながおじさん」制度の発明　247
2「あしながおじさん」たちの登場　251
3「あしながおじさん」になった動機　258
4 日本人的ボランティア像　281

＊本書の引用箇所には、今日の観点からは問題のある表現も見られるが、当時の社会背景に鑑み、原文のままとした。

下巻目次

IX　教育運動家の自己発見
X　恩返し運動の展開
XI　過剰成功と問題の性格変化
XII　社会運動家は追放された
XIII　もうひとつの物語
XIV　社会運動の社会学への示唆

あとがき
岩波現代文庫版に寄せて(玉井義臣)
解説　「現場」をもつ社会学の力(苅谷剛彦)

I　個人的体験

1　母の交通事故

玉井義臣は、二八歳の冬、かれの人生の転機に出会った。母親、玉井ていが交通事故に遭い、死んだのである。それもひどく酷たらしい死にかたであった。

事故は、一九六三年一二月二三日、夕方六時半、大阪府池田市の玉井家の自宅のまえ、二級国道、池田瑞穂線の路上でおこった。当時、七三歳のていは一一メートル幅の道路を横断していたところ、二四歳の若者が運転していた小型普通貨物自動車にはねとばされたのである。のちの調べでは車は時速六〇キロ以上を出していた。運転者は曇った窓ガラスをふいたさい、瞬間、前方の視界を失い、それから二〇メートルさきにていの姿を発見し、あわててブレーキを踏んだが間にあわず、車はスリップし、彼女をはねた。数メートル後から事故を目撃した歩行者によると、車と人体がぶつかった異様な衝撃音がして、彼女の軀は車より高くはねあがり、五、六メートルさきの道端に落下した。タイヤのスリップ痕は一六メートルにおよんでいた。車のフロント・ガラスが破れて細片が現場に散らばっていたのは、彼女の軀がそこに当ったからであろうか。

病院に運びこまれたとき、ていは、意識がなかった。これは、事故の瞬間からのことであったろうと思われた。原因は、おそらくは、車にはねあげられ、地面に叩きつけられたとき、頭を強打したためである。これはのちに脳内出血をひきおこした。ほかに大きい怪我としては、頭から頬にかけて大きい三日月型の裂傷があり、右脚の大腿部の付け根のところが骨折したうえ切れかけてぶらぶらになっており、ほかに大腿部が二ケ所で複雑骨折、下腿部も一ケ所、骨折していた。病院では、とりあえず、頭から頬にかけての裂傷を縫い、脚の骨折は手術してつなぐなどの外科的処置をおこなったが、強打した頭には手当の仕様がなかった。病院に脳外科の専門医がおらず、その治療の能力がなかったのである。これが三五日後のていの死亡の原因になる。顔と脚の怪我はひどいもので、手術に立ち会った玉井の長兄、寛一はそのあまりの酷たらしさに卒倒しかけた。

玉井は、そのころ、両親や兄夫婦からはなれて、東京の安アパートでひとり暮しをしていた。事故がおこった日の一〇時過ぎ、かれのところに電報がとどいた。「〔一二月二三日〕ハハコウツウジ　コ／キトク／スグ　カエレ／チチ」。かれは、仕事は株式評論家であると自称していたが、実際は株式関連のジャーナリズムから不定期に注文をうける雑文書き稼業で、辛うじて食いつなぐ生活をしていた。そのときも、すぐ帰ろうにも旅費がなかった。アパートの住人仲間、数人に頼みこんで金を貸してもらい、旅費を辛うじてととのえると、一〇時四〇分になっていた。東京発大阪行の列車はすべて出てしまった時刻である。羽田発大阪行の飛行機の最終便、ムーン・ライトを当てにして、かれは、アパートをとび出すと、タクシーを拾い、羽田に向かった。渋谷の繁華街を通りぬけるとき、クリスマス・イヴの前夜ということで、人びとがとんがり帽子をかぶり、酔っぱらって肩を組み、歌をうたいながら練り歩いていた。

開通したばかりの高速道路をタクシーは一〇〇キロでとばしてくれた。当時の東京暮しではあまり経験しない速度なのだが、あせっている玉井には、それがひどくのろく感じられた。羽田空港につき、全日空のカウンターにかけつけたが、当夜のムーン・ライトの切符はすべて売り切れていた。あとはキャンセルが出るのを待つほかない。キャンセル待ちの客がすでに三人いて、かれの待機者番号は〝4〟であった。〝4〟は死に通じる。「お母ちゃん、死んだんやないやろか」。不断はかついだことがない玉井が、そんな他愛のない連想で、胸を締めつけられるような想いをした。待つ時間はとても長く感じられた。出発一〇分まえに四人目のキャンセルがようやく出て、かれはムーン・ライトに最後に搭乗する客となることができた。飛行機は午前一時四〇分に離陸した。

午前三時、伊丹空港着、タクシーで両親の家をまわって病院にとびこんだのが、三時二〇分であった。病室では兄たちがてぃの枕許についていた。玉井の第一声「どないや」――「朝までもたん、いうてはる」次兄・孝一が力のない声で答えた。彼女は顔の大部分に包帯をまかれ、氷枕を当てがわれ、酸素吸入をうけていた。枕許のタンクで酸素がポコポコと小さい音をあげており、母親はかすかに寝息をたてていた。まだ生きている。間にあった。その想いが最初にきた。ほっとしていた。それまで死に目に間にあわないことをひどく恐れていたためだろう。医師が朝まで生かすのは無理だといっているという宣告の意味がまだ実感されなかった。

兄たちは、加害者の若者について玉井に語った。かれは、玉井家の隣家のかつての使用人で、隣家の主人とは従兄弟の仲であった。玉井家の息子たちは、隣家の家族とも、若者の家族とも二〇年以上、親しくつきあっていた。しかし、玉井自身は、大学に入ってからのちは生家をはなれて暮らしていたので、当の若者とも一〇年ちかく、ほとんど顔を合わせてこなかった。そのせいもあってか、かれは、兄たちよりも、自分のほうがその若者への怒りの感情がつよいようにおもった。兄たちのひとりが、加害者も辛いだろうと、お人好しの感想を洩らしたとき、玉井は、なにをいうんだ、ぼくはあいつを殴ってやりたい、と口走ったりした。

2　死を待つ日々

ところで、明け方ちかくになると、医師の判断とは逆に、母親の容態がわずかにだがよくなってきたようにみえた。蒼白かった頬にうすく血の気がさし、脈がしっかりしてきたと見まわりの看護婦がいった。あるいは助かるのではなかろうか。病室にいる息子たちは、その希望にとりすがり、おたがいにそれを言いあった。そのあと、気が弛んだせいだろう、玉井は病室のすみの椅子に坐ったまま、しばらくまどろんだ。しかし、朝になって回診にきた医師は、息子たちの期待をこめた質問にとりあおうとしなかった。今後の様子をみないと、なにも言えない。いまの状態だけでは、けっしてよくなってきているとは言えない。かれは慎重ないいまわしで、かれらに覚悟を迫るようであった。

医師が去ってしばらくすると、見舞客たちがつぎつぎに訪れはじめた。母親の死の予想に怯え、睡眠不足による疲労を重く感じながら、儀礼的な見舞いの言葉に対応するのは辛いものがあった。いらいらもした。そんな経験のくりかえしのうちに、玉井は、肉親が事故にあって瀕死の重症という状況にある人間にたいしては、見舞いにゆかず、そっとしておいてやるのが、本当に心のこもった見舞いなのだと、考えるようになった。

加害者の若者が見舞いにきた。謝罪の言葉も満足にいえず、涙を流しながら、頭を下げるばかりである。玉井は、兄たちから加害者がかれであると聞かされたときの怒りはどこかにいってしまい、困惑して、冷ややかな態度をとっているので精一杯であった。ところが、兄たちや父は、むしろ若者の気持をなだめるような対応をしていた。被害者の家族が加害者を責めるというような雰囲気はまったくなかった。若者には、かれが勤める会社の社長がつきそってきた。かれは、玉井の家族に自分の会社の従業員がおかした過失について、いんぎんに詫びを述べた。この社長と長兄の寛一は幼なじみであり、玉井は子ども時代にかれから遊んでもらった記憶があった。社長の丁重な挨拶にたいして、兄たちや姉たちは口々に気遣いに恐縮している、感謝しているなどと応じていた。

この日から、ていは三四日間、生きた。最初、治療の主なものは、一時間おきの看護婦による注射で、これは脳内出血を止め、脳の腫れをおさえるためのものだと説明された。しかし、脳外科の専門医がいなかった病院のことゆえ、この説明がどこまで正しかったかどうかは、わからない。ほかに静脈への点滴注射がずっと続けられており、リンゲルとブドウ糖の注射、何種類かの筋肉注射がまじった。それから、氷枕、氷のう、酸素吸入。病室に交代でつめている家族は、父親、五人の兄たち姉たち、四人のかれらの配偶者たち、玉井、三人の甥たち。しかし、家族にできることは、氷のつめかえ、酸素がなくならないか注意していること、見舞客の応接、それに意識がないままに「眠っている」母親に変化が生じないか、見守っていることだけである。医師によれば、最悪の容態がつづいていた。

ていの最初の変化は、あくびだった。その回数は時間がたつにつれて増えた。医師は、まえもって、彼女があくびをしはじめるかもしれないこと、それはよい兆候といえないことを家族に告げていた。かれらは、そのあくびに緊張し、不安をつよめた。玉井にもその心理はあったが、他方では、吐息とともにするあくびを、母親が生きているあかしのようにも感じた。

患者の身体は非常に頑健で、投与するすべての薬剤を完全に受けいれている。彼女の延命に意欲的にとりくみたい。医師がそんな表現をするようになった。鼻腔から胃に長いゴム管をとおし、それをつうじての栄養補給がはじまった。最初は重湯だった。のちに、それに牛乳、卵黄、果汁がくわえられた。栄養を多くとらせて、回復を速めたい。そう思って、重湯などの量を増したり、点滴の速度をあげると、食物がゴム管を逆流して戻ってきた。

年末ちかいある日、ていは高熱を出した。老人にありがちな肺炎併発の疑いがあった。抗生物質が流動食にまぜられ、注射にもつかわれる。大晦日か、元旦が危いと医師は言った。その夜、交通事故で脚を骨折した若者が同じ病室に入ってきた。その事故を起したタクシー会社からの見舞いがやってくる。若者の母親がかけつける。しかし、若者の生命に別条がないとわかって、人びとの声がはずみ、そこに喜色がにじんだ。客たちが帰ったあと、若者は、麻酔が切れたせいか、呻きはじめ、「痛い、痛い」と泣きはじめた。死とは無縁の泣き声は力強く感じられ、玉井はねたましさを感じた。

大晦日、ていの熱は下がった。彼女は二度目の生命の危機を乗り切った。年が明けた。入院期間が一〇日をすぎると、つきそっている家族たちに疲労が蓄積しはじめた。職場で仕事をし、家庭の家事も最小限はこなしながら、病院につめつづけるのである。それに、医師が「いつ容態が急変するかわからない」というので、家族たちの行動は大きい制約をうけていた。

3　象徴的敵討ち

一月半ば、ていの症状は小康状態に入った。医師はそれを看病が長期戦になるのを覚悟してくれという言いかたで表現した。家族たちの疲労は限界に達していた。かれらは相談して、付添婦をつかうことにし、とにかく職場では不断の勤務のしかたに戻った。玉井は帰京して、新年の挨拶まわりをし、仕事の打ち合わせなどをこなした。しかし、母親のことが気になってたまらず、頻繁に生家に電話をかけ、彼女の容態を問い合わせた。とくに変ったことはないという返事が、その都度もどってきた。

中旬のある日、玉井は、電話で兄から、母の頭部に手術をするかという話が医師から出たと聞かされた。その手術によって、脳内出血をとりのぞけば、意識が回復するかもしれない。しかし、脳のレントゲン写真をとってみた結果、手術は無理だと、医師が判断したという。なぜ無理なのか、どんな危険があるのか。そのあたりになると、兄の説明は要領をえず、かれはもどかしかった。家族たちが一所懸命に看病してくれているのは、よくわかっていた。しかし、事態の打開のために、自分の判断力、決断力が必要とされているのではないか。

仕事の日程を強引にやりくりして、玉井は大阪にもう一度帰った。夜、かれはまっすぐ病院にゆき、病室にはいった。かれは、ぎょっとして立ちすくんだ。ベッドにいるてぃの右目だけがぱっちり開いていた。その目に意志のひかりがあると、かれは感じた。左目は閉じている。顔の左半分はデス・マスクのようだ。しかし、右目は息子につよく訴えているようであった。

「わかっている、お母ちゃん！　お母ちゃんのいいたいことはみんな、わかっている」。敵《かたき》をとってくれ。母はそういいたいのだと直感した。だれが、あるいはなにが敵なのか、わかっていた訳ではない。どうやったら敵討ちがはたせるのかも、はっきりわかっていた訳ではない。当時のかれの仕事からして、文筆活動という形式はみえていたように、のちになってからは思ったのだが、そのときは、敵をとってくれという切実な想いだけが、母親の心から息子の心へ、たがいに見交わす目差をつうじて入ってきた。

「わかっているから、いまは安心して眠ってちょうだい」。玉井は、いいながら、右手で母の瞼を合わせた。しかし、もう一度、彼女は右目をゆっくり開いた。頼んだで！　義臣。

「わかっている！」

のちになって玉井は知るのだが、医学的にいうと、このときていの右目が開いたのは、瞳の周辺の筋肉がゆるんでしまった結果であり、ただの生理的現象であった。だから、彼女が敵をとってくれと念じたとはいえない。そこでおこった客観的事実は、母親の右目が開いたという生理的現象が、息子のなかで彼女の悲運への同情とその悲運をもたらしたものへの憤慨をかきたて、その激発した感情をかれは「敵討ち」という行為の理念へと向けていったという心理過程である。別のいいかたをすれば、息子はちかづいてくる母親の死の予感とそこから生じる深い悲しみに「敵討ち」という伝統的倫理規範に属するシンボルのひとつを想いうかべて、耐えようとしたのである。

このばあい、「敵討ち」というシンボルには二つの意味がある。ひとつは、一般的には、それは復讐を意味する。いくらか具体的に言えば、それは日本の武家時代における武士階級の倫理規範のひとつであり、この規範によれば、武士階級に属する男女は恩義がある人間が殺害されたり、名誉を傷つけられると、その加害者を殺害して復讐する義務があるとされた。この原義による倫理規範は、明治維新以後、刑法によって禁止されるが、その規範の気分は社会生活のなかで肯定されて現在にいたっている。新渡戸稲造は名著『武士道』（一八九九年）

のなかで、親や主人の敵を討つ行為を論じて、端的に述べている。「復仇には人の正義感を満足せしむるものがある」。あるいは「この中に人間生まれながらの正確なる衡平感および平等なる正義感が現れている。『目には目を、歯には歯を』。吾人の復仇の感覚は数理力のごとくに正確であって、方程式の両項が満足されるまでは、何事かがいまだになされずして残っているとの感を除きえないのである」(新渡戸、矢内原忠雄訳『武士道』岩波文庫、一九九〇年、一〇七ページ)。

ルース・ベネディクトは、これも名著である『菊と刀』(一九四六年)のなかで、前掲の新渡戸の文章を引用しながら、やはり書いている。「復讐は、ひとから侮辱や敗北を蒙った場合には、『よいこと』として、日本の伝統の中で高い地位を占めている」。この説明のしかたは、新渡戸のそれに比較して、復讐という行為の範囲をひろげている。これによれば、ひとは自らの名誉を傷つけた相手にたいしても復讐の義務を負うことになる。さきの叙述につづいて、ベネディクトがくわしく紹介している事例も、自らの名誉を傷つけた主人を成功によって見返す男の物語である。なお、彼女が、「敵討ち」を肯定する新渡戸が「日本におけるもっとも博愛心に富む人間のひとり」であったといっているのに注意しておこう(ベネディクト、長谷川松治訳『菊と刀――日本文化の型』現代教養文庫、社会思想社、一九七七年、一八七ページ)。伝統的な日本文化のなかで、復讐の愛好と博愛の心情は、矛盾なく両立する。

「敵討ち」というシンボルのいまひとつの意味は、死者の死の意義づけである。玉井は、この母親の死をきっかけとして、交通事故と救急医療、その事故への補償制度などをラディカルに論じて、モータリゼーション批判、現代社会批判におよぶ交通評論家となり、のち交通遺児家庭の救済運動、遺児たちの教育運動を組織、展開する社会運動家になってゆく。この過程の論究は本書の主題であるが、玉井は、かれの評論家、運動家としての活動を、交通事故で死んだ母親の「敵討ち」としばしば説明している。このばあい、敵とは、母親の死をもたらしたものとしての交通事故、自動車、モータリゼーション、現代社会などであろう。そして、敵討ちとは、それらの社会的事象にたいする根源的批判である。その批判は言説によっておこなわれるから、その敵討ちは「象徴的敵討ち」である。それは、救済運動、教育運動へと展開することで、博愛の価値をもつものとなる。母の死は、息子によってそれらの批判と運動の推進力に転化し、意義があるものとなった。

私は玉井と識り合って四半世紀以上、親しく交わってきた者だが、かれの最初の著書で紹介されている瀕死の母親の病室で敵討ちの約束をしたという、このエピソードには長いあいだ違和感をもっていた。話が出来すぎているようにおもえ、大時代趣味をも感じていた。その私が、玉井の言い分をそのまま受け入れるように気持を変えたのは、玉井の愛弟子たちのひとり、金木正夫からかれ自身の体験を聞いたことによってである。

金木は交通遺児で父親を交通事故で亡くしており、交通遺児育英会の大学奨学生出身で、そのころ東京大学医学部講師で大学病院に勤務していた。いまはハーバード大学で講師をしている。かれは、東京大学での学生時代、はじめのうちは交通遺児育英会の運動に反発していたが、やがて玉井の人物に心酔し、その運動に深入りしてゆく。当時、同会は、交通遺児家庭の母親に労働条件のよい仕事を確保しようとして「母子家庭の母親の雇用促進法」の制定にとりくみ、またバイク事故の減少をめざしてバイクの運転免許証を交付する年齢の下限を一八歳に引き上げようというキャンペーンをおこなってきた。金木は達意の文章の書き手であり、判断力もすぐれていたので、運動の幹部として重用され、大学の教室へ出席する日数は少なかった。かれの母親は息子のそのような生活態度を悲しんだ。私は訊いた。

「どうして、そんなに運動に深入りしていったのかね」。

「父親の死を意義のあるものにしたい。無駄死にさせたくない。運動とその成果によって、父の死の記念碑を建てるような気持ですか、ね。それがぼくのグリーフ・ワークでした」。

グリーフ・ワークは直訳すれば悲しみの仕事である。心理学用語で、愛する者が死んださい、悲しみを充分に悲しんで、それを乗り越えることを意味する。この概念をめぐって、現在、私は金木や玉井と新しい研究課題にとりくみはじめたところだが、これは本書の最後ちかくに出てくる話題である。

金木が、父親の死を意義のあるものにしたいといったとき、私は、玉井のいう敵討ちの意味がはじめて全体的に了解できたと思った。私は、敵討ちという言葉の時代趣味にまどわされて、さきにいった二つの意味のうち、第一の復讐をつよく意識しすぎて、第二の死の意義づけにまったく気づかなかった訳ではないが、それを充分には認識していなかったのだ。私は、この第二の意味をなるべく私が感得するがままに読者に伝えようとして、さきの説明を工夫した。キイ・ワードは三つ、社会的事象にたいする根源的批判、「象徴的敵討ち」、そして、博愛の価値である。われわれは、はからずも、伝統的な日本文化における復讐の愛好と博愛の心情の両立を、両者が合致するというかたちで見出すことになったのである。

4　手術と死

叙述を玉井ていの病室にもどそう。

一月中旬、ていは次第にやせていった。毎日何本となく打つ注射のためか静脈が固くなり、点滴の針を入れるのに医師は苦労していた。意識はまったくないのだから、痛みは感じていないはずだ。そう思いながらも、玉井は、やせ衰えた母の腕に何度も針が入るのをみて辛かった。

母の主治医は大阪大学の医局から派遣されてきている外科医であった。そのころ関西では、大阪大学医学部は京都大学医学部についで優秀な医師たちがあつまっているところだといわれており、玉井もかれの家族たちも、そこからきた医師たちが診てくれるということで、心強く思っていた。玉井は、相談のための時間をとってもらって、ていの頭部の手術は可能なのか、その結果の見通しはどうなのかを、あらためて訊いてみた。医師は率直な口振りで答えた。脳の血管が傷ついて、頭蓋骨のなかに出血がたまっており、それが脳を圧迫して意識が回復しないのではないか。あるいは、生命の根源である脳幹部になにか異変があるのかもしれない。本当のところはよくわからない。最初の推測のとおりだとすると、頭蓋骨にドリルで孔をあけて、そこからたまっている血液を流し出すという手術が治療効果をもつことが考えられる。しかし、そのような手術は大阪大学医学部ではまだおこなわれたことがない。それをやるのならば、教授とよく相談して全力をつくすが、患者が助かる可能性はあまりないのではないか。もちろん、手術中に患者が死亡する事態もありうる。

玉井は翌日の夜、家族に集まってもらい、そこで、医師の説明をくわしくつたえ、そのうえで提案をした。

「お母ちゃんがこのままやせ衰えて、死んでゆく姿はみていられない。頭の手術をしてみても九九パーセントは駄目かもしれない。しかし、一パーセントの助かる可能性があるとすれば、それに賭けて、手術をやるべきではないか」。

父も、兄たち姉たちも、重苦しい雰囲気のなかで、かれの提案に同意した。反対意見はまったくなかった。だれも、手術の結果には不安をもっていたが、このままでは母がかわいそうだという点では一致していた。

一月二一日はていの七四歳の誕生日であった。これが彼女の最後の誕生日になることだけは確実だろうと、玉井は考えた。子どもたちの誕生日と命日を一度も忘れたことがない彼女は、かつて自分の誕生日を祝ったことがなかった。親許をはなれて一〇年あまり、かれも母の誕生日に祝いの言葉や贈り物を贈ったことが一度もなかった。それをあらためて意識しつつ、おれは親不孝な息子だったのだなと、かれは思った。

一月二二日、ていの頭部の手術がおこなわれた。手術室に運びこまれる彼女は、頭髪と眉毛がすべて剃り落され、尼僧のようになっていた。手術は午後になってはじまり、二時間半かかった。今度は家族は手術室に入ることを許されず、手術室の外で待たされた。かれらは不安で、立ったり坐ったり、歩きまわったりしたが、ほとんど言葉はかわさなかった。

手術は終ったが、ていの意識は回復しなかった。病室にもどってきた彼女の頭には、二本のゴム管がつけられていた。医師の説明によると、頭蓋骨に二箇所で穴をあけ、そこから洗滌して血のかたまりを流した、しかし、流れ出た血の量はそれほどではなかったという。出血はわずかにつづいているので、それはゴム管をつうじて排出される。

夜に入ると、ていは高熱を出した。いままでまったく動かなかった彼女の左手がわずかに動いた。これが、さしあたっての手術によるマイナスとプラスの効果であった。翌日も高熱はつづき、体温計は四一度五分までを記録して、停まってしまった。息づかいがひどく荒くなった。その状態がさらに二日間つづき、手術から四日目の夜中に、彼女は全身で痙攣をおこし、苦しみはじめた。意識がないのだから、本人は苦しみを感知していないのだろうが、身体が全体で苦しみを表現していた。喉にタンがひっかかり、ゴロゴロと鳴った。間歇的に襲ってくる痙攣のたびに、彼女の身体はベッドのうえではねあがる。家族たちは涙を流しながら、彼女の肩や脚をおさえていた。彼女の最期が近づいていることを皆が識っていた。

一月二七日、午前五時半ごろ、ていは大きく身体をゆすりはじめ、呻き声をあげはじめた。もう見ているほかはなかった。玉井は、母親の生命が最後の訴えをしているように感じていた。八時五分、彼女は死んだ。

葬儀や初七日のことは、玉井の記憶にあまり残っていない。母親の死をみとどけるところまでで気力をつかいはたし、あとは虚脱状態にいたのだろう。ただ、葬儀の席で、叔母たちのひとりから、ていがこのところ「義臣が嫁ハンをもらうまでは生きていてやりたい」と何度かいっていたと聞かされ、ショックをうけたのは鮮明に記憶に残った。母親にとって、自分は不出来な息子であった。そんな自分の将来を彼女は気遣ってくれていた。それなのに、自分は彼女に孝行の真似事もせずじまいであった。つよい後悔の気持があった。

5　損害補償

初七日がすんだあと、玉井家の人びとは、ていの交通事故死とそれにともなうさまざまな損害について、加害者側にどのような要求をおこなうかを、考えなければならなかった。まず、三五日間を苦しんで死んでいった母の被害があった。彼女のための損害賠償は妥当な金額でなければならない。それが不当に安いものであれば、彼女の苦しみや死がみくびられたことになる。ついで老境に入ってから、いきなり配偶者を奪われた父親の被害がある。かれは、これからはひとりで暮らしてゆかねばならない。それから母親を失った子どもたちへの慰謝料、治療費、葬儀費の一部など。

損害補償の内容の内訳については、いちおうそう考えてみたが、それぞれの金額をどう見積るかの見当がつかなかった。玉井は友人たちに頼んで、損害補償の実例を調べてもらったが、先例として参考になりそうなものは見つからなかった。そこで、かれは、数日まえの新聞でみた自動車強制保険の支払い限度額をめやすにすることにした。それによると、二月一日から支払い限度額が引き上げられて、死亡者には一律一〇〇万円、傷害をうけた者には三〇万円までが支払われることになっていた。もちろん、加害者の自動車が加入している保険は旧制度のものであったから、死亡者に支払われる限度額は五〇万円であることはわかっていたが、政府が新しく決めた交通事故死を補償する最低限度の金額がもっとも説得力に富むだろうと、玉井は考えたのである。

これにもとづき、母自身の苦しみと死の補償、父と子どもたちへの慰謝料を、玉井は一四八万円と計算した。これに、治療費二〇万円、葬儀費の一部五万円をくわえた。第一回目の示談交渉では、加害者側を代表してやってきたのは、加害者の若者が勤めている企業の社長であった。かれは、玉井から、請求金額とそれについての説明を聞き、「検討させてもらいます」とだけいって、引き上げていった。

先方からの回答は、玉井家の人びとが期待していた期間内にはこなかった。回答を催促しても、はっきりした返事がかえってこない。いろいろうるさくいう玉井が東京に帰るまで回答を引きのばして、そのあと、おとなしい兄たち、姉たちを相手に交渉するつもりなのかと思われた。二週間ほど待ったが、それ以上は待ちきれず、玉井は東京に帰った。それを追うようにして、二回目の示談交渉の内容をつたえる兄からの報告がとどいた。相手方は、治療費など二五万円をふくめて総額七〇万円の回答をしてきたという。それでは慰謝料は四五万円ということになる。もし、これを、父母と六人の子ども、計八人で頭割りにすれば、六万円弱である。相手方は強制保険金の五〇万円は出るのだから、それ以外の実質的出費を二〇万円におさえて、ことを片付けようとしているのだ。「二〇万円でお母ちゃんを買うといわれて、怒らん奴がどこにいるか！」

三度目の示談には玉井も出た。不愉快きわまりない話し合いであった。この日、相手方の主役は加害者の兄で、かれは薄ら笑いをうかべながら、「弟も後悔しておりますから」とくり返しいった。死者を哀悼する気持などまったく感じられず、補償金をできるだけ値切るために「買い叩こう」という姿勢が露骨に出ていた。土地者の義理と人情をできるだけからませて、かれは交渉を有利に運ぼうとした。玉井がたまりかねて「裁判になるかもしれませんね」というと、相手はいきなりこわもての態度になり「受けて立ちましょう」とすごんだ。四度目の示談でも交渉はまったく進展しなかった。

玉井は裁判で決着をつける道を選ぶべきだと家族に主張した。しかし、かれの父親や義兄たちはそれにはつよく反対した。かれらにとって、裁判は忌み嫌うべき公事《くじ》であったし、まして同じ地域社会の住民を訴えることは人非人のスティグマを刻印される行為であった。玉井は、かれらの反対に遭って、かれの主張をひっこめた。裁判を強行すれば、迷惑をうけるのは地元でくらす父や兄たちであって、遠い東京にいる自分ではない。かれらの意見こそが尊重されるべきだろう。玉井は兄たちに交渉の一切をゆだねて、東京に帰り、仕事に専念した。

その後も、相手方の強気はかわらず、交渉は難航していると、兄たちは伝えてきた。

「一〇万円、二〇万円ならともかく、お宅は無茶なことをいいはるから、話になりまへん」。

「ダンプにひかれたと思うてみなはれ」。

次第に露骨な暴言が吐かれるようになった。揚句のはてに、加害者の兄がいった。

「見方によればよ、厄介者のばあさんを片付けてやったともいえるわな」。

このときは、温厚な兄の寛一がたまりかねて怒鳴った。

「もういい！　金はいらんから、おふくろを返せ！」

そんな修羅場がつづいたあと、六月三日、急に示談がまとまった。先方が第三者の使者をたてて、治療費などの二五万円をふくむ総額一〇〇万円の提案をしてきて、兄たちがそれを受け入れたのである。事故発生から一六二日目、ていの死亡から一二七日目のことであった。あとからわかったことだが、先方は、加害者の若者の刑事裁判がはじまるので、示談を成立させておき、裁判官の心証をよくして、禁固刑を逃れようとねらったらしい。また、示談を成立させるタイム・リミットを刑事裁判の開始をにらみあわせて設定し、その直前まで法外の安い金額の補償金に固執しておき、そこで一気に金額を引き上げてみせるという演出をしたのかもしれない。

Ⅱ　時代の本質

1　高度成長期

玉井義臣は、母親の交通事故死という個人的体験をいわば原体験として、交通評論家、社会運動家として画期的な大きい仕事をした。その仕事の経過は次章以降でくわしく論じるが、すでにその性格の一端をモータリゼーション批判、現代社会批判といい、また、社会事象への根源的批判ともいっている。かれがすべてを意識して選択した結果ではないが、かれが象徴的敵討ちとして突き進んだ道は、結果として、時代の本質、かれが生きる社会の本質にたいする烈しい批判に通じていた。このことをあきらかにするためには、まず、その時代の本質をわれわれがどうとらえているかを示しておかねばならない。

次章以降の記述から一部をさきどりしていうことになるが、玉井の母親の事故死は一九六四年、かれの交通評論家としてのデビューが六五年、交通遺児育英会の創立が六九年の出来事であるから、ここでとりあげられる時代はまず六〇年代、ひいては、一九五〇年代半ばにはじまり七四年秋の第一次石油ショックまでつづく高度成長期である。玉井の仕事は、高度成長期という時代の本質への根源的批判であった。そうして、かれの仕事のその性格は、交通遺児育英会の運動の第一期一〇年をとおして持続する。そのかぎりでは、われわれが論じる時代は七〇年代一杯にまで延長されるべきであろう。なお、八〇年代以降については、ここでは比較対照のために必要とされるかぎりで統計データのみを示し、のちにあらためてそれ自体を論じることにする。

さて、一九五〇年代半ばから七〇年代終りまでの時代の本質はなにであるか。それを以下では、高度成長、自動車産業の発展、モータリゼーション、交通事故、大気汚染などの五点から論じる。

第一は高度成長である。

一九四五年八月、日本は、太平洋戦争に敗れ、アメリカ軍を機軸とした連合軍の占領下におかれた。日本経済は崩壊しており、都市の多くは焼失し、国土は荒廃していた。その年と翌年、国民の少なからぬ者が飢餓線上をさまよわねばならなかった。そののち、社会の復興が次第に進み、敗戦後一〇年たった五五年から日本経済の高度成長がはじまる。この経済変動をあとづける指標としては、実質

年次推移(単位：10億円・%)

国民総生産	成長率	年次	国民総生産	成長率
187,918	10.3	1980	290,454	2.7
196,320	4.5	81	299,124	3.0
213,139	8.6	82	308,999	3.3
230,299	8.1	83	316,448	2.4
227,014	△1.4	84	329,032	4.0
234,203	3.2	85	344,166	4.6
243,542	4.0	86	354,171	2.9
254,349	4.4	87	369,714	4.4
267,985	5.4	88	392,733	6.2
282,945	5.6	89	412,097	4.9

の前年比はない.

大蔵省印刷局, 1998, p. 5.

表1　実質国民総生産と実質経済成長率の

年次	国民総生産	成長率	年次	国民総生産	成長率	年次
1950	16,240	12.2	1960	71,631	13.3	1970
51	18,430	13.5	61	80,051	11.8	71
52	10,506	—	62	86,902	8.6	72
53	11,101	5.7	63	94,495	8.7	73
54	11,783	6.1	64	104,970	11.1	74
55	47,246	—	65	110,978	5.7	75
56	50,738	7.4	66	122,379	10.3	76
57	53,981	6.4	67	135,971	11.1	77
58	57,892	7.2	68	152,087	11.9	78
59	63,232	9.2	69	170,302	12.0	79

注1：1955年以降で遡及推計を採用(暦年)，したがって，1955年
　2：実質価格は1990年の暦年価格による．
資料出所：経済企画庁調査局編『経済要覧・平成10年版(1998)』

国民総生産と実質経済成長率が最適であろう。表1をみられたい。一九五五年、実質国民総生産は、四七兆二四六〇億円である。表の注1でいう理由から同年の実質経済成長率はもとめられないが、別の方法で計算したばあい、それが一〇・〇％になるという試算がある。この一九五五年から五七年半ばまでの好況は当時、神武天皇以来の好景気ということで神武景気と呼ばれた。ついで、五八年半ばからの好景気は、実質経済成長率が五九年九・二％、六〇年一三・三％、六一年一一・八％とつづき、これは神武景気以上であるから、天の岩戸の出来事以来ということで岩戸景気と呼ばれた。さらに、実質経済成長率が六三年八・七％、六四年一一・一％のところはオリンピック景気である。東京オリンピックが開催されたのは六四年一〇月であった。そのあと、六六年から七一年まで五年間にわたる長期の

好況、いざなぎ景気がくる。実質経済成長率は、六六年一〇・三%、六七年一一・一%、六八年一一・九%、六九年一二・〇%、七〇年一〇・三%と、五年とおして二桁台が記録された。国民総生産の金額の推移でいえば、一九五五年のそれが四七兆二四六〇億円、七三年のそれが二三〇兆二九九〇億円であるから、高度成長期をとおして、日本社会が年間に生産する富は約五倍になったことになる。また、六〇年に時の池田内閣が「国民所得倍増計画」を閣議決定して、一九七〇年の国民総生産を六〇年のそれの二倍にすると約束していた。六〇年の国民総生産は七一兆六三二〇億円、七〇年のそれは一八七兆九一八〇億円、後者は前者の二・六倍である。政府の約束は過剰に達成されたのであった。

一九七三年一〇月の第一次石油危機によって高度成長期は終ったといわれた。七四年の実質経済成長率は、表が示す四〇年のあいだで唯一のマイナス値、マイナス一・四%を記録する。翌七五年からの時期は低成長期と呼ばれた。しかし、つぎにみるように、一九五〇年代から七〇年代にかけての先進資本主義諸国の経済成長の実情からいえば、実質経済成長率の四%台、五%台は高度成長とみなされる。そのかぎりでは、日本経済の高度成長は、七四、五年で中断されながらも、七〇年代一杯までつづいていたとみるべきだろう。

この日本経済の高度成長を可能にした要因はなにか。経済史家・中村隆英が説くところから、やや恣意的に、われわれの関心を惹きつけるところを抜き書きしておこう。中村はその要因を国際的環境と国内的条件に二分している。

国際的環境の主要特性はつぎのとおりである。⑴第二次世界大戦後の世界の国内総生産の成長率の相対的な高さ。一九一三年から一九五〇年にかけてのその成長率は一・三％程度であったが、五〇年以降のそれは約五％となっていた。⑵前項の事実がもたらした結果のひとつとしての、世界貿易の数量の成長率の相対的な高さ。一九一三年から五〇年にかけてのその成長率は一・三％であったが、五五年から七〇年にかけてのそれは七・六％であった。⑶世界の国内総生産の高成長の背後には技術の進歩と産業の発展があり、それらをアメリカ合衆国の世界政策が支えていた。以上の三要因を背景に、戦後の日本は、一九四九年に世界経済に復帰して以来、国際競争力を強化し、輸出によってえた外貨をほとんどすべて輸入に投入して、生産を拡大し、高度成長を達成していった。日本は輸出においては、戦前からの加工貿易国の性格をいっそう濃厚にし、七〇年代には輸出商品の九五％が工業製品であり、その主要部分は機械に特化され、自動車、船舶など

表 2　実質賃金指数の年次推移

年次	指数	年次	指数	年次	指数	年次	指数
		1960	100.0	1970	177.3	1980	259.0
		61	105.7	71	191.6	81	259.6
		62	109.1	72	212.7	82	263.7
		63	112.2	73	231.1	83	265.9
		64	119.3	74	236.2	84	269.6
		65	121.9	75	242.5	85	271.5
1956	88.0	66	129.3	76	249.7	86	277.7
57	89.3	67	139.2	77	250.9	87	283.6
58	92.4	68	150.1	78	257.1	88	292.1
59	96.9	69	164.6	79	263.1	89	297.4

資料出所 1：1956 年から 1966 年までは，総理府統計局『家計調査年報 昭和 41 年』p. 29.
2：1967 年から 1975 年までは，総理府統計局『家計調査年報 昭和 51 年』p. 35 の指数をつかって副田が再計算した.
3：1976 年から 1989 年までは，総務庁統計局『家計調査年報 平成 8 年』p. 73 の指数をつかって副田が再計算した.

が主力となっていった(中村隆英『日本経済――その成長と構造』東京大学出版会、一九九七年、一六七―一七三ページ)。

また、国内的条件の主要特性はつぎのとおりである。(1)積極的な企業行動。敗戦後の日本企業では、雇用型の専門経営者が登場して、所有型経営者と交代した。かれらは企業間の競争の激化によって積極的な経営をおこない、生産の拡大、売り上げの増加のために、新分野への進出をたえず企てた。この経営を成功させた条件として、労使関係の安定、政府の企業保護政策があった。(2)技術の進歩。一九五〇年頃から欧米諸国より先進的な工業技術がいっせいに日本に流入してきた。それらを受容するために、日本では戦時中、軍需生産によって形成された技術と熟練が役立った。素材中心の産業、加工中心の産業、そして新興の組立工業の順に、日本の技術進歩は展開していった。(3)経済政策と経済計画。経済成長は産業界を中心とした国民の努力により達成されたものである。しかし、吉田茂以降の軍備抑制と経済発展をあわせめざす基本路線は重要な前提条件であった。また、そのうえに立って、歴代政府の経済政策は成長を支持し、それをはばむ障害をとりのぞくことに努めてきた(中村、前掲書、一七六―一八三、一八九―一九〇ページ)。

この日本経済の高度成長は日本社会になにをもたらしたか。もっとも端的にいえば、日本人のすべてとはいわないが、多数部分が、実質的に次第に高くなる収入をえるようになり、より豊かな生活を送るようになった。その収入水準の向上に注目してみよう。このための指標としては実質賃金指数が最適である。表2をみられたい。一九六〇年を一〇〇・〇としてその後の指数の動きを追うと、六五年まではゆるやかな上昇がみられるが、その後は急角度の上昇が第一次石油危機の年、七三年までつづく。この八年間での指数の上昇幅の年平均は一三・九である。そのあいだの七二年に、実質賃金指数は六〇年のそれの二倍を超えた。七四年からは、指数の上昇はふたたびゆるやかなものに転じるが、七九年にはそれが二六三・一に達していた。六〇年代、七〇年代をとおして、日本の労働者の賃金は実質的に二・六倍に上昇したのである。五六年の指数八八・〇を起点に考えると、七九年のそれはちょうど三倍になる。この実質賃金の上昇を基本的要因として、日本の労働者階級を機軸にした民衆階層の購買力は大きく伸びた。その購買力の大きい部分は耐久消費財に向けられてゆく。主要な耐久消費財として、電化製品、住宅、自動車があいついで登場する。豊かな社会の実現である。

総じていえば、資本主義社会における本質的な社会関係は資本—賃労働関係である。この関係がいとなむ経済活動の結果として、前者は利潤を後者は賃金をうけとる。図式的にいえば、一九世紀の資本主義経済は、より大きな利潤をもとめて賃金を圧下する傾向があった。カール・マルクスの『資本論』はその時代の経済学である。これにたいして、二〇世紀の後半には主要資本主義国の工業分野で、最大限の生産性をあげて大量生産をおこない、労働者には高賃金を支払ってその購買力を伸ばし、かれらに工業生産物を大量販売して、利潤を拡大するというシステムが一般化する(山田鋭夫『20世紀資本主義——レギュラシオンで読む』有斐閣、一九九四年、七一—七四ページ)。日本の高度成長期にみられた前述の事態はその一例である。ただし、生産性を最大化するにあたって、採用された方法は国によって異なった。アメリカ合衆国では、職務を徹底的に細分化した分業体制によって生産性を高めるテーラー主義と高給が組合わされた。このシステムは、自動車産業とくにフォード社で採用されたのでフォード主義ともいわれる。日本では、被用者のつよい企業帰属意識にもとづく生産性の向上、資本主義的競争と共同体的関係が精妙に結合した会社主義と上昇する賃金が組合わされた。それは長期にわたる経営戦略の確立、従業員の経営参加、労使関係の安定などを可能にし、日本企業の国際競争力をたかめた(馬場宏二「現代世界と日本会社主義」東京大学社会科学研究所編『現代日本社会　1課題と視角』東京大学出版会、一九九一年、七一—七四ページ)。

2　自動車産業の発展

第二は自動車産業の発展である。

一九五五年以降、六〇年代、七〇年代をとおして四半世紀のあいだの日本経済の成長のダイナミックスを、その各産業分野の関係においてとらえてみよう。この時代、日本経済の全産業分野のなかで、富の生産にもっとも大きい貢献をしたのは製造業の分野であった。表3をごらんいただきたい。経済活動別国内総生産(名目)の年次推移で、製造業の比率はつねに首位を占めている。一九五五年二八・四%、六〇年三四・六%、六五年三二・七%、七〇年三六・〇%、七五年三〇・二%、八〇年二九・二%。この四半世紀で、日本経済における富の生産のほぼ三割、ときには四割ちかくを、製造業が担ってきたのであった。それにつぐのは卸売・小売り業、サービス業などであるが、八〇年のデータでも、富の生産で製造業にたいして、卸売・小売業は約半分、サービス業は約三分の一の成果しかあげていない。

いま少し立ち入って、日本経済の成長のダイナミックスをみてみよう。経済史家・山崎広明は、一九二九年、四三年、五五年、七三年、八七年の五時点で、日本における「純利益でみた最大五〇社のランキングの変化を示す表」によって、各産業分野の勢力の消長をつぎの二点にまとめた。(1)五時点をつうじて電力業と銀行を中心とした金融業が一貫して優位を占めている。(2)これにたいして鉱工業では上位業種がはげしく交代している。それは、軽工業(綿糸紡績中心)・鉱山業→レーヨン工業→鉄鋼業・石油精製業→電機・自動車工業の順であった。山崎はこれらの産業を「主導産業」と呼んでいる。交代する主導産業のうち、鉄鋼業・石油精製業→電機・自動車工業が高度成長期に属する。戦前期、当時の日本の主導産業は、太平洋戦争開戦まえに生産量で世界で第一位あるいはそれに準じる地位を占めていた。戦後では、日本の主導産業の生産量が世界で第一位となるのは、白黒テレビで一九六七年、カラー・テレビで七五年、鉄鋼業の粗鋼生産で八二年、半導体で八六年、乗用車で八七年である(山崎広明「日本企業史序説――大企業ランキングの安定と変動」東京大学社会科学研究所編『現代日本社会　5構造』東京大学出版会、一九九一年、三〇―四六ページ)。

主導産業とは leading industry の訳語である。自動車産業を論じる経済学文献でその用例がしばしば見受けられる。しかし各種の経済学辞典などから判断するかぎり、それは学術用語として完全に承認されているものではなく、むしろ日常用語のひとつであって学術文献に

の年次推移

不動産業	運輸通信業	サービス業	政府サービス生産者	対家計民間非営利サービス	輸入税	(控除)帰属利子	国内総生産
464.5	610.8	844.9	642.4	81.7	28.3	322.3	8,369.5
1,215.3	1,187.8	1,205.4	1,017.5	138.6	111.3	541.9	16,009.7
2,817.0	2,461.9	2,570.3	2,288.2	353.6	237.3	1,381.0	32,866.0
5,899.0	5,044.3	7,074.3	4,642.2	729.8	498.1	2,822.0	73,344.9
12,138.0	9,546.0	16,251.4	13,128.4	2,362.6	547.0	7,008.1	148,327.1
22,654.3	14,786.8	28,063.3	20,499.5	4,285.2	1,312.5	10,412.7	240,175.9
32,358.5	21,086.7	46,390.9	26,284.5	6,218.4	1,353.2	14,773.5	320,418.7
46,792.2	28,474.8	63,624.2	32,688.0	8,524.3	2,732.6	22,605.9	430.039.8
5.5	7.3	10.1	7.7	1.0	0.3	3.9	100.0
7.6	7.4	7.5	6.4	0.9	0.7	3.4	100.0
8.6	7.5	7.8	7.0	1.1	0.7	4.2	100.0
8.0	6.9	9.6	6.3	1.0	0.7	3.8	100.0
8.2	6.4	11.0	8.9	1.6	0.4	4.7	100.0
9.4	6.2	11.7	8.5	1.8	0.5	4.3	100.0
10.1	6.6	14.5	8.2	1.9	0.4	4.6	100.0
10.9	6.6	14.8	7.6	2.0	0.6	5.3	100.0

(昭和 30 年〜平成 6 年)』pp. 104-113.

もつかわれるものらしい。私がみた経済学辞典での定義は二例あり、ひとつは「正確には主導的輸出産業(leading export industry)、輸出面で主導的役割をはたす産業のことである」、いまひとつは、「経済成長あるいは経済変動を主導する産業をいう」とある。第一の定義は主導的役割を輸出面にかぎっているが、第二の定義はその役割を輸出をふくむ経済全体においてとらえており、両者のあいだに狭義と広義の違いがあるようにみえる。しかし、すでにみたように日本経済の高度成長は活発な輸出活動、輸出商品量の伸びに基礎づけられていたのであるか

表3　経済活動別国内総生産(名目)

	年次	農林水産業	鉱業	製造業	建設業	電気ガス水道業	卸売小売業	金融保険業
金額(10億円)	1955	1,655.5	164.7	2,381.0	377.7	198.3	893.7	340.0
	60	2,101.0	246.3	5,535.4	893.1	406.8	1,860.1	565.3
	65	3,229.4	331.0	11,085.6	2,159.2	887.4	4,173.2	1,474.7
	70	4,488.0	620.3	26,402.3	5,650.2	1,557.7	10,531.3	3,120.5
	75	8,141.1	776.2	44,800.9	14,322.4	3,001.7	21,934.1	7,795.8
	80	8,847.2	1,363.0	70,232.3	22,506.1	6,580.3	36,792.4	12,440.4
	85	10,213.7	958.5	94,672.6	25,381.3	10,305.4	42,835.8	16,971.9
	90	10,920.5	1,121.6	121,218.9	43,427.5	11,242.0	58,358.0	25,545.6
構成比	1955	19.9	2.0	28.4	4.5	2.4	10.7	4.1
	60	13.1	1.5	34.6	5.6	2.5	11.6	3.5
	65	9.8	1.0	33.7	6.6	2.7	12.7	4.5
	70	6.1	0.8	36.0	7.7	2.1	14.4	4.3
	75	5.5	0.5	30.2	9.7	2.0	14.8	5.3
	80	3.7	0.6	29.2	9.4	2.7	15.3	5.2
	85	3.2	0.3	29.5	7.9	3.2	13.4	5.3
	90	2.5	0.3	28.2	10.1	2.6	13.6	5.9

資料出所：経済企画庁編『長期遡及主要系列 国民経済計算報告 ── 平成２年基準

ら、二つの定義は実質的には同一であるとみるべきか。

自動車産業の急速な成長、自動車産業が製造業において占める比重、自動車産業が主導産業であることなどを示すデータを紹介しておこう。まず、自動車産業の急速な成長であるが、それを端的に示すデータのひとつは、自動車生産台数の推移であろう。表4をごらんいただきたい。それは、一九五五年にわずか六万八九三二台であったが、七九年には九六三万五五四六台に達している。後者の前者にたいする倍率は、約一四〇倍になる。その間の生産台数の上昇は、六〇年代では六〇年の四八万台

伸び率の年次推移

年次	生産台数	対前年伸び率	年次	生産台数	対前年伸び率
1970	5,289,157	13.1	1980	11,042,884	14.6
71	5,810,774	9.9	81	11,179,962	1.2
72	6,294,483	8.3	82	10,731,794	△4.0
73	7,082,757	12.5	83	11,111,659	3.5
74	6,551,840	△7.5	84	11,464,920	3.2
75	6,941,591	5.9	85	12,271,095	7.0
76	7,841,447	13.0	86	12,259,817	△0.1
77	8,514,522	8.6	87	12,249,174	△0.1
78	9,269,153	8.9	88	12,699,807	3.7
79	9,635,546	7.8	89	13,025,735	2.6
年平均	7,323,127	8.1	年平均	11,803,685	3.2

課『自動車工業ハンドブック 1971 年版』p. 216.

ブック 1984 年版』p. 339.
ブック 1990 年版』p. 229.

の推移(単位：億円)

全製造業＝B	A/B×100	年次	自動車産業＝A	全製造業＝B	A/B×100
617,833	8.7	1980	207,038	2,178,825	9.5
645,394	9.1	81	238,337	2,256,654	10.6
703,714	9.4	82	242,494	2,305,353	10.5
906,064	8.9	83	254,879	2,354,232	10.8
1,145,405	8.1	84	277,094	2,540,573	10.9
1,280,331	8.1	85	315,303	2,658,930	11.9
1,197,130	10.1	86	313,447	2,536,197	12.4
1,573,637	8.9	87	316,876	2,527,934	12.5
1,640,815	9.6	88	340,759	2,744,007	12.4
1,854,461	9.6	89	381,790	2,988,931	12.8
	9.1	年平均	288,802		11.4

動車工業ハンドブック 1971 年版』pp. 380-381.
pp. 378-379.
版』pp. 52-53.
ブック 1990 年版』pp. 58-59.
61.

表4　日本の自動車生産台数と対前年

年次	生産台数	対前年伸び率	年次	生産台数	対前年伸び率
1950	31,579		1960	481,551	83.2
51	38,490	21.9	61	813,879	69.0
52	38,966	1.2	62	990,706	21.7
53	49,778	27.7	63	1,283,531	29.6
54	70,073	40.8	64	1,702,475	32.6
55	68,932	△1.7	65	1,875,614	10.2
56	111,066	61.1	66	2,286,399	21.9
57	181,977	63.8	67	3,146,486	37.6
58	188,303	3.5	68	4,085,826	29.8
59	262,814	39.6	69	4,674,932	14.4
年平均	104,198	28.7	年平均	2,134,140	35.0

資料出所 1：1950 年より 1957 年までは，日産自動車株式会社広報部広報
ただし，生産台数のみ．対前年伸び率は副田が算出した．
2：1958 年より 1970 年までは，前掲書 p. 199.
3：1971 年より 1983 年までは，前掲広報課『自動車工業ハンド
4：1984 年より 1989 年までは，前掲広報課『自動車工業ハンド

表5　自動車産業と全製造業の生産金額

年次	自動車産業＝A	全製造業＝B	A/B×100	年次	自動車産業＝A
1960	8,608	140,566	6.1	1970	53,829
61	11,296	174,046	6.5	71	59,006
62	12,923	188,885	6.8	72	66,175
63	14,364	212,144	6.8	73	80,441
64	18,065	250,081	7.2	74	93,004
65	19,672	260,037	7.6	75	103,203
66	23,108	302,007	7.7	76	120,354
67	29,739	367,512	8.1	77	139,930
68	37,601	430,474	8.7	78	157,976
69	44,647	492,189	9.1	79	178,026
年平均	22,002		7.5	年平均	105,194

資料出所 1：1960 年より 1969 年までは，日産自動車株式会社広報部広報課『自
2：1970 年，71 年は，前掲『自動車工業ハンドブック 1975 年版』
3：1972 年から 1979 年までは，前掲『自動車工業ハンドブック 1984 年
4：1980 年から 1987 年までは，日刊自動車新聞社『自動車産業ハンド
5：1988 年，89 年は前掲『自動車産業ハンドブック 1997 年版』pp. 60-
6：年平均欄は副田が算出した．

余が六九年には四六七万台余とほぼ一〇倍になっており、一〇年間の年平均が生産台数で二一三万四一四〇台、対前年伸び率で三五・〇%となる。七〇年代では七〇年の約五二九万台が七九年には九六三万台と二倍ちかくになっており、一〇年間の年平均が生産台数で七三二万三一二七台、対前年伸び率では八・一%である。

つぎに自動車産業が製造業において占める比重を確認しよう。表5をごらんいただきたい。これは、一九六〇年から八九年までの三〇年のあいだで自動車産業の生産金額およびそれが全製造業の生産金額において占める構成比の年次推移を示すものである。一九六〇年、自動車産業の生産金額は八六〇八億円、それが全製造業の生産金額において占める構成比は六・一%であった。それらが一九七九年には、一七兆八〇二六億円、九・六%に達している。生産金額(名目)で約二〇倍、構成比で約一・五倍の増加である。二〇年間の推移を大づかみに知るためには、ここでも、一〇年ごとに年平均値をもとめるのがひとつの方法であろう。六〇年代、自動車産業の生産金額の年平均値は二兆二〇〇二億円、それが全製造業の生産金額に占める構成比の年平均値は七・五%であった。それぞれの数字は、七〇年代には一〇兆五一九四億円、九・一%に上昇してゆく。

さいごに高度成長期以降の日本でいつごろから自動車産業が代表的主導産業のひとつであったのかを示そう。まず、自動車および部品の輸出金額、それが総輸出金額において占める構成比を手がかりにしてみよう。表6をみてほしい。一九六〇年代の年平均値は、自動車および部品の輸出金額が五億三〇〇〇万ドル、それが総輸出金額に占める構成比は四・六%であった。この程度の比率では主導産業と呼ばれるほどの存在ではあるまい。それらの数字が七〇年代には八二億一〇〇〇万ドル、一二・九%、八〇年代には四三五億九四〇〇万ドル、二二・九%と急上昇してゆく。自動車産業が主導産業のひとつとなるのは七〇年代、とくにその後半で自動車および部品の輸出金額が総輸出金額の一四%を超えた七六年あたりからであろう。あるいは、別の観点にたてば、七五年、日本の輸出において、自動車および部品、鉄鋼、一般機械、テレビ、精密機械、テープレコーダーの六品目の輸出金額が、総輸出金額の五一・〇%を占めるに到っており、六品目のなかでは自動車および部品の輸出金額が鉄鋼のそれについで二位であったのに注目してもよい。この順位は七七年に逆転し、自動車および部品が一位、鉄鋼が二位となる。さきの六品目の輸出金額の総輸出金額に占める構成比は八〇年代に入ってさらに大きくなり六〇%前後で経過する。自動車および部品の一位は七七年から八八年までつづき、八九年に一般機械が一位、自動車および部品が二位になる。

以上にみてきた自動車産業の急成長、それにともなう全製造業におけるその比重のたかまり、さらには主導産業の代表的存在のひとつになっていた経過は、なにによって可能になったのだろうか。それは多くの研究者たちが説いているところだが、私にとってもっとも説得力をつよく感じさせられた、経営史学者・下川浩一の所説を要約・紹介しておこう。講和条約発効後、一九五〇年代をとおして、通産省の自動車産業政策は、自動車産業を戦略産業として育成することをめざして、つぎの五点を主内容とした。(1)自動車外資の日本進出の制限、(2)外国からの完成車の輸入の制限、(3)国内の自動車メーカーと外国のメーカーとの技術提携

輸出金額，および総輸出金額の推移(単位：百万ドル)

自動車及び部品＝A	総額＝B	A/B ×100	年次	自動車及び部品＝A	総額＝B	A/B ×100
1,462	19,318	7.6	1980	28,467	129,807	21.9
2,563	24,019	10.7	81	32,899	152,030	21.6
3,203	28,591	11.2	82	30,185	138,831	21.7
3,945	36,930	10.7	83	32,213	146,927	21.9
5,814	55,536	10.5	84	36,932	170,114	21.7
6,828	55,753	12.2	85	42,231	175,638	24.0
9,687	67,225	14.4	86	53,615	209,151	25.6
12,679	80,495	15.8	87	58,284	229,221	25.4
17,154	97,543	17.6	88	60,286	264,917	22.8
18,764	103,032	18.2	89	60,829	275,175	22.1
8,210		12.9	年平均	43,594		22.9

車株式会社広報部広報課『自動車工業ハンドブック 1971 年版』pp. 382-383.
課『自動車工業ハンドブック 1980 年版』pp. 388-389.
新聞社『自動車産業ハンドブック 1990 年版』pp. 60-61.
構成比は 6 年分の平均値であり，B の年平均値に占める A の年平均値の構成

による技術導入は外貨を優先的に割り当てて推進、(4)国民車構想により一社のみに量産させる、(5)機械工業振興臨時措置法を制定して自動車部品工業を合理化、育成する。(1)、(2)、(3)、(5)はそれぞれそれなりの効果をあげたが、(4)は自動車業界の反発により失敗した。これをきっかけに各メーカーは、競って小型車の開発と生産に向かった。一九六〇年代に入ると、国内の自動車メーカーの企業活動が積極的に展開して、通産省の産業政策の枠のなかにおさまっていなくなった。その後、六〇年代の終りごろから欠陥車や排気ガス公害が問題化し、自動車業界は安全対策、公害対策に総力をあげてとりくんだ。これは困難な仕事であったが、それ

表6　自動車及び部品の

年次	自動車及び部品＝A	総額＝B	A/B ×100	年次
1960	不明	4,055		1970
61	〃	4,236		71
62	〃	4,916		72
63	〃	5,452		73
64	204	6,673	3.1	74
65	265	8,452	3.1	75
66	347	9,776	3.5	76
67	486	10,442	4.7	77
68	791	12,972	6.1	78
69	1,089	15,990	6.8	79
年平均	530	8,296	4.6	年平均

資料出所 1：1960年より1969年までは，日産自動
2：1970年より1979年までは，前掲広報
3：1980年より1989年までは日刊自動車
4：年平均は副田が算出した．1960年代の
比ではない．

が遂行されると、結果として、日本の自動車産業は品質・コストの両面で国際競争力を確立し、それがその後の自動車の輸出量を伸ばしてゆくことになった(下川浩一『世界自動車産業の興亡』講談社、一九九二年、二〇二—二一六ページ)。

日本の自動車産業が急速に成長した構造的要因を、下川は六点に整理している。そのうち自動車産業に直接かかわりがあるのはつぎの四点である。(1)寡占化しなかったこと。欧米では乗用車の量産メーカーは寡占化し、一国で二、三社程度である。たとえば、アメリカ合衆国ではGM、フォード、クライスラー。ところが日本では乗用車メーカーだけでトヨタ、日産、マツダ、三菱、本田をはじめとして九社、トラック専業メーカー二社をいれると、一一社が激烈な競争をしている。(2)高い部品外注率と効率的生産を支えてきた部品メーカーのレベルの高さ。部品メーカーは製品のレベルが高い。各自動車メーカーは部品メーカーをかなりの程度まで系列化しており、

両者は効率的に分業して、多品種小量生産に応じられるフレクシビリティを維持している。(3)安定した労使関係と効率的生産システム。経営側は組合側に、経営計画、設備計画、生産計画などを事前に提示し、徹底的に協議することをつうじて、安定した労使関係を構築してきた。また、労使が一体となって、労働力の陶冶と労働生産性の上昇を実現させ、現場の小集団の創意工夫によって能率の向上と品質の向上を両立させた。(4)石油危機と日本的合理化。第一次石油危機にはじまる急激な物価上昇にたいして、政府は総需要抑制政策をとった。その結果のひとつとして、国内の自動車需要は激減した。日本の自動車産業は減産を余儀なくされたが、減産しても採算がとれ、かつ多様化したニーズに対応できる日本的合理化に成功した。その機軸は生産現場の全員参加による生産管理である。これによって、日本の自動車産業の国際競争力は飛躍的に向上した。このほか下川は、(5)顧客重複のマーケティングとサービス、(6)日本における鉄鋼、ゴム、プラスチックなど素材供給産業の国際競争力の高さをあげている(下川、前掲書、二一七—二三七ページ)。

3 自動車関連産業

日本自動車工業会は、自動車メーカー一一社とほか二社、計一三社が会員となっている、自動車産業の業界団体である。この会は一九六七年に設立された。会の目的は「本会は、我が国自動車工業の健全な発展を図り、もって経済の発展と国民生活の向上に寄与することを目的とする」と定められている。同会は『日本の自動車工業』という年次刊行物を刊行しており、日本と世界の自動車産業にかんする主要統計とその解説を発表している。この刊行物には一九六九年版から九九年版まで「関連産業／広範な関連産業をもつ自動車産業」というつまり見出しのページが一貫して設けられており、その位置は、七三年版以降は目次の次のページ、つまり本文の最初のページである。見出しの下のキャプションは、六九年版から八〇版年までは、つねに「自動車工業に関連をもつ産業といえば、ほとんどすべてのものが含まれてきます。自動車工業の発展は、とりもなおさず社会全体の繁栄であり、国家経済を支える基幹産業であります」であった。これは自動車産業が自らを主導産業であると主張する宣言文である。

八一年版にはこのキャプションが一部変更されて、つぎのようになる。「自動車工業に関連をもつ産業といえば、ほとんどすべてのものがふくまれてきます。それはまた雇用面でも大きな雇用機会を創出しております。自動車関連産業の就業人口は約四九三万人で、これは全就業人口の一〇％強、一〇人に一人が自動車関連の産業に従事していることになります」。この文章は、その後、多少の手直しをうけながら、現在までつづけてつかわれている。これも自動車産業が自らを主導産業であると主張する宣言文である。『日本の自動車工業』の六九年版にこのページがはじめて設けられたのは、前年に「大気汚染防止法」が公布されて、自動車の排出ガスが規制されるようになり、同年には自動車メーカー全社に欠陥車があることがあきらかになり、欠陥車総数は二四五万台を超えることなどで、自動車と自動車産業界のイメージが悪化したことへの対抗措置であったと思われる。

しかし、自動車産業界の思惑は思惑として、それとは別に、このページの内容は、時代の本質として自動車産業の発展を考えるわれわれにとって、興味深いものである。そこには自動車産業とそれに関連する産業の各分野を一括して自動車関連産業と呼び、それぞれで働く就業人口の統計値あるいは推計値が示されて、それらの合計がもとめられている。ただし、自動車産業に関連する産業の各分野として、どこまでをとりあげるかは時代によって変化しており、総じていえばその範囲は次第に拡がってきている。たとえば、自動車交通のための道路の建設や補修のために働く建築・土木産業の就業人口は一九九二年以降とりあげられるようになった。しかし、一九六〇年代の名神高速道路、東名高速道路、中央高速道路の建設、七〇年代の東北縦貫自動車道、中国縦貫自動車道、九州縦貫自動車道の建設をはじめとする高速自動車国道網の建設を考えると、それらではたらいた労働者たちが、当時の自動車関連産業の就業人口にふくまれていないのは理解に苦しむところである。自動車産業界の主導産業宣言は当初、きわめて控え目のつつましやかなものであったというべきか。

そこで『日本の自動車工業』の一九九八年版によって自動車関連産業の範囲をもっとも広くとったものを枠組としてつかうことにする。その範囲の一部、あるいは全部について、六六年から九二年にかけて、ほぼ五年おきにどのような統計値、推計値、合計値があげられているかを一表にまとめてみよう。表7をみられたい。九〇年代のデータまでを出すのは、そこでしか、さきに言及した自動車道路の建設・補修ではたらく就業人口があらわれないからである。

一九六九年版の六六年のデータを一例として紹介すると、自動車製造部門はそこでの就業人口の合計が出されているが、他の四部門はそれぞれの合計が出されていない。販売・整備部門、利用部門、関連部門では一ないし三の業種の就業人口が示されているが、合計がないので、それらは例示の意味のものであろう。また、資材部門では、①基礎資材工業、鉄鋼、アルミニウム、銅、プラスチックなど、②自動車関連部品工業、タイヤ、バッテリー、ガラスなど、という説明がつけられているのみで、就業人口の数字はいっさいない。これは、全体として、自動車関連産業の範囲の広さのイメージをつくりだして、自動車産業の経済的・社会的重要性を認識させることをねらっているものであろう。

自動車関連産業のすべての就業人口を推計する現行の方法は、さきにふれたように、一九八一年版から採用されている。そこでは、資材部門、関連部門の多くの業種で、就業人口は推計値をつかわなければならない。たとえば鉄鋼業の就業人口は統計値があっても、そのどれほどの部分が自動車産業のためにはたらいているとみるかは推計するほかない。その方法については八一年版ではつぎの説明がつけられていた。「資材部門等の従業者数については、当該各業種の自動車関連部門に対する依存度によって推算」。この依存度の判定が、特定の業種では年度によって、かなりぶれるのではないか。たとえば、資材部門の「その他(プラスチック…)」では、八七年の四〇万が九二年には一四万に激減したり、関連部門の「サービス業(広告・宣伝…)」では、八七年の一六万七〇〇〇が九二年には六三万九〇〇〇に激増したり、している。しかし、これらについては、最終的には、依存度の判定のぶれによるのか、それとも現実の変化を反映しているのか、判断しがたい。

それでも、自動車関連産業の半数以上の業種では就業人口の統計値がつかわれていること、その全体の就業人口の増加は主として関連産業の範囲の拡大によっていること、その拡大は八〇年代からの新しい業種の追加をみるかぎり説得力があると総合的に判定されることなどによって、自動車関連産業が全就業人口の一〇％強に雇用機会を提供しているという主張は認めてよいのではないか。このかぎりで現代日本の産業構造は自動車産業を不可欠の重要な構成部門としている。それはまさに主導産業であり、基幹産業である。しかし、その事態は文明論的観点に立つとき、どのような意味をもつのであろうか。つづく三つの節でそれを考えてみよう。

4　モータリゼーション

第三はモータリゼーションである。

1987	1992(年)
746,000	921,000
189,819	302,556
504,732	556,783
51,667	62,141
1,127,000	1,136,000
612,783	581,600
318,949	326,526
110,401	114,005
84,948	114,077
2,605,000	3,009,000
1,129,586	1,410,065
689,324	661,415
398,664	481,079
69,414	77,716
18,013	29,844
—	27,800*
300,000	321,000
498,000	1,003,000
—	216,000*
14,000*	120,000*
45,000*	95,000*
—	93,000*
—	176,000*
26,179	163,000*
400,000*	140,000*
547,000	1,151,000
257,516	351,702
98,000*	160,000*
167,000*	639,000*
5,520,000	7,220,000
54,370,000	65,780,000
10.2	11.0

89, 94 年版のそれぞれ
している．＊印は推計

表7　自動車関連産業の就業人口

	1966	1972	1977	1982
自動車製造部門	455,641	537,505	609,359	696,223
自動車製造業	116,606	174,957	177,128	192,620
自動車部品・付属品製造業	292,629	310,485	383,680	455,995
自動車車体・付随車製造業	46,406	52,063	48,551	47,608
販売・整備部門	—	—	—	1,167,272
自動車小売業	271,509	363,869	424,615	615,584
自動車整備業	258,000	300,903	309,585	340,310
自動車卸売業	—	—	—	119,208
自動車部分品・付属品卸売業	74,510	57,518	79,739	92,170
利用部門	—	—	—	2,431,749
道路貨物運送業	492,195	803,034	711,650	962,104
道路旅客運送業	577,797	672,210	638,200	712,956
道路に付帯するサービス業	—	—	—	378,827
駐車場業	—	—	—	65,232
自動車賃貸業	—	—	—	12,630
建築・土木(道路建設・補修)	—	—	—	—
その他(自家用運転手等)	—	—	—	300,000
資材部門	—	—	—	571,721
電気機械器具製造業	—	—	—	—
非鉄金属製造業	—	—	—	26,294*
鉄鋼業	—	—	—	103,954*
産業用機械製造業，事務用・サービス用機器製造業	—	—	—	—
化学工業・繊維工業・石油精製業	—	—	—	—
その他の製造業	—	—	—	41,473*
その他(プラスチック・塗料・バッテリー・ベアリング製造業等)	—	—	—	400,000*
関連部門	—	—	—	715,381
ガソリン・ステーション	226,666	264,225	328,519	261,024
金融・保険業等	—	—	—	277,865*
サービス業(広告・宣伝，自動車教習所)	—	—	—	150,000*
合計＝A	—	—	—	5,580,000
日本の全就業人口＝B	—	—	—	51,550,000
A/B×100	—	—	—	10.8

資料出所：日本自動車工業会『日本の自動車工業 1969年版』p. 3, 74, 79, 84, のp. 2から作成．各年版は，おおむね2年前の資料で統計値を出値である．

それは、人間と物質が移動する交通において、利用される輸送機械として、自動車が鉄道に優越する社会的傾向をさすと理解される。戦後日本の高度成長期はモータリゼーションの急速な進行によって特徴づけられる。それは自動車産業が主導産業として高度成長を牽引したことのひとつの帰結であった。一九六〇年代、七〇年代をとおして、日本の自動車産業が生産台数をどのように急激に伸ばしていったかはすでにみた。それはおおまかにいって、国内で販売されるか、海外に輸出される。最初は国内で販売される車の割合が大きかった。生産台数のなかで輸出台数が占める構成比を輸出比率というが、日本のばあい、それは六五年で一〇・四%、七〇年で二〇・五%、七五年で三八・六%、それが五〇%をはじめて超えるのは、七七年の五一・一%からである(日刊自動車新聞社『自動車産業ハンドブック一九九七年版』二三〇ページ、日産自動車調査部『自動車工業ハンドブック一九八二年版』一八一、三二七ページ)。

高度成長期におけるモータリゼーションの進行をデータで確認しておこう。まず、人間の移動であるが、輸送機械別に運んだ人員数と距離数の積(億人キロ)の統計がある。表8をごらんいただきたい。これから読みとれる主要な傾向は四つである。(1)高度成長期をとおして、人びとの交通量が大きく伸びた。計欄でみると、一九六〇年の二四三三億人キロが、七五年には七一〇七億人キロとなり、約三倍になっている。(2)全交通量のなかで各輸送機械がうけもった構成比をみると、一九六〇年から八〇年までのあいだで、自動車の構

計	
億人キロ	%
2,433	100.0
3,824	100.0
5,871	100.0
7,107	100.0
7,820	100.0
8,583	100.0
12,985	100.0

85年までのデー

表8　国内旅客輸送人キロ(億人キロ)

	自動車		鉄　道		旅客船		航　空	
	億人キロ	%	億人キロ	%	億人キロ	%	億人キロ	%
1960	555	22.8	1,843	75.8	27	1.1	7	0.3
65	1,208	31.6	2,555	66.8	34	0.9	29	0.8
70	2,842	48.4	2,888	49.2	48	0.8	93	1.6
75	3,609	50.8	3,238	45.6	69	1.0	191	2.7
80	4,317	55,2	3,145	40,2	61	0.8	297	3.8
85	4,893	57.0	3,301	38.5	58	0.7	331	3.9
90	8,531	65.7	3,875	29.8	63	0.5	516	4.0

注：1990年度の自動車には軽自動車および貨物自動車が加えられているので，他と連続しない．
資料出所：日刊自動車新聞社編『自動車産業ハンドブック 1997年版』p. 492

成比はほぼ上昇しつづけ、鉄道のそれは低下しつづけている。両者の関係は、最初は鉄道の構成比が自動車のそれを上まわっていたが、七〇年代前半にそれが逆転した。これらの構成比の動態がモータリゼーションである。(3)自動車欄をみると、一九六〇年五五五億人キロ、二二・八%が、八〇年四三一七億人キロ、五五・二%となっている。交通量で八倍、構成比で二・四倍の増加である。(4)ただし、鉄道欄からよみとれるように、鉄道もひきうけた交通量は一・七倍ほどに増加させているのである。

つぎに物資の移動であるが、輸送機械別に運んだ貨物のトン数と距離数の積(億トンキロ)の統計がある。表9をごらんいただきたい。これから読みとれる主要な傾向は四つである。(1)高度成長期をとおして、貨物の輸送量は大きく伸びた。計欄でみると、一九六〇年の一三八三億トンキロが八〇年には四三八八億トンキロとなり、約三・二倍になっている。(2)全輸送量のなかで各輸送機械がうけもつ構成比をみると、内航海運が四〇%台から五〇%強の構成比を一貫してもっている。日本は海岸線が長い国なので、産業上の貨物輸送では海運への依存度が高い。(3)一九六〇年から八〇年までのあいだで、自動車の構成比はほぼ上昇しつづけ、鉄道のそれは一貫して下降しつづけている。両者の関係は、最初は鉄道の構成比が自動車のそれを上まわったが、人員のばあいより早く、六〇年代後半にはそれが逆転している。これらの動態がモータリゼーションである。(4)自動車欄をみると、一九六〇年二〇八億トンキロ、一五・〇%が、八〇年には一七八九億トンキロ、四〇・八%になっている。輸送量で八・六倍、構成比で約二・七倍の増加である。

このように確認されるモータリゼーションの進行を可能にしたものとして、自動車の保有台数の増加がある。表10をごらんいただきたい。さきの二表との関連でみるために一九六〇年から八〇年までのあいだの変化の主要な四点に注目する。

(1)四輪車計欄でみると、一九六〇年一三五万三五二六台、八〇年三七八五万六一七四台、二〇年間で台数は約二八倍に増加している。同じ期間に自動車による輸送量の増加は、人員で八倍、貨物で八・六倍であった。これを基準にして考えれば、自動車の輸送量が増加する範囲を超えて、自動車の保有台数が増加していることになる。自動車産業は走るための自動車をつくるより、売るための自動車をつくる傾向をつよめたというべきか。(2)その帰結として可住面積当りの自動車の台数がある。可住面積とは国土の全面積から森林面積をさしひいたものである。その可住面積あたりの自動車台数は、六〇年一〇・七台、六五年四九・八台、七〇年一三九・一台、七五年二二一・二台、八〇年二九九・五台となる。これらをどう評価す

表 9　国内貨物輸送トンキロ(億トンキロ)

	自動車		鉄　道		内航海運		航　空		計	
	億トンキロ	%	億トンキロ	%	億トンキロ	%	億トンキロ	%	億トンキロ	%
1960	208	15.0	539	39.0	636	46.0	0.06	0.0	1,383	100.0
65	484	26.1	567	30.5	807	43.4	0.21	0.0	1,858	100.0
70	1,359	38.8	630	18.0	1,512	43.2	0.74	0.0	3,502	100.0
75	1,297	36.0	471	13.1	1,836	50.9	1.52	0.0	3,606	100.0
80	1,789	40.8	374	8.5	2,222	50.6	2.90	0.1	4,388	100.0
85	2,059	47.4	219	5.0	2,058	47.4	4.82	0.1	4,341	100.0
90	2,742	50.2	272	5.0	2,445	44.7	7.99	0.1	5.467	100.0

注：1990 年度の自動車には軽自動車が加えられているので，85 年までのデータと連続しない．
資料出所：前掲『自動車産業ハンドブック 1997 年版』p. 495

表 10　日本の自動車保有台数

	乗用車	トラック	バ ス	特殊用途車	四輪車計	人口千人当り	可住面積当り
1950	42,588	152,109	18,306	12,494	225,497	2.7	1.8
55	153,325	250,988	34,421	32,572	471,360	5.2	3.7
60	457,333	775,715	56,192	64,286	1,353,526	14.4	10.7
65	2,181,275	3,865,478	102,695	150,572	6,300,020	63.5	49.8
70	8,778,972	8,281,759	187,980	333,132	17,581,843	168.0	139.1
75	17,236,321	10,043,853	226,284	584,100	28,090,558	250.9	222.2
80	23,659,520	13,177,479	230,020	789,155	37,856,174	323.4	299.5
85	27,844,580	17,139,806	231,228	941,647	46,157,261	381.3	365.2
90	34,924,172	21,321,439	245,668	1,206,390	57,697,710	466.7	456.5
95	44,680,037	20,430,149	243,095	1,500,219	66,853,500	532.4	528.9

注 1：乗用車のうち軽四輪車，トラックのうち軽四輪車では 1975 年 10 月で車検未了車輛が抹消された．したがって 74 年以前と 75 年以降のデータは厳密には連続しない．その他，50 年代，60 年代にも若干の定義の変更があるが，ここでは，大まかな傾向性をみればよいことにする．
　2：人口 1000 人当り，および可住面積当りは副田が算出した．
資料出所：日刊自動車新聞社編『自動車産業ハンドブック 1997 年版』pp. 394-395.

るか。国際比較によれば、七〇年代初頭でアメリカ合衆国二六台、イギリス一一〇台、西ドイツ一〇二台などにたいして、日本は自動車密度が異常に高い国であるといわれていた(宇沢弘文『自動車の社会的費用』岩波新書、一九九七年、五〇ページ)。

(3)自動車の種類別の構成比をもとめてみると、六〇年では第一位、トラック五七・三%、第二位、乗用車三三・八%であった。これが八〇年には、第一位、乗用車六二・五%、第二位、トラック三四・八%となる。両者の関係の逆転は早く六〇年代後半におきている。日本における自動車の保有台数がその必要を上まわって上昇していること、自動車密度の異常な高さの原因は乗用車の急増を主原因としたとみてよかろう。(4)乗用車欄をみると、六〇年四五万七三三三台、八〇年二三六五万九五二〇台、二〇年間で保有台数はなんと約五二倍の増加である。この増加は各世帯がもつ自家用車、いわゆるマイ・カーの急増によっている。

高度成長期をとおして、モータリゼーションはなぜ進行したのか。その要因は無数に予想されるが、主要なものはつぎの四つであろう。(1)自動車とくに乗用車は主として鉄道にたいして、決定的に便利であった。出発したい場所から到着したい場所への、いわゆるドアからドアへの移動、望ましいときに利用できる、運行時刻の制約からの解放は、乗用車のみがもつ利点であった。これらに、さらに、乗用車内部の個室性、快適性がくわわる。したがって、乗用車の使用は、上流階層、権力階層ではじまり、次第に下位の階層、民衆階層におよんでいった。(2)さきに実質賃金指数の上昇にふれて述べたように、労働者階級を機軸とする民衆階層の購買力の大幅な伸びがあった。かれらは、それを耐久消費財の購入に向けた。もとめられた耐久消費財は電化製品、住宅、そして自動車であった。⑶自動車産業は高度成長期をとおして自動車の生産台数を伸ばしてゆき、その大きい部分を国内で販売した。自動車の輸出比率が五〇％を超えるのは七〇年代後半に入ってからである。国内で大衆的規模で乗用車の大量生産―大量販売―大量消費のサイクルが成立し、八〇年には日本人は二世帯に一世帯が自家用車を保有していた。⑷政府は都市間高速道路網を建設し、さらに地方自治体などと協同して都市内高速道路の建設をも進め、モータリゼーションの基礎条件を整備した。高度成長期の後半に入ると、各地で高速道建設に反対する住民運動がおこったが、その多くはめざす成果をあげることができなかった。

5　交通事故

経済の高度成長にともなって進行したモータリゼーションは、社会生活、国民生活に破壊的影響をおよぼし、その主要な諸位相は社会問題として次第に認識されていった。それらは、⑴交通事故、⑵大気汚染、騒音、振動など、⑶犯罪の増加、⑷危険で不便な道路、⑸公共交通のサービスの低下、⑹観光道路と自動車交通による自然破壊、⑺自動車運転者の反社会的エゴイズム、などであった。これらのうち、もっとも早く社会的注目をあつめたのは交通事故であった。

日本において交通事故によって発生する死者数および負傷者数の統計としてひろくつかわれているのは警察庁交通局が作成している『交通統計』である。この資料は死者、負傷者の

表 11　交通事故による死者数，負傷者数

年次	件 数	死者数	負傷者数	年次	件 数	死者数	負傷者数
1950	33,212	4,202	25,450	1970	718,080	16,765	981,096
51	41,423	4,429	31,274	71	700,290	16,278	949,689
52	58,487	4,696	43,321	72	659,283	15,918	889,198
53	80,019	5,544	59,280	73	586,713	14,574	789,948
54	93,869	6,374	72,390	74	490,452	11,432	651,420
55	93,981	6,379	76,501	75	472,938	10,792	622,467
56	122,691	6,751	102,072	76	471,041	9,734	613,957
57	146,833	7,575	124,530	77	460,649	8,945	593,211
58	168,799	8,248	145,432	78	464,037	8,783	594,116
59	201,292	10,079	175,951	79	471,573	8,466	596,282
小計	1,040,606	64,277	856,201	小計	5,495,056	121,687	7,281,384
1960	449,917	12,055	289,156	1980	476,677	8,760	598,719
61	493,693	12,865	308,697	81	485,578	8,719	607,346
62	479,825	11,455	313,813	82	502,261	9,073	626,192
63	531,966	12,301	359,089	83	526,362	9,520	654,822
64	557,183	13,318	401,117	84	518,642	9,262	644,321
65	567,286	12,484	425,666	85	552,788	9,261	681,346
66	425,944	13,904	517,775	86	579,190	9,317	712,330
67	521,481	13,618	655,377	87	590,723	9,347	722,179
68	635,056	14,256	828,071	88	614,481	10,344	752,845
69	720,880	16,257	967,000	89	661,363	11,086	814,832
小計	5,383,231	132,513	5,065,761	小計	5,508,065	94,689	6,814,932

注：小計は副田が算出した．
資料出所：警察庁交通局『交通統計 平成 9 年版』p. 11．

属性別の集計などもくわしくおこなわれている。したがって、これをつかって、まず大づかみに概況を示そう。表11をみられたい。高度成長期をこれまでのように、一九五五年から七〇年代までとみると、五〇年代後半に発生した交通事故の件数は七三万三五九六、それによる死者数は三万九〇三二、負傷者数六二万四四八六であった。六〇年代は、発生した交通事故の件数五三八万三二三一、それによる死者数一三万二五一三、負傷者数五〇六万五七六一、死者数ではこの六〇年代が史上最悪の一〇年ということになる。死者数は毎年一万人を超えており、六九年には一万六二五七の最高値に達している。負傷者数は対前年でつねに増加をつづけ、六〇年には二八万九一五六であったものが、六九年には九六万七〇〇〇に達した。この状況は広く社会的注目をあつめて、交通事故は代表的な社会問題として認識されることになった。七〇年代に入って、七〇年が単年の記録では最悪の年である。交通事故の件数は七一万八〇八〇、それによる死者数一万六七六五、負傷者数九八万一〇九六。七〇年代全体では、発生した交通事故の件数は五四九万五〇五六、それによる死者数は一二万一六八七、負傷者数は七二八万一三八四であった。死者数は七〇年の最高値のあと対前年でつねに減少をつづけ、七九年には八四六六と、一〇年前の約半分にまで減少している。そのかぎりでは問題状況がやや沈静化したとみられよう。ただし、交通事故の件数、負傷者数では、七〇年代は六〇年代を上まわる。一九五五年から七九年までの二五年間、四半世紀で、交通事故の死者数の合計は二九万三二三二、負傷者数の合計は一二九七万一六三一である。

ところで、日本では、交通事故の死者数にかんしては二とおりの統計がある。ひとつはさきに示した警察庁交通局の『交通統計』における「交通事故」による死者数の統計であり、いまひとつは厚生省統計情報部の『人口動態統計』における「自動車事故」による死者数の統計である。これら二とおりの死者は定義が異なっており、それによってそれぞれの統計値も違っている(総務庁編『交通安全白書平成3年版』大蔵省印刷局、一九九一年、一一ページ)。前者は、交通事故によって事故発生後二四時間以内に死亡した者である。この定義によれば、前章であつかった玉井ていは、交通事故の負傷者であるが、死者ではないということになる。後者は、自動車事故を直接の原因として死亡した者で、ただし、事故発生後一年以上経過して死亡した者、および事故の後遺症によって死亡した者はのぞくとされる。この定義によれば、玉井ていは自動車事故による死者のうちに入ることになる。

前出の『交通安全白書』は『交通統計』を「警察庁統計」、『人口動態統計』を「厚生省統計」と呼んでいる。これはわかりやすいので、ここでもその呼びかたに習うことにする。以上の定義によれば、「警察庁統計」の交通事故の死者数より、「厚生省統計」の自動車事故の死者数が大きいはずである。実際につくられた統計をみても、前者を一〇〇%とすると、後者は、一九六〇年代では一二四・三%、七〇年代では一三二・一%、八〇年代では一三四・三%となっている(表12参照)。このため、社会問題としての交通事故の深刻さを「警察庁統計」は過少評価しているとか、その深刻さを正しくつたえるために「厚生省統計」の自動車事故の死者数をつかうべきだという主張がおこなわれることがある。

私はその主張が基本的に正しいことを認める。広くつかわれている「警察庁統計」による交通事故の死者数にたいして、実際はその一・二倍から一・三倍の死者数が出ているという注釈をくわえることは有意義である。そのうえで、二点をさらにいいそえたい。(1)「厚生省統計」は元来が人口動態をあきらかにすることをめざすものであるから、自動車事故による死者数・負傷者数は正確にとらえようとするが、その事故の全体像をあきらかにするためのその他の属性、たとえば、事故の原因(運転者の飲酒運転、歩行者の路上への飛び出しなど)、事故の形態(人対車、自転車対車など)、事故がおこった場所や時間帯などを調査しない。それらの属性を知るために「警察庁統計」は有益である。(2)「厚生省統計」の自動車事故による死者数が「警察庁統計」の交通事故による死者数を上まわるのは、一九五七年以降である。それ以前の時期では、両者の大小の関係は逆になっている。私はこれについて説得的な説明をおこなった文献を知らない。また、私自身、そのような説明を工夫することができない。厚生省統計情報部人口動態統計課の藤田真弓氏からは「警察庁統計」は日本国内にいる日本人と外国人を対象にしているが、「厚生省統計」は日本国内にいる日本人のみを対象とする。また、一九五〇年代までは自動車保有者は外国人で多く、日本人で少なかった。これらの差異によって、さきの数字の関係の一部は説明することができるのではないかという示唆をいただいた。しかし、それですべてが説明されるとは思えない。

ともあれ「厚生省統計」によれば、自動車事故による死者数は一九五〇年代後半で四万三六二、六〇年代で一六万四六九五、七〇年代一六万七六一、以上の合計は三六万五八三六となる。これは、同じ期間の「警察庁統計」の交通事故による死者数を、七万二六〇四、上ま

表 12　自動車事故死者数と交通事故死者数の推移

	自動車事故死者数＝A	交通事故死者数＝B	A/B ×100		自動車事故死者数＝A	交通事故死者数＝B	A/B ×100
1950	3,046	4,202	72.5	1970	21,535	16,765	128.5
51	3,388	4,429	76.5	71	21,101	16,278	129.6
52	3,901	4,696	83.1	72	20,494	15,918	128.7
53	4,923	5,544	88.8	73	19,068	14,574	130.8
54	5,873	6,374	92.1	74	15,448	11,432	135.1
55	5,973	6,379	93.6	75	14,206	10,792	131.6
56	6,668	6,751	98.8	76	13,006	9,734	133.6
57	7,798	7,575	102.9	77	12,095	8,945	135.2
58	8,883	8,248	107.7	78	12,030	8,783	137.0
59	11,040	10,079	109.5	79	11,778	8,466	139.1
小計	61,493	64,277	95.7	小計	160,761	121,687	132.1
1960	13,429	12,055	111.4	1980	11,752	8,760	134.2
61	14,808	12,865	115.1	81	11,874	8,719	136.2
62	13,756	11,455	120.1	82	12,377	9,073	136.4
63	15,132	12,301	123.0	83	12,919	9,520	135.7
64	16,764	13,318	125.9	84	12,432	9,262	134.2
65	16,257	12,484	130.2	85	12,660	9,261	136.7
66	17,979	13,904	129.3	86	12,458	9,317	133.7
67	17,492	13,618	128.4	87	12,544	9,347	134.2
68	18,454	14,256	129.4	88	13,617	10,344	131.6
69	20,624	16,257	126.9	89	14,512	11,086	130.9
小計	164,695	132,513	124.3	小計	127,145	94,689	134.3

注：小計および A/B は副田が算出した．
資料出所 1：自動車事故死者数は厚生省大臣官房統計情報部『自動車事故死亡統計―人口動態統計特殊報告』1992 年，p. 33.
2：交通事故死者数(再掲)は警察庁交通局『交通統計 平成 9 年版』1998 年，p. 11.

わる。この死者数は「警察庁統計」では負傷者数にふくめられていたはずである。したがって、「厚生省統計」の死者数をつかうのであれば、「警察庁統計」の負傷者数からさきの数字を減じておかねばならないことになる。

修正値によってあらためていうと、一九五五年から七九年までの二五年間、四半世紀で、日本人は交通事故によって三六万五八三六人が死亡し、一二八九万九〇二七人が負傷している。これらの数字をどう評価するか。まず、死者数についていえば、一九五五年の時点で東京都品川区の区民数、宮城県仙台市の市民数がそれぞれ約三七万人である。高度成長期の交通事故は、中規模の都市ひとつの全住民にあたる人口の生命を抹殺したことになる。あるいは、ややセンセーショナルにいえば、前記の『人口動態統計』によると、さきの二五年間で、「他殺・法的介入・戦争行為」を死因とする者は三万八五四八人である。くわしく述べるゆとりはないが、このほとんどは殺人犯罪の被害者とみてよい。これは同期間の交通事故による死者数の九分の一強にあたる。モータリゼーションは、現実の犯罪者である殺人者の約九倍にあたる自動車もしくは運転者という殺人者を野放しにしたのであった。あるいは、交通事故による死者数と負傷者数の合計、一三二六万四八六三人については、日本人の一〇人に一人が交通事故にあったことになるという表現が、当時の交通事故にかんする論評でしばしばあらわれていた。

『交通統計』にもどって、二点の指摘をつけくわえておく。いずれも経年比較は可能であるが、表が膨大なものになるので、交通事故の死者数、負傷者数がいずれも史上最高を記録した一九七〇年のデータをつかい、高度成長期の交通事故の特性の一端を示して、その全体傾向をうかがうことにする。

そのひとつは、交通事故の死傷者の属性別分析である。そのさい、もっとも注目するべき属性は年齢である。表13をごらんいただきたい。これは、歩行中に交通事故にあった者にかぎって、年齢別の対人口比をもとめたものである。死者のばあい、人口一〇万あたりで、それが一〇を超えるのは、三歳、四歳の年齢層と六〇歳以上の年齢層である。とくに七〇歳以上で二九・四におよぶ。つまり、学齢未満の幼児たちと老人たちがもっとも高い頻度で交通事故にあい死亡しているのである。負傷者のばあいでも、子ども全体のうちではその対人口比は三歳、四歳がもっとも高く、成人全体では六五歳以上でそれがきわだって高い。判断能力、行動能力のいずれもが、まだ十分に成長していない幼児たち、しばしば衰退傾向にある老人たちが、より高い頻度で交通事故にあい、死亡したり負傷したりする。モータリゼーションは弱い者に残酷な文明である。ほかに、このころから、交通事故が大都市の住民より地方都市の住民に増加してきたこと、成人では女性より男性ではるかに多いことなどが一般に注目されていた。

いまひとつは、交通事故の個別的・具体的な直接的原因の分析である。表14をみていただきたい。死亡事故のばあい、それが自動車の運転者にあるもの九四・〇%、歩行者にあるもの四・〇%、不明二・〇%、となる。圧倒的多数で運転者＝自動車のがわに原因がある。そのうちから目ぼしいものをひろうと、わき見運転、最高速度違反、酒酔い運転、追い越し違反、

表 13　歩行者の被害状況

年齢層別	人　口	死　者		負 傷 者		死 傷 者		
		人数	人口10万当たり	人数	人口10万当たり	人数	構成率	人口10万当たり
	人	人	人	人	人	人	%	人
1 歳未満	1,908,164	18	0.9	273	14.3	291	0.2	15.2
1 歳台	1,882,192	99	5.3	1,929	102.5	2,028	1.1	107.8
2 歳台	1,827,328	180	9.9	7,023	384.3	7,203	4.0	394.2
3 歳台	1,833,143	230	12.5	10,647	580.8	10,877	6.1	593.3
4 歳台	1,416,634	217	15.3	10,865	767.0	11,082	6.2	782.3
計	8,867,461	744	8.4	30,737	346.6	31,481	17.6	355.0
5〜9 歳	8,095,592	580	7.2	35,368	436.9	35,948	20.1	444.1
10〜14 歳	7,833,998	86	1.1	7,332	93.6	7,418	4.1	94.7
15〜19 歳	9,182,447	97	1.1	9,266	100.9	9,363	5.2	102.0
20〜24 歳	10,812,496	178	1.6	13,009	120.3	13,187	7.4	121.9
25〜29 歳	9,005,516	187	2.1	9,467	105.1	9,654	5.4	107.2
30〜34 歳	8,299,992	224	2.7	8,148	98.2	8,372	4.7	100.9
35〜39 歳	8,184,160	262	3.2	8,489	103.7	8,751	4.9	106.9
40〜44 歳	7,409,887	294	4.0	7,705	104.0	7,999	4.5	108.0
45〜49 歳	5,861,361	290	4.9	6,979	119.1	7,269	4.1	124.0
50〜54 歳	4,796,314	316	6.6	6,436	134.2	6,752	3.8	140.8
55〜59 歳	4,469,740	401	9.0	7,066	158.1	7,467	4.2	167.1
60〜64 歳	3,735,698	459	12.3	6,873	184.0	7,332	4.1	196.3
65〜69 歳	2,982,166	547	18.3	6,416	215.1	6,963	3.9	233.4
70 歳以上	4,329,584	1,274	29.4	9,785	226.0	11,059	6.2	255.4
合　計	103,866,682	5,939	5.7	173,076	166.6	179,015	100.0	172.3

注：人口は，昭和 45 年 10 月 1 日現在の推計人口である．
資料出所：総理府『交通安全白書 昭和 46 年版』p. 36.

表 14　事故原因別発生件数

事故原因別 ＼ 年		45 件数	45 構成率	44 件数	44 構成率	対前年比較 増減数	対前年比較 増減率
		件	%	件	%	件	%
車両の運転者	酒酔い運転	1,261	8.0	1,336	8.7	△75	△ 5.6
	無免許運転	404	2.6	446	2.9	△42	△ 9.4
	最高速度違反	1,381	8.7	1,156	7.5	225	19.5
	歩行者保護違反	405	2.6	422	2.7	△17	△ 4.0
	通行区分違反	316	2.0	363	2.4	△47	△12.9
	追越し違反	1,101	7.0	1,021	6.6	80	7.8
	信号違反	182	1.1	210	1.4	△28	△13.3
	交差点の徐行・一時停止違反	560	3.5	553	3.6	7	1.3
	交差点以外の法定場所徐行違反	189	1.2	198	1.3	△ 9	△ 4.5
	右折違反	310	2.0	284	1.8	26	9.2
	左折違反	136	0.9	146	0.9	△10	△ 6.8
	踏切における安全確認・一時停止違反	420	2.7	476	3.1	△56	△11.8
	整備不良車両運転	31	0.2	33	0.2	△ 2	△ 6.1
	車間距離不保持	97	0.6	103	0.7	△ 6	△ 5.8
	わき見運転	1,843	11.7	1,850	12.0	△ 7	△ 0.4
	運転操作不適当	118	0.7	169	1.1	△51	△30.2
	後退不適当	264	1.7	281	1.8	△17	△ 6.0
	その他	5,730	36.3	5,331	34.6	399	7.5
歩行者	路上へのとびだし	260	1.6	210	1.4	50	23.8
	幼児のひとり歩き	36	0.2	32	0.2	4	12.5
	車の直前直後の横断	244	1.5	221	1.4	23	10.4
	めいていはいかい	48	0.3	42	0.3	6	14.3
	その他	140	0.9	218	1.4	△78	△35.8
不　　明		325	2.0	295	1.9	30	10.2
計		15,801	100.0	15,396	100.0	405	2.6

資料出所：表 13 と同じ，p. 41.

交差点の徐行・一時停止違反などがある。

6　大気汚染など

モータリゼーションがつくりだす社会問題として、交通事故のつぎに社会的注目をあつめたのは、大気汚染である。六〇年代までは公害としての大気汚染は、主として工場の排煙から発生するものであった。これにたいして、モータリゼーションの進行は、七〇年代に入って、自動車から排出するガスによる大気汚染を深刻化させた。いくらか具体的にいうと、走行する自動車は、一酸化炭素、窒素酸化物、炭化水素、鉛などを排出し、それらが大気を汚染する。さらに、窒素酸化物と炭化水素が原料となり、それらが日光の紫外線の作用をうけ、光化学反応によって二次的に特異な物質、光化学スモッグが生成される。モータリゼーションによる大気汚染に一挙に社会的注目が集まったのは、一九七〇年、東京において、光化学スモッグの被害例が出現してからであった。

一九七二年、東京都における大気汚染物質の発生源別排出量および汚染寄与率の推計は表15のとおりである。汚染寄与率でみると、自動車は光化学スモッグの原料となる窒素酸化物の六八・一%、炭化水素の六六・五%を排出している。光化学スモッグの約七割はモータリゼーションの産物ということになる。ほかにも自動車が一酸化炭素の九四・四%、アルデヒドの八七・〇%を排出しているのが目につく。大気汚染の元凶の主役は自動車になったといわざるをえない。

(昭和47年)(単位：排出量トン/年，汚染寄与率%)

炭化水素		ばいじん		アルデヒド	
排出量	汚染寄与率	排出量	汚染寄与率	排出量	汚染寄与率
171	0.1	2,905	12.7	11	0.8
1,934	0.9	13,191	57.8	74	5.6
180	0.1	3,836	16.8	14	1.1
322	0.1	1,864	8.2	72	5.5
5,584	2.5	—	—	—	—
64,029	29.2	—	—	—	—
72,220	32.9	21,796	95.5	171	13.0
67,559	30.8	115	0.5	536	40.8
78,363	35.7	914	4.0	608	46.2
1,332	0.6	—	—	—	—
147,254	67.1	1,029	4.5	1,144	87.0
219,474	100.0	22,825	100.0	1,315	100.0

た排出係数を乗じて求めた．
剤はいずれも大気中に放出されるものと仮定した．また

国の排出係数を乗じて求めた．
ていない．
合特集，現代日本の交通問題』有斐閣，1975，p. 250.

大気汚染の被害状況は、因果関係の特定が困難なケースがあることは確かであり、疫学的手法によって調査がおこなわれることも多い。確認されているかぎりのことをいえば、光化学スモッグによる人体被害には、眼にたいする刺激、呼吸障害、さらにはけいれん、しびれの重症被害もある。七〇年代、この被害例としてしばしば登場したのは、学校の運動場で体

表 15　大気汚染物質の発生源別排出量及び汚染寄与率

発生源 ＼ 汚染物質		いおう酸化物		窒素酸化物		一酸化炭素	
		排出量	汚染寄与率	排出量	汚染寄与率	排出量	汚染寄与率
固定発生源	発電	11,955	14.7	15,735	16.3	0	0.1
	工業	48,174	59.0	10,392	10.8	10,474	1.8
	清掃工場	2,713	3.3	1,437	1.5	4,779	0.8
	事業場	15,194	18.6	2,342	2.4	16,491	2.8
	油槽所 ガソリンスタンド	—	—	—	—	—	—
	有機溶剤	—	—	—	—	—	—
	合計	78,036	95.6	29,906	31.0	31,744	5.4
移動発生源	乗用車	610	0.8	37,470	38.9	279,207	47.1
	貨物車	2,953	3.6	28,160	29.2	280,902	47.3
	航空機	—	—	828	0.9	1,368	0.2
	合計	3,563	4.4	66,458	69.0	561,477	94.6
総計		81,599	10.0	96,364	100.0	593,221	100.0

注：油槽所・ガソリンスタンド：都内ガソリン販売量に今回実測して得
　有機溶剤：通産省発表の「昭和 48 年度溶剤生産見通し」をもとに，溶
　　全国生産量の 1/10 が東京で消費されるものとして求めた．
　航空機：東京国際空港及び横田基地に離着陸する航空機について，米
　ばいじん：移動発生源のうち，ガソリン車から排出される分は含まれ
資料出所：柴田徳衛「交通と環境問題——交通公害総論」『ジュリスト総

育の授業をうけている生徒たちが光化学スモッグに襲われて前記の苦痛を訴えるというものであった。東京都は、光化学スモッグが〇・一五ppmを超えると光化学スモッグ注意報、〇・三ppmを超えると光化学スモッグ警報を出して、この状況に対応したが、その結果、四月下旬から梅雨明けまで、戸外運動ができる晴天の日には、かならずといってよいほど光化学スモッグ注意報が出されて、体育の授業は休止されることが多かった。光化学スモッグの原料となる窒素酸化物、炭化水素は、それぞれ単独でも人体に被害をあたえる。前者は肺に組織的変化をひきおこし、細胞の異常増殖、はく離現象を生じさせる。後者には発ガン性のある三・四ベンツパイレンが相当量ふくまれている(柴田徳衛「交通と環境問題――交通公害総論」『ジュリスト増刊総合特集、現代日本の交通問題』有斐閣、一九七五年、二五一ページ)。

モータリゼーションから派生するその他の社会問題については、紙幅の制約があるのでてみじかな説明にとどめる(柴田、前掲論文二五一ページ。宇沢、前掲書、三〇、五九、六一―六二、七四―七五ページ。宇沢「車社会の悪夢」『宇沢弘文著作集I　社会的共通資本と社会的費用』岩波書店、一九九四年、二二三―二二四ページなど)。

騒音。一九七三年、東京都公害研究所が都内二三区でおこなった「環境騒音実態調査」によれば、環境騒音における騒音発生寄与率は、自動車四四・九%、一般三六・七%、工場六・九%、幹線道路沿線では自動車のみで七〇%を超えるところもあった。

犯罪の増加。交通犯罪としての業務上過失致死傷が、交通事故の増加にほぼみあって増加する。また、自動車を逃走手段として利用する強盗、殺人、傷害などの凶悪犯罪が増加した。

危険で不便な道路。道路が自動車本位に設計されており、歩行者の権利が侵害されている。幹線道路ですら、歩道はせまく、自動信号機は自動車の都合を優先しており、歩道橋は歩行者のみに負担を負わせている。車道と歩道の区別がない狭い街路に自動車の進入が許されている。

公共交通のサービスの低下。自動車による道路の効率的な利用のために、大都市では路面電車が廃止されていった。それは低廉な価格で提供される安定した交通サービスの消失であり、低所得者、老人、子どもにとって都市を住みにくくした。

観光道路と自動車交通による自然破壊。美しい自然の景観をもつが、有力な産業をもたない地方は観光事業に希望を託した。観光道路が建設されて、そこに多くの自動車が走るようになり、自然の景観は破壊され、生態系のバランスは失われていった。

自動車運転者の反社会的エゴイズム。自動車は交通機関のなかでもっとも個人主義的な存在である。それは個人の欲望にもっともよく奉仕する。そのため、自動車は、運転者から歩行者や地域住民にたいする敵意や無関心に特徴づけられたエゴイズムをひきだしたのであった。

この章全体を約言して、考察をくわえよう。日本経済の高度成長は、大衆の購買力を引きあげ、豊かな社会を出現させた。その成長にとって、とくに七〇年代以降、自動車産業は主導産業であり、その帰結のひとつとしてモータリゼーションの進行があった。それは、交通事故、大気汚染などで国民生活、社会生活に破壊的影響をおよぼし、それらは次第に社会問題として認識されていった。一九世紀以来、社会思想や社会科学では、社会問題は階級支配が産出するものだと考えられてきた。つまり、経済的支配階級(たとえば資本家階級)と政治的支配階級(たとえば国家官僚)が、被支配階級(労働者階級、農民階級など)を収奪し、抑圧する過程から、社会問題が出現するとみられてきた。ところが、二〇世紀後半、豊かな社会においては、そのような古典的理解が通用しなくなった。交通事故、大気汚染などでいえば、それらは自動車産業と大衆、民衆、市民、生活者など呼び名はいろいろ考えられるが、一九世紀的な意味で支配階級でない人びとが、いっしょになって作りだしたものだった。そのさい、自動車産業を分析すれば、そこから資本と資本家階級を析出することはできる。しかし、大衆は自動車関連産業ではたらき高い賃金をえており、また、自らの生活の便宜をもとめて、自動車を購入し、利用していた。全就業人口のうち自動車関連産業ではたらくものの比率、全世帯のうち自家用車をもつものの比率を思いうかべてほしい。モータリゼーションがもたらす社会問題をめぐる構造的文脈において、大衆は加害者と被害者の二つの顔をもつことになった。この構造はゴミ問題、生活排水の問題など、ほかの代表的社会問題についても共通してみいだされるものである。

Ⅲ　交通評論家の誕生

1　「交通犠牲者は救われていない」

玉井義臣は、一九六五年、『朝日ジャーナル』七月一八日号に「交通犠牲者は救われていない――頭部外傷者への対策を急げ」を発表して、論壇にデビューした。かれは、これにひきつづき、同誌九月二六日号に「ひかれ損の交通犠牲者――損害補償の現状と打開策」を発表する。この論文は、都留重人が執筆した「朝日新聞」の「論壇時評」で激賞され、その月に発表された論文のベスト・スリーに入れられた。この二作品をよんだ弘文堂編集部長の田村勝夫は、玉井にこの二論文を骨組みにして、さらに事例と統計などを補充して肉付けをおこなった単行本『交通犠牲者――恐怖の実態を追跡する』を書かせ、同社のフロンティア・ブックス・シリーズの一冊として、一二月に刊行した。これは、社会問題としての交通事故を主題にした単行本が商業出版社から刊行された最初の例となった。多くのマス・メディアが、この書物に注目し、たかい評価をあたえた。急速にモータリゼーションが進行し、交通事故が増加する時代、社会はこのような仕事を必要としていたのである。「朝日新聞」の記者・小松錬平は、玉井を「交通評論家」第一号と呼んだ。

玉井が発表した二つの論文の主題、交通事故の頭部外傷と損害補償は、かれの母親が交通事故で死亡したさいの、かれの体験のなかでもっとも強烈な印象をともなった事実である。かれは、それらの事実をとりあげ、綿密な取材と調査をつみあげたうえで、独創的な論考を書いた。そこでは、頭部外傷にたいする脳外科の医療制度の現状、損害補償のための示談、裁判、保険の諸制度の現状がきびしく告発されたうえで、説得力に富んだ政策提言がおこなわれていた。かれは、まず、そのようなかたちで母の死を弔う象徴的敵討ちをはたしたのであった。この二論文は、玉井の仕事のなかでも、学術的完成度がもっとも高い。のちの評論には、運動遂行のための啓蒙的性格やアジテーションの性格がくわわるが、この二論文は問題の現状分析と政策提言がひたすら実証的、論理的に追求されており、玉井が研究者となる道を選んだとしても、ひとかどの存在になったであろうとおもわせる出来栄えになっている。その内容をかいつまんで紹介する。

「交通犠牲者は救われていない」は、交通事故の死者の七割から八割が頭部の外傷によるという事実から説きおこしている。交通事故にあった人びとの四割から五割は頭部を負傷する。歩行者が自動車にはねられた事故に限定すれば、その比率は八、九割に上昇する。頭部の負傷には、絶対に助からないものと治療次第で助かるものとがある。前者は脳挫傷(脳のキズ)が脳の広範囲にわたっているものと生命の中枢である脳幹をやられているものである。後者は頭蓋内出血で血腫(血のカタマリ)ができたばあいで、時期を失せず手術をして血腫をとりのぞけば、救命することができる。また、脳挫傷でもかぎられた範囲のものであれば、放置すれば脳浮腫(脳のハレ)によって脳幹が圧迫されて一〇〇%死亡するが、ステロイド、マニトールなどの薬剤で浮種をとれば助かるものもある。頭蓋内出血にたいする手術では、手術に入るまでの必要最小時間である受傷後一時間の生存が最初の必要条件である。そのうえで、血腫の有無と場所の的確な判断、それをとりのぞく適切な手術がいずれも迅速におこなわれなければならない。これらの判断と手術は、脳外科医によってのみ成功する。脳外科医でない外科医がそれらをおこなうことはきわめて危険である。東京都監察医務院の剖検記録から頭部外傷死連続五〇〇例を選んで死因分析をおこなった調査によれば、血腫が直接の死因である者の三四・二%は確実に救命可能であったとされる。つまり、脳外科医による的確・適切な治療が施されていれば、死者の三割は助かるはずであった。

一九六四年、交通事故による全死者数は一万六七六四、そのうち頭部の負傷によるものを七割とみれば約一万二〇〇〇、そのうちの三割、約三六〇〇は医療次第で助かるはずが「犬死」させられた。なぜか。脳外科医の絶対数が不足しており、しかもかれらが有効につかわれていない救急体制の欠陥もある。脳外科医は全国で一二〇〜一三〇人か、多くみつもっても二〇〇人しかおらず、かれらのほとんどは大都市の大学病院か官公立の大病院に属している。これにたいして、頭部外傷者は年間約五二万人発生するのである。脳外科医の不足の原因は三つである。①わずか五大学に脳神経外科の講座があるのみで、ほかの大学医学部、医科大学にはそれがない。②脳神経外科が診療科目として認められておらず、広告されることができない。③脳外科医になるには長期のハード・トレーニングが必要であり、一人前になっても低医療費でもうけが少なく、他分野への「ツブシ」がきかないので不人気である。このうち、②、③の原因は不充分でも解消されてきたが、①にたいする文部省の反応はきわめてにぶい。

厚生省による救急病院の基準は、救急医療に対処できる医師の常時待機、手術などの処置ができる施設、設備の完備、空きベッドの常備などを規定している。しかし、現在の病院経営では、くるかこないかわからない救急患者のために、当直料をはらって外科医を待機させ、ベッドを遊ばせておくことは不可能である。行政は本来採算があわない救急医療を、なんの補助もなしに病院に押しつけている。その結果、さきの基準をみたしている救急病院はほとんどなく、そのシワよせは患者にきている。

こんな救急体制のなかで、われわれが交通事故にあえば、最寄りの救急指定病院にかつぎこまれる。そこには脳外科医はおらず、検査設備も完備していないのがふつうである。医療次第で助かるはずの頭蓋内出血でも、われわれをまちかまえる運命はつぎの三つのいずれかである。①医師が脳外科医がいる病院への転送を指示する。②医師が脳外科医を招いて出張手術をしてもらう。③医師がそのまま自分で治療をする。救命の確率は①がもっとも高く、②がそれにつぐ。③はもっとも危険である。しかし、われわれが出会う公算がもっとも大きいのは③である。「救急指定病院と脳外科医のいる病院を結ぶパイプはつまっている。いやないといったほうがよいかもしれない」と玉井は書いた。

この論文を書くため、玉井は、母の死のあと一年半をかけて取材と調査をくり返している。

多勢の医師たちにインタビューし、伝手をもとめて、白衣を着て救急車に乗りこみ、交通事故の負傷者が救急病院に運ばれるところから、手術室の手術現場を観察することまでした。しかし、医師たちは救急医療について医療ギルドの外部者である玉井には、「タテマエ」以上のことをなかなか喋ろうとしなかった。そのうち、かれは、救急医療の内幕を喋ってくれる医師にようやく出会った。その医師は東京大学病院の脳外科の講師たちのひとりで、野人タイプの男だったが、つぎのように語った。交通事故による頭部外傷者のほとんどは、脳外科医がいない救急指定病院に運ばれる。病院は、その患者には、交通事故による損害を補償する自倍責保険による保険金が出るので、それをつかいきらせるまでは、その患者を手放さない。つまり脳外科医の許に転送しない。玉井君、町医者が治療費をしぼりとるまで患者を手放さないから、死なないですむはずの三割の頭部外傷者が死ぬのだよ。

この衝撃的な事実を、玉井は、第一論文では、さきの引用文のように「パイプはつまっている。いやないといったほうがよいかもしれない」と、比喩的表現でのみ書いて、それ以上踏みこまなかった。しかし、半年後に刊行した単行本『交通犠牲者』では、交通事故の頭部外傷者は一般外科医にとってドル箱であるという実態をかなり突込んで描いた。「交通事故負傷者は自動車強制保険から、重症の場合は三〇万円まで、後遺症害が残れば最高一〇〇万円まで保険金が下りる。その範囲でかなり思い切った治療ができるという。一日三万円から五万円くらいの薬剤治療が行われているというのだ。そこで五日なり一〇日なりの治療後に死んでもかなりの治療費になる。また死ぬような患者ほど高い治療のいいわけが立つともいう。身の毛のよだつ話である」(同書、五八ページ)。

第一論文にもどると、玉井は救急体制の現状を告発したあと、当時の脳外科医の代表的存在であった三人の教授がそれぞれに提唱した救急センターの理想案を紹介している。そのうち、名古屋大学の橋本義雄教授たちによるＴＡＣＣ(東海災害コントロール・センター)は実動の日がちかづいており、それによって、頭部外傷による死者、後遺症者は半減する見込みであった。三案のいずれを採用するかは、地域社会の特性との関連で判断されるべきである。しかし、いずれにしても、国または地方自治体の強力な予算措置と救急センターと救急指定病院の緊密な協力体制が必要である。

さいごに、交通事故による頭部外傷による後遺症の実態とその治療やリハビリテーションがとりあげられている。その後遺症の主要なものは、手足のマヒ、発語障害、視力障害、聴力障害、頭痛と頭重、外傷性てんかん、知能および精神の障害などである。頭部に外傷を負ったが生命はとりとめた者のうち、約半数は後遺症を訴え、約一割は重症の後遺症で独力で日常生活をいとなむことができず、家族に依存してくらしている。当時で重症の後遺症者は約二四万人いると推計されていた。かれらのうち三分の二は、適切な時期に脳外科医の治療をうけていれば後遺症者にならずにすんだ。また、かれらの半数は、脳外科医による治療とリハビリテーションをうけられるなら、健康を回復して、社会に復帰することができる。そのためには、総合リハビリテーション・センターの設置が必要である。

2　「ひかれ損の交通犠牲者」

第一論文は『朝日ジャーナル』編集部のなかで好評であった。つぎの作品も書いたら載せますよと、玉井はいわれた。他のメディアもその衝撃的な内容に注目した。ＮＨＫテレビはかれにインタビューして、交通事故の恐怖の実態に迫るという番組をつくった。かれは、第二作の主題は補償だと早くから決めており、伝手をもとめて、東京地方裁判所の交通裁判専門部から前年度に判決が出たすべての判例を借り出して読んだ。昼間は調査と取材にとびまわり、夜は判例にひたすら読み耽る。その年の七月、八月は、かれは布団をしいて寝たことがなかった。判例を読んでいて、睡魔にうちまかされると、畳のうえに転がってそのまま眠ってしまう。目ざめると、また読みつづける。こうやってかいた第二論文が決定的な成功をおさめたのは、さきに述べたとおりである。その内容もかいつまんで紹介しておこう。

「ひかれ損の交通犠牲者」は、示談、裁判、補償の三部構成になっている。第一部は、交通事故被害者は、損害賠償の解決法として、その九割以上が示談によるか、示談さえしておらず、裁判所を利用する者は四%内外であるという事実からはじめている。過去一一年間のデータでは、示談の不成立、交渉中・交渉難航、未交渉の合計が三割前後あり、これは補償金を一銭もえていなかった。示談が成立したケースは示談金をうけとる。自動車損害賠償責任保険は一九五六年から施行されており、保険金の支払い限度額は、死亡者のばあいで、六〇年八月までは三〇万円、六四年一月までは五〇万円、それ以後は一〇〇万円と引き上げられてきていた。示談金の金額は、死亡者のばあい、限度額以上四四・七％、限度額と保険受領額の中間一七・七％、受領額と同額かそれを下まわるもの三七・七％、であった。この示談金額についての遺家族の感想は、「不満足である」六二・九％が最頻値で、「してやられたと思っている」一七・二％がこれにつぎ、「まあまあと思っている」はわずかに一・九％、「満足している」の比率はゼロであった。示談の過程で、遺家族は、法律と保険についての知識がないことで、加害者や示談屋につけこまれがちである。

第二部は、交通事故被害者が損害賠償請求事件で加害者と裁判で争う交通裁判を、迅速、安価、判決の適正さの三つの観点から論じている。一般に裁判に時間がかかるのは周知の事実であるが、そのなかでも交通裁判はさらに長びく。地裁第一審事件で、判決事件のみをみると、原告勝訴事件に要した平均審理期間は、全通常事件で一〇・四ケ月、交通事件で一八・二ケ月である。しかも、原告勝訴事件の約半数は、被告(加害者)が上訴するため、最高裁までひきずられて、決着までに数年がかかるのがふつうである。この間に、インフレによる通貨の減価、加害者側の資産隠匿や計画倒産、判決の不履行などがおこる。裁判の費用でなによりも問題となるのは、弁護士の手数料(着手金)の高さである。日本弁護士連合会の規定によると、手数料は請求金額の一〇〇分の五、謝金(成功報酬)はその一〇〇分の一〇となっている。示談交渉のあいだに経済的に困窮してきた被害者にとって、五〇〇万円を請求するのに二五万円の手数料をまず支払うのは、かなりの負担である。さらに、東京地裁で処理された交通事故死にたいする損害賠償の金額をみると、六四年では、五三％が一〇〇万円以下で、五〇〇万円以上は一件もない。のちにみる損害賠償の金額の国際比較からもいえるのであるが、日本人の生命は安すぎる。とくに慰謝料が安すぎる。これは法曹関係が一様に認めるところである。これらの実態をあきらかにしたうえで、迅速、安価、適正な裁判を実現するための具体的で詳細な政策提案がつけられた。

第三部は、示談でも裁判でも、被害者への補償金の金額は、結局のところ、加害者側の支払能力によって決まる。だから、被害者救済のただひとつの道は加害者に支払能力をつけることであり、それは保険制度を利用するほかはないというところから説きおこしている。ここでは、自動車保険の制度運用、加入率、保険料、死亡のさいの保険金限度額などについて、アメリカ合衆国、イギリス、西ドイツ、フランス、イタリア、フィンランドなどと日本の国際比較が徹底的におこなわれており、玉井の猛勉強振りがしのばれる。データは、日本で生命尊重の思想がきわだって低く、それが基本原因となって、補償制度がはなはだしい低水準にあることを示した。一例として死亡時の保険金限度額をあげる。日本の一〇〇万円にたいして、アメリカ三六〇万円以上、イギリス一五一二万円以上、西ドイツ九〇〇万円以上、フランス三六〇〇万円、イタリア一八〇万円、フィンランド一八〇〇万円。

玉井の結論は、強制保険である自倍責保険の支払限度額を引き上げよ、であった。任意保険の加入率の引き上げは望ましいが、保険思想の発達がおくれている日本では当面は多くを期待することができない。この結論にたいする各業界の反応を玉井はつぎのようにまとめている。損害保険業界は任意保険の営業をやりにくくするといって反対していた。トラック業界、タクシー業界は、保険料が上がるのは経営上のマイナスだと反対していた。これらを、玉井は、人命より経営を重視する理念は絶対に許されるべきではないと批判したうえで、交通災害を単なる「事故」としてではなく「公害」に近いものとしてとらえることによって、保険料に国庫補助を導入するべきだと提言した。そのさい、交通事故の大多数は、アメリカでは車対車の衝突によって生じるが、日本では一般道路で歩行者が車にはねられて生じる。一般道路の管理責任は行政にある。また、行政は自動車産業の保護育成策をとり、自動車の生産台数、保有台数を無制限に増加させている。だから交通災害は行政責任を問うべき公害なのだという論法がとられていた。

3　テレビによる交通キャンペーン

一九六六年三月二八日から六八年九月三〇日まで、約二年半、玉井義臣は、NET(日本教育テレビ)で、「桂小金治アフタヌーン・ショー」の週一回の交通キャンペーンにレギュラー出演した。出演回数の総計は一二四回におよんだ。

このショー番組は、落語家の桂小金治がその年の春のワイド・ショーで、交通事故の体験記を泣きながら喋っているのをみた、NETのプロデューサーが、かれのキャラクターによい印象をうけて、かれを司会者に迎えようとおもいたって発足した。その体験というのは、小金治夫妻が車で遠出をしたおり、横断歩道にさしかかったら、子どもが道端で車の往来がとぎれるのを待っていた。そこで小金治は、車を停止させて、子どもに車のまえを横切るように手で合図をした。それをみて、子どもが車のまえを通りぬけたとき、小金治の車の右側を追い抜いていった車があり、子どもがはねとばされた。小金治は倒れた子どもにかけより、夢中で抱きあげた。子どもは大怪我はしたが生命はとりとめた。自分が不注意な合図をしたために、子どもに怪我をさせてしまった。喋りながら、小金治は声をあげて泣いていた。その正義感のつよさ、感情表現の率直さに、プロデューサーは惚れこんだのである。

司会者としての出演交渉をうけた小金治は、番組のなかで交通事故防止のキャンペーンを週に一回やらせてもらえるなら、出演すると回答した。その条件は認められて番組ははじまった。芸能人やアフタヌーン・ショーでも、交通事故が社会問題として生々しく意識されている、そんな時代であった。しかし、「桂小金治アフタヌーン・ショー」の交通キャンペーンは二、三回やると、たちまち材料がつきてしまった。小金治もプロデューサーも、交通事故をなくそうという善意はもっていたが、交通事故の調査・研究については専門的知識はまったくもちあわせていなかった。玉井はその少しまえ、交通評論家として「木島則夫モーニング・ショー」に出ていた。それをみていたひとが、「桂小金治アフタヌーン・ショー」のスタッフのなかにいて、玉井は交通キャンペーンのためのレギュラー出演者に起用されることになった。

玉井の仕事は、毎週一回のキャンペーンのためにテーマを決めて材料を集め、台本をつくり、番組では、小金治と二人の司会者、ゲストに話をまわしてもらいながら、最後に専門家としてコメントをつけるというものだった。玉井はこの仕事ではじめて定収入をえることになり、生活が安定するのだが、その経済的効果とは別に、仕事自体がかれにはとても面白かった。かれはその仕事に打ちこんだ。それは、かれに三つの点で大きい影響をあたえた。すなわち、第一には、この仕事によって、かれが多様な交通問題に精通するようになり、交通評論家として大きく成長し、また知名度も上がり、名実ともに第一人者の地位を獲得したことである。第二には、番組に政治家、官僚、財界人、医師、学者たちがゲストとして招かれてきたが、玉井はかれらと面識をえて、各界に人脈を広げたことである。そのさい、玉井はゲストにおもねるようなことは一切しなかった。専門家として自分が信じるところを率直に述べ、かれより年長のゲストとときに烈しく意見が対立することもあったが、そのうえで相手の信頼をえたのである。永野重雄たちを相手にしたダンプ論争はその好例のひとつで、つぎに紹介する。第三は、番組のキャンペーンで交通にかんする特定の制度、政策の新設や改善を玉井が訴え、それが実現するという体験をしたことである。そのさい、政治家や官僚をゲストとして番組に招き、かれの提案に同意させたり、反論をさせ、それにかれが再反論するという手法がとられた。この体験をつうじて、かれは社会運動家として訓練されていった。刑法二一一条改正はその好例のひとつだが、これものちに紹介したい。

「桂小金治アフタヌーン・ショー」の交通安全キャンペーンの全回、一二四回の主題とゲストの記録は残っている。その主題を私なりに分類、集計してみると、一位、政府・各政党の交通政策三三、二位、交通事故および被害者二九、三位、交通安全対策二三、四位、運転と運転手問題一五、五位、自動車保険と補償一一、六位、救急医療七などが主なところである。「政府・各政党の交通政策」が一位にきていることは、交通問題はなによりも政治問題であるという認識が、このキャンペーンの基調になっていたことをうかがわせる。これは五回連続のシリーズを二度ふくむが、一度目は各党の政策担当責任者を順に呼んでそれぞれの交通政策を語らせ、かれと玉井、全国紙のコラムニストなどが討論している。二度目は、各党の代表的政治家たちと交通政策を所管する大臣たちを順に集めて、交通政策や主要な交通問題について、かれらと玉井や専門家たちが討論している。主要問題としてとりあげられたのは、刑法二一一条改正、交通安全施設、救急医療、ダンプ・カーの事故などであった。

4　ダンプ論争

一九六七年一月二一日「朝日新聞」の「声」欄に、投書者たちの顔ぶれからみて異例の人目を惹く投書が掲載された。

「運転席を低くしたら――暴走ダンプカー防止に提案

東京瓦斯副社長　安西　浩
昭和電工社長　安西正夫
八幡製鉄社長　稲山嘉寛
富士銀行頭取　岩佐凱実
三井不動産社長　江戸英雄
富士製鉄社長　永野重雄

昨年十二月、愛知県でダンプカーが横断歩道で園児たち十一人の命を奪い、十数人にけがをさせるという事故があった。これはその一例だが、最近ダンプカーなど大型車による事故が非常に多い。その対策については、関係諸機関でいろいろと検討されていることと思うが、先日、ある会合でこの問題について話し合っているうちに、次のような案に皆の意見が一致した。

ダンプカーは運転席が高い位置にあり、しかも大きな車体は厚い鉄板でおおわれている。このため、衝突で相手の車は破損しても、自分の車は平気なので、運転者は戦車にでも乗って突進しているような感じなのであろう。このことが、若い運転者に、なんとなく他を見下すような気持にさせ、相手の車をおびえさせていい気持になるのではないだろうか。

そこでダンプカーの運転席を最近のバスのように、できるだけ前に出し、しかも乗用車なみの低さに置く。車体の強度も運転台だけは普通車なみにし、小型乗用車と衝突しても、同じ運命になるようにすれば、ダンプ暴走も減ることだろう。つまり裏返せば他人の安全が即自分の安全につながるという意識を高めることである。

こうした問題は、一部専門関係者に任せるだけでなく、われわれ社会人の一人一人が積極的に解決に参加しなければならないと痛感する。とくに交通事故対策具体化のために、われわれは全面協力を惜しまないつもりである」。

投書者として当時の財界を代表する六人が連署している。かれらの提案の水準は別にして、有力財界人たちもかれらなりに社会問題としての交通事故を憂慮しており、それについて語りあい、対策を新聞に投書してくる。これも、そんな時代であったということだろう。一月二七日、「朝日新聞」の同欄に、玉井義臣はてきびしい反論を寄せた。

「〝運転席改造〟に疑問――根本的なダンプ事故防止策を

玉井義臣（交通評論家　三一歳）

財界の六氏が、暴走ダンプ防止策として『運転席を普通車なみの低さと強度に』との提案をされたが、私は次の諸点で疑問を感ずる。

その一つは、ダンプ暴走の主原因が果して戦車に乗っているような安定感と優越感によるものかどうかについてだ。建設業者が砂利の値段をたたき、砂利業者はそれを運転者の酷使というかたちで補い、それが道路づくり、オリンピック工事、新幹線、都会のビル・ラッシュを可能にしたともいえる。こう考えれば、提案に見られるように、運転者だけを悪者扱いにする発想には賛成できない。

いま一つの疑問は、『小型乗用車と衝突しても同じ運命になるようにすれば、暴走も減ることだろう』という考え方についてだ。周知のように、いま欧米の自動車技術はあげて安全自動車の研究に没頭し、事故対策も車内の人間の安全に向けられている。この世界の指向の中で、提案にあるような〝不安全自動車〟による事故防止対策は、いかにも後ろ向きであり、人間不信の悲しい発想だといえよう。

では、われわれはなにをすればよいのか。警察とダンプ業者の五年間の安全運動で、死亡事故を半分から三分の一に減らした実例がある。愛知県警では三十六年、それまでバラバラだった県下のダンプ業者を各警察署単位で組織化し、『愛されるダンプ』を合言葉に、自主的な安全運動のムードづくりをはじめた。この作戦は図に当り、近年、愛知県下のダンプによる死亡事故は、一般事故が二倍以上になっているのに、こちらは逆に半分以下に激減した。また組織で建設業者と話し合った結果、砂利価格と運賃の引上げに成功し、おかげで県下の全ダンプがサイド・ラップ（山盛りに積むために使う側板）の完全撤廃に踏み切ることができた。（幼稚園児をなぎ倒した猿投事故のダンプは岐阜県のもの。）

そこで提案したい。こんな立派な実績をあげているのだから、全国の県警が愛知県警方式を実行してはどうだろう。（後略）」

このあと、玉井は、愛知県警方式の特徴をもう一度整理し、「経済界の内部にある事故の遠因」の研究と除去を財界人たちに願って、文章を結んでいる。

二つの投書を公平な目で読みくらべれば、だれがみても、論争の勝負の行方はあきらかである。財界人たちの通俗的心理による悪者探しと運転者の生命軽視をともなう他罰的発想にたいして、玉井は、主原因は建設企業の過剰な利潤追求にあるとし、安全な自動車を追求する国際志向へ逆行する愚かしさを戒めた。そのうえで、効果が実証されている政策提言をして、財界人たちには経済界内部の反省を望んだのである。論争は、財界人たちの完敗、若い交通評論家の完勝であった。論争参加者の顔ぶれの珍しさのせいもあってか、多くのメディアがこれをとりあげた。玉井自身も、一九六七年二月六日の「桂小金治アフタヌーン・ショー」の交通キャンペーンに投書者の財界人たちのうちの四人、永野、江戸、岩佐、安西と、専門家として日本自動車工業会公害対策委員会・家元潔、全日本交通安全協会顧問・富永誠美をまねき、論議をつづけた。短い時間なので、論戦は決着がつかないままであったが、勝負は実質上は、新聞の二つの投書だけでついていた。

玉井はかなり激しく発言したらしい。後年かれは、そのおりの永野にとっての自分を「狂犬のように嚙みついてきた〝若造評論家〟」といっている。しかし、論争とは別に、その出会いで、玉井は永野の人物の器量の大きさに惹きつけられた。出演まえのうちあわせで、永野はかれの息子くらいの年齢の玉井ににこやかに話しかけ、論争での対立にこだわる風情はまったくなかった。私も、このように不利な論争をはじめながら、論敵が作成している番組にまねかれると出てくる永野たち財界人のこだわりのなさは見事だと思い、かれらの年齢や地位に一見ふさわしくない一種の青年の客気をも感じるのである。永野も玉井の人物の器量を認めた。また、かれは、これを機会に交通問題についてより深く考えるようになった。二年後、玉井が交通遺児育英会をつくるとき、永野は会長を頼まれ、快諾して就任する。ほかの五人の財界人たちもみな同会の役員になった。

5　刑法二一一条改正キャンペーン

話は二年ほどまえに戻るが、玉井義臣が『朝日ジャーナル』に書いた三つ目の論文は、

「時代遅れの自動車運転者の制裁——刑罰・行政処分の問題点」である。これは同誌の一九六五年一二月二六日号に掲載された。交通遺児家庭の救済運動の観点からみれば、やや二義的にみえる主題をあつかっているかにみえるこの論文は、おそらくそのせいで、これまでの運動史では先行する二論文にくらべていくらか軽くあつかわれてきているが、社会運動家としての玉井の出自を考えるにあたっては、重要な手がかりのひとつをあたえる作品である。これについてはのちに多少くわしく述べる。また、過失による死亡事故をおこした自動車運転者にたいする制裁は、玉井個人にとっては、母の死にさいして、頭部外傷、損害賠償につぐ三つ目の主題であった。かれは、この論文を書き、その主張を実現してゆく過程で、三つ目の「象徴的敵討ち」をはたすことになる。

この論文における最重要の論点は、できるかぎり圧縮していえばつぎのとおりである。被害者を死亡させた交通事故の加害者をさばくのにつかわれる刑法第二一一条の業務上(重)過失致死傷の処罰規定については、六五年二月に国会に改正案が提出されて、審議未了で流れたが、玉井はその案を支持する。その改正案は刑を重くすることをめざし、従来「三年以下の禁固」であったものを「五年以下の懲役若しくは禁固」に改めていた。念のためにいうが、禁固は監獄に拘置するだけで定役=労役には服させない刑であり、懲役は監獄に拘置して一定の定役に服させる刑である。玉井はその支持の理由として、劣悪な道路事情のもとで歩行者を守る必要、自動車事故の被害の大きさ、人命軽視の社会風潮を戒めることなどをあげた。なお、改正案への反対の主要意見としては交通労働者の労働組合の言い分がとりあげられている。組合は、劣悪な労働条件のもとで居眠り運転などにより事故がおこったとき、運転手だけが厳罰に処せられるのは困ると抗議をした。玉井はそれをきちんと紹介したうえで、労働強化による事故の犠牲が歩行者に転嫁されてよい理由はどこにもないと退けている。そのほか、この論文は、業務上過失致死傷害罪の実刑率、量刑基準が、関東地方と近畿地方ではちがうことの統計にもとづく証明や道路交通法違反の処理にかんする批判でも注目をあつめた。

その注目者たちのひとりに法務省の刑事課長であった伊藤栄樹がいた。かれはのちに最高検察庁の検事総長となる人物だが、当時はその職位にいて、法務省が刑法第二一一条改正案を国会に提出し、審議未了で敗退したさいの、同省の実務責任者であった。敗退の主要な原因は、野党である日本社会党と日本共産党が労働組合側の主張を支持して頑強に抵抗したこと、与党の日本自由民主党がその改正案にあまり熱意をもたず、同党にとってのほかの重要法案を通過させるために、野党との取り引き材料としてその改正案を放棄したこと、などであった。伊藤は玉井のこの第三論文を読んで、法改正を支持する論旨の明晰さと説得力に打たれ、交通事犯への量刑における東西の較差の指摘に感心した。かれは玉井と会って、法改正の実現のためジャーナリズムでの助力を乞い、玉井はそれに応じて、六八年の改正の成功にいたるまで文字通り伊藤のパートナーとしてはたらいた。

この会見の直後からはじまる「桂小金治アフタヌーン・ショー」の交通キャンペーンでは、刑法第二一一条改正問題はくり返しとりあげられた。第一八回から第二三回まで六回にわたった「各党の交通政策を聞く」では、毎回それがとりあげられ、共産党の米原昶や社会党の横路節雄を呼んだときなど、最後はニュース・キャスターたちがゲストをつるしあげるような険悪な雰囲気になった。第三四回には、東京地方検察庁次席検事の河合信太郎をゲストに呼んで、「刑罰は甘すぎる」というタイトルでその改正の必要を訴えさせている。また、第五五回の「政府・各党に交通政策を聞く」シリーズの二回目は、法務大臣の田中伊三次と自民党の浜野清吾、社会党の横山利秋などを呼んで、話題を刑法第二一一条改正一本にしぼって論争させた。その改正が実現する六八年にも、改正案が国会で審議される時期に合わせて、第九八回に「刑法二一一条改正論争」というタイトルで、社会党から横山、民主社会党から岡沢完治を呼んだ。いずれのばあいも、玉井は、改正支持の主張をはっきり打ち出し、改正に反対するゲストたちと烈しく論争した。

この間、法務省は国会に刑法第二一一条改正案を毎年提出しつづけた。しかし、それは六六年は祝日法案のあおりで審議未了となり、六七年は野党の時間かせぎの質問作戦によって廃案となった。この六七年七月一三日には、「朝日新聞」の「天声人語」、「毎日新聞」の「余録」、「読売新聞」の「編集手帳」という三大全国紙のコラムが、いっせいに二一一条改正問題をとりあげ、政府案を支持し、社会党の対案や労働組合の言い分を批判して、ジャーナリズムの話題となった。これは、玉井が仕掛けた企てであった。すなわち、その三日まえ、かれは交通キャンペーンの第六三回「社共両党はなぜ刑法二一一条改正に反対するのか」に、三つのコラムの執筆者、いずれも論説委員である「朝日」の入江徳郎、「毎日」の藤田信勝、

「読売」の加藤祥二をゲストとして呼んで、番組収録後に、その企てを提案して、かれらの同意をとりつけたのである。七月一三日の三紙のコラムに目を通す、三二歳の交通評論家の内心の得意や、おもうべしである。伊藤栄樹はまことに強腕の頼もしいパートナーに恵まれていたというべきだろう。六八年、政府は四度目の刑法第二一一条改正案を国会に提出し、これがようやく可決され、成立した。法務省とジャーナリストの連合軍が、野党の反対、与党の不熱心をついに押し切ったという印象である。このときは、玉井は、衆議院の法務委員会に参考人として呼ばれ、改正案の可決に大きく貢献する証言も述べた。

このキャンペーンの経過を社会運動論の観点からみていると、このあたりが、日本の社会運動のひとつの転機であったと感じられる。高度成長期が一〇年あまり経過し、モータリゼーションの進展と交通事故の増加は、新しい大きな政策課題の出現を告げていた。しかし、伝統的な労働運動やそれと連動する社会主義運動、共産主義運動は、階級闘争史観にもとづき、交通労働者の利益を擁護することのみに目をうばわれ、その政策課題を正しく認識し、それに的確に対応する能力を欠いていた。交通事故の防止やその被害者救済をめざす運動は、それまでに例をみない新しい社会運動でなければならなかった。玉井はその運動の有力な指導者として頭角をあらわしつつあったが、かれが社会運動家として訓練をうけていた場は、第一にジャーナリズムであり、第二に法務官僚との協働関係であった。かれは、労働運動、社会主義運動などの主張に否といいつつ運動家として登場してきたのである。

6 「殺人機械」

玉井義臣が純粋に評論家として活動した期間はきわめて短い。見方によれば、それは、かれが、これまでに紹介してきた三論文を『朝日ジャーナル』に発表した一九六五年だけともいえる。翌年、「桂小金治アフタヌーン・ショー」に出演するようになってからは、かれは評論家であったが、運動家の側面を次第につよめていく。この移行期が一九六八年一杯までつづくとみることができるが、同年半ばに交通遺児のための育英団体の設立が考えられはじめたころには、玉井の存在はすでに評論家であるよりは運動家であった。それまでの間、かれは、交通評論家として、さらに二つ、独自性のある作品を発表している。すなわち、いずれも一九六七年一〇月の発表であるが、著書『示談』(潮出版社)と論文「殺人機械」(『朝日ジャーナル』一〇月一五日号)である。前者は、交通事故の被害者救済をめざして示談の進めかたのノウ・ハウをくわしく教えるものであり、公明党の地方議員たちが地域社会で交通相談活動をするさいによくつかわれた。この時期、玉井は、刑法第二一一条改正問題への協力をもとめて、矢野絢也など公明党首脳部と親しく交わっていた。後者は、掲載誌が「文明破壊者としての自動車」という特集をくんださいの第四論文であり、運動史のなかでは「日本での反自動車キャンペーンの始まり」と位置づけられる作品である。交通遺児家庭の救済運動に参加してくる人びとは、その運動の文明論的基礎づけをこの論文にもとめてきた。また、この論文からかれの評論活動の第二期がはじまり、その頂点に一九七三年の著書、『ゆっくり歩こう日本』(サイマル出版会)がくるという見方もあるが、これはのちにとりあげる。

「殺人機械」を要約する。アメリカ合衆国の自動車事故の歴史をみると、記録に残っているかぎり事故による死者の第一号は一八九九年、ニューヨークで出ている。一九一三年、ヘンリー・フォードがコンベヤー・システムによって自動車の大量生産、大量販売をはじめ、自動車が大衆の交通手段となると、交通事故は激増しはじめた。昨年、一九六六年、全米の交通事故による死者は約五万三〇〇〇人、負傷者は約一九〇万人、そのうち約二〇万人が身体障害者になった。経済的損害は収入の損失、物損額、医療費と保険金の支払いなどを合計して、一〇〇億ドル(三兆六〇〇〇億円)になる。

死者にしぼっていえば、全米の交通事故による死者の累計は、一八九九年から一九六六年までの六八年間で、一六〇万人を超える。これを戦死者と比較すると、アメリカ合衆国は一七七六年の建国前後から、独立戦争、米英戦争、メキシコ戦争、南北戦争、米西戦争、第一次世界大戦、第二次世界大戦、朝鮮戦争、ベトナム戦争をたたかってきたが、それらによる戦死者の合計は約一一〇万人である。交通事故の死者数は、すべての戦争の戦死者数を五〇万人も上まわっているのである。

自動車事故による死者数の日米比較をみよう。いずれにおいても、自動車の台数が増えつづけており、死者数も増えつづけている。日本では人口一〇万人あたりの死者数が多少の凸凹があるものの漸増をつづけており、六六年は史上最高の一四・〇に達し、米国の半ばちかくまできている。

自動車はわれわれの生活にさまざまな便益をあたえる。人や物をいつでも高速で運んでくれる便利性、戸口から戸口への自在性、プライベイト・ルームを提供してくれる独立性など。また、自動車は経済成長の大きな原動力である。先進資本主義国では、自動車産業は、生産の波及効果の大きさ、雇用吸収力の大きさ、輸出拡大への貢献度の高さなどにより有力な戦略産業のひとつである。アメリカでも日本でも自動車の売れゆきが景気の動向を左右する。自動車が売れると、多くの産業がうるおい、国民の所得水準が上がり、それが新規の需要層を形成し、自動車は大量生産によってコスト・ダウンから値下げがおこなわれ、それがさらに需要を拡大する。「もはや、自動車が事故の元凶であると否とにかかわらず、自動車それ自身が独自の増殖運動を続けていくかにみえる。ここに問題の根がある」。

自動車がもたらす便益と国民経済への貢献度から、自動車事故は「必要悪」であるという見方がある。しかし、必要悪と是認してよいか。

運動のエネルギーは、$(1/2)mv^2$(m＝重量, v＝速さ)であらわされる。この式によれば、小型乗用車が時速四〇キロで走行中の破壊力は、歩いているおとなの約二〇〇〇倍になる。それは、重量に比例して大きくなり、速さはその二乗に比例して大きくなる。ダンプ・カー、スポーツ・カーの破壊力のすさまじさがわかるというものである。このようなエネルギーをもつ自動車が歩行者、自転車をはねとばしたり、自動車同士あるいは固定物と衝突するとどうなるか。前者のばあいは、車の外にいた人間を死傷させ、後者のばあいは車の中の人間を死傷させる。自動車事故による死者は、日本では八割弱が車の外の歩行者や自転車乗りなどであり、アメリカでは八割弱が車の中の運転者、同乗者などである。だから、自動車は、日本では〝走る凶器〟であり、アメリカでは〝走る棺おけ〟と呼ばれる。総じていえば、それは「殺人機械」である。

この「殺人機械」にたいして、人間はどんな対策を打ってきたか。アメリカ合衆国のばあい、一九三〇年代には、大量生産、大量販売によって自動車は激増したが、それに人びとが慣れておらず、路上の弱者としての歩行者が事故にあい、死んでいった。これは六〇年代の日本によく似ている。そこで、被害者となることが多い子どもたちに交通安全教育を入念におこない、交通安全施設を整備した。その結果、子どもの交通事故は半減した。一方、都市づくり、道路づくりは、自動車交通を交通の代表的形態として想定しつつ、進められていった。

一九四〇年代に入り、アメリカにおける交通事故の死者は一〇〇万人を突破した。そこで、ようやく、交通安全対策の「三E対策」が確立された。「交通違反の指導取締まり」(Enforcement)、「交通安全施設の設備改善」(Engineering)、「交通安全教育」(Education)である。これらによって、確かに自動車事故は減少し、死者は一万台当り五人台まではさがった。しかし、それ以下への低下はみられず、近年、それがふたたび上昇しはじめている。この「三E対策」の特徴は、事故の原因を人間と道路・施設にもっぱらもとめて、車の構造を問題外としたところにある。これを端的に指摘したのが、ラルフ・ネイダーであった。かれは著書『どんなスピードでも安全ではない』のなかで、「ハイ・ウェイ殺人の犯人は、運転者よりも自動車自身である」と述べ、車が安全性を無視してつくられている事例を沢山あげて、自動車メーカーをはげしく批判した。メーカーはこれにたいして、事故の大半は運転者のミスだと主張してゆずらず、けわしい論争がおこなわれた。しかし、最終的には、メーカーは世論に屈した。

一九六六年、アメリカでは、自動車の安全装置の基準をさだめた「交通安全法」が発効し、衝撃吸収ハンドル、積層ガラスなど二三項目の安全装置の仮基準が発表された。これは六七年九月から実施が義務づけられているが、内外の自動車メーカーの反発はすさまじく、農商務省は六七年一月には二三項目から三項目をけずり、実施時期は四ケ月おくらせると発表するところに追いこまれている。自動車という殺人者のキバを抜きとろうとすると、資本はつよく抵抗するのである。日本の自動車メーカーもおくればせながら安全自動車づくりにとりくんでいるが、それは輸出向けのものであり、国内向けのものではない。政府は、日本人のための安全自動車対策をとるように、メーカーにつよい指導をおこなうべきである。

トヨタ自動車の予想数字により、一〇年後の一九七七年の日本人の自動車保有台数を推計し、いまの割合で交通事故がおこりつづけるとすると、国民は九人にひとりが交通事故で死傷することになる。事故率をヨーロッパ並みに引き下げても、一二人にひとりが死傷する。これで、自動車は文明の利器といえるか。いっそう根源的なところから発想すれば、自動車文明はいま最大の岐路にたっている。自動車を「殺人機械」として正しく認識しなければならない。人類は、自動車にたいして、核兵器にたいするような厳しい姿勢をとるべきである。

玉井は、交通評論家としての自己の作品のなかで、この「殺人機械」をもっとも高く評価している。たしかに、これは自動車文明批判としてよくまとまっており、説得力に富み、現在、学生たちに読ませても、かれらを感心させ、同意させる力をもっている。しかし、自動車事故の多発を告発し、自動車を「殺人機械」であると決めつけ、ネイダーを引用して「安全自動車」志向を推奨するあたり、われわれが考える時代の本質の最深部が微妙なところでとらえそこねられたという印象がある。玉井は自動車メーカーをきびしく批判し、あわせて政府の責任をも追及している。しかし、かれは、われわれがいう加害者としての大衆の存在に明示的にふれることはしない。「ハイ・ウェイ殺人の犯人は、運転者より自動車自身である」というネイダーの言葉は、安全性を欠いた車への批判としてもっともである。しかし、玉井もいうように、日本の交通事故の大多数は車が歩行者や自転車の乗り手をはねるばあいである。そのような車を自己の便益のために購入し利用していた人びとが、交通事故をおこしたとき、犯人は運転者より車だといえるだろうか。また、玉井は自動車を核兵器とならべて双方にきびしい態度をとれという。この論法もわからない訳ではないのだが、これではやはり大衆の責任があいまいになる。核兵器の使用は少数の政治的・軍事的権力エリートが決定するのであるが、自動車の使用は大衆が日常生活のなかでおこなうのである。大衆は自動車の使用を部分的にあるいは全面的に断念することができるだろうか。これが最後の問いであるべきであった。これについては、玉井の七四年の著作『ゆっくり歩こう日本』で、もう一度、論じることにする。

Ⅳ　社会運動家への変身

1　岡嶋信治の体験

玉井義臣は、母の交通事故死という出来事によって株式評論家から交通評論家に転身した。交通評論家としてのかれは、短い期間によい仕事を沢山したが、わずか三年あまりで、交通遺児の救済運動家に再度、転身する。すでに述べたように、交通評論家としての仕事のなかで、かれの社会運動家としての資質はわずかずつだが、あらわれてきていた。しかし、それが交通遺児家庭の救済運動に焦点をしぼって一気に全面に出てきたきっかけは、九歳年下の青年、岡嶋信治との出会いである。玉井にとって、かれのライフ・コースの方向を定めた重要な他者は、第一に母親のていであり、第二に岡嶋であった。

玉井と出会うまでの岡嶋のライフ・コースをかいつまんで記しておく。岡嶋は一九四四年、新潟県柏崎市に生まれた。父親はかれの誕生直前に他界している。かれには二人の兄と二人の姉がいたが、長兄はかれの幼児であったころ死去、次兄もかれが小学校四年生のとき心臓病で死亡した。次姉は東京ではたらいていたが、かれが高校二年生のとき、急性肺炎で亡くなった。一九六〇年、岡嶋家では高校三年生の信治と老母・フミがいっしょに暮らしており、ただひとり残っている長姉・美代子は長岡市で新婚生活をはじめていた。美代子は中学を卒業したあと、岐阜県の紡績工場につとめ、自分は定時制高校に通い、実家に仕送りして、弟の信治が全日制の新潟県立柏崎農業高校に進学するための学資をつくってくれた。彼女は、かれにとってまさに親代わりの存在であった。翌年の六一年正月、美代子に長子、重明が誕生した。そして、一一月一七日、美代子と重明は酔っぱらい運転で暴走する小型トラックにひき殺された。岡嶋は、同月三〇日、「朝日新聞」の「声」欄に投書をよせ、引き逃げの絶滅と犯人の厳罰を訴えた。

「走る凶器に姉を奪われて

柏崎市　岡嶋信治　18

こんなことがあってよいのでしょうか。

私は、十七日夜、長岡市で起こった長部美代子、重明の母子引き逃げ事件の被害者、美代子のたった一人の弟です。あのむごたらしい残酷な仕業は同じ人間のすることでしょうか。私はいま深い暗い谷間に突き落とされた気持です。

生まれながらに父を知らない私は、善行と良心と神とを信じてきました。しかし、私は小学校四年の時兄を失い、昨年は姉が亡くなりました。そしていま、去年の春、長岡に嫁いだばかりの姉が、こんなにもみじめな姿に変わりはてたのです。神はいるのでしょうか。

姉は交通事故で死んだのではありません。小型トラックが残忍な人間のために『走る凶器』と化し、それに殺されたのです。ぶっつけられた時は姉はまだ生きていたのです。その時、車をとめていてくれたら死にはしなかったでしょう。いっしょにいた義兄はトラックのドアにしがみつき『止めてくれ』と何度も絶叫したのです。しかし彼等は姉と背中の重明ちゃんを四百メートルもひきずり、自動車がみぞに突っこんで動かなくなったので逃げたのです。

殺人行為となんら変らない、いや、それ以上に残酷な行為が交通事故という名で軽減され、甘くみられてよいものでしょうか。そして、酔っぱらい運転なのです。これは故意犯ではありませんか。だが、いくら重刑に処せられても私の姉は帰って来ないのです。私の悩みを、だれに聞いていただいたらいいのでしょう。

私は再びこのような残酷な犠牲者が出ないよう、ひき逃げの絶滅と犯人の厳罰を訴えるものです。そして皆様にお願いします。交通事故でもっとも悪質な、酔っぱらい運転やひき逃げの絶滅と厳罰に向かって目的達成まで署名運動を続けようではありませんか。『走る凶器』を追放し、明るい社会を作りあげるために立ち上がってください。

私は知っています。万人の力の偉大さを。（高校生）」

この事故を伝えたその翌日の「新潟日報」は、目撃者の談話をつぎのように伝えた。「あれは事故なんてものじゃない、完全に殺人だ。……被害者の悲鳴は、車から、事故現場から百メートル先の追廻橋付近へ行くまで聞こえた。すぐ止めていれば助かったろうに」。

長岡署では、事故が生じた状況から判断して、単なるひき逃げではそれを処理できないとみて、新潟大学医学部の山内教授に遺体解剖のうえでの判断をもとめた。その結果、最初、引っかけられたときは美代子の膝にかすり傷が生じた程度であったが、その後引きずったために、彼女は頭を路面にぶっつけて脳震盪をおこし、やがて頭部左側を欠損して死亡、重明も左頭部を欠損し脳挫傷で死亡したと判明した。事故の翌々日、長岡署は加害者を、業務上過失傷害、傷害致死、道交法違反の三点で送検し、その後の調べ次第では未必の故意による殺人、死体遺棄容疑もあるとみて捜索を進めると発表した。一二月九日、新潟地検は加害者を殺人罪で起訴した。これは日本で交通事故の加害に殺人罪が適用された最初の例となった。新潟地裁長岡支部で開かれた公判では、弁護側は「殺意はなかった」と主張したが、実地検証を二回おこなってから、検察側は「母子をはねたさいにただちに停車していれば二人は死亡せずにすんだのに、逃げたい一心で三二八メートルも引きずって死亡させたのは、単なるひき逃げでなく、交通殺人だ。同情の余地はない」と主張して、懲役一〇年を求刑した。九月二五日、新潟地裁は、量刑の面では情状酌量の余地があるとしつつ、殺人罪は認め、懲役五年の判決を下した。被告は控訴したが、控訴審の東京高裁も一九六三年六月二七日、この一審判決を支持して、刑が確定した。

2　交通事故遺児を励ます会

長部美代子と重明の事故死の電報をうけとり、母のフミは一晩、泣き狂った。翌朝、彼女の頭髪はほとんど白髪になってしまっていた。岡嶋は、その日、就職試験を受験するために上京することになっていた。かれは予定を変更して長岡で途中下車をし、長部家に立ち寄り、全身に包帯をまかれた姉と甥の死に顔に対面した。姉が甥を生んだあと、その喜びと生命の尊さを実感していると書いてきた手紙を、かれは思いだした。その幼い生命は一〇ケ月でこの世を去ってしまった。かれのなかで憤怒が煮えかえった。岡嶋は、持参した香典袋の裏に、小さな字で、その感情を記した。受験がおわって帰郷してから、かれはその文章を書きなおして「朝日新聞」に投書した。それが前項で紹介した文章である。

この投書への反響は早くはじまり、大きくひろがった。三日目から励ましや同情の手紙がとどきはじめ、多い日は一〇通前後、最終的には全国各地から一三一人の人びとが手紙を送ってきた。一例のみ紹介する。

「新聞を見て、たった一人のお姉さまを亡くしたあなたのせつない気持に胸を打たれ、もう泣けて泣けて仕方がありません。私も九月に四人の子供を残され、交通事故で夫を亡くした四十歳の女です。事故以来一日として忘れることができず、四人の子どもを見つめ、毎日泣き暮らしております。農業するのに働きざかりの夫に死なれ、余りにも夢のような出来事に、何の希望も失い、気も狂いそうな私です。元気に朝家を出て一時間後に死の報せ、全くびっくりいたしました。牛を運ぶ途中、道が余り悪くもない所で、運転手のまちがいから大切な命をなくし、それで気の毒だから子供でも預って育てようなんて、そんなそんな軽い気持では私はとてもとてもすみません。大切な大切な夫の命がほしいのです。(中略)あなたのお姉様のあまりにも残酷な死、この間の記事で見て自分の事のように泣きました。そしてまたくわしい今日の記事を見て、もうたまらなくなり、とりとめもない文を書きました。ね、共に共に元気を出して生きて行きましょうね。父の亡い子供、どうか良い子になってほしい。そして、私の様なかなしい運命にならぬようにそれのみ祈っております。これを機会にどうかはげましあって、子供たちのお兄様としておつきあい下さいませ」。

こんなに沢山の人びとや家族が、自分に親愛の感情をもち、同情をよせ、励ましてくれる。交通事故を憂えている。神はいるのだ。岡嶋少年は、そう思った。かれは、一三一人の人びとすべてに、励ましに礼を述べる返事を書いた。その返事にまた返事がきて、文通がつづくことになるばあいがしばしばあった。山形県鶴岡市の女性は、岡嶋の姉と同年齢であったが、最初の一年で一五通の手紙をくれた。また、文通相手のひとりに福島県会津若松市の高校生、大竹ヨシ子がいたが、岡嶋は九年のち、会社員となっていた彼女と結婚をすることになる。これらの手紙のやりとりのなかで、かれの気持はいやされてゆき、かれは生きる意欲をとりもどしていった。

岡嶋は、高校を卒業後、八洲測量株式会社に入社して、測量部に配属された。仕事の現場は全国各地にあった。黒部渓谷のダム建設予定地、北海道の上湧別の測量現場。行くさきざきで、かれは、土地の住民たちの善意にもとづく行為にふれ、あらためて、かつての一三一人の手紙を思いだすことがあった。たとえば、晩秋の北海道の出張先でかれが仲間と地面に坐って弁当を食べていると、通りかかった見ず知らずの開拓農家の婦人がかれらを自宅にまねいて、温かい味噌汁を御馳走してくれた。開拓農家の住居の様子は、厳しい自然、押しよせる災害のなかで、ぎりぎりの線で生活を維持しているらしいのをうかがわせた。その生活のなかで示される、報いをもとめない善意に、かれは心を深く打たれた。人間はよいものだ、えらいものだ。かれは「朝日新聞」への投書に目をとめて、励ましの手紙を送ってきてくれた人びとのことを連想した。自分は生きてきた日々に、実に多くの人びとから恩をうけてきた。人びとと社会に、測量以外のことでも役立ち、恩返しをしたい。そのような想いが、かれの内部で芽生え、次第に、明確なものになっていった。

岡嶋が八洲測量に入社して六年がたった。その最初の二年間で、かれは、夜間の学校である工学院大学専修学院土木科に入学して、測量士となるために勉強した。そして七年目、六七年四月、かれは昼間の学校である日本測量専門学校に入学し、会社を一年間休職して勉強することにした。一年間の学費と生活費のかなりの部分は、それまでの六年間で貯金していた。あとはアルバイトでおぎなうつもりであった。また、かれは、この休職を機会に、測量の勉強とあわせて、かねてから考えていた「交通事故遺児を励ます会」を結成し、その活動をおこなおうと決心していた。かれは、六七年四月一六日の「朝日新聞」東京版の「読者のひろば」に呼びかけをよせた。

「連日おびただしい死傷者を出している交通事故。私も六年前に姉を走る凶器に奪われました。その際、多くの方々の暖い愛の手により元気に立ち上ることができました。そこで私にさしのべて下さった愛の手を、もう一度より広く生かしていただきたいのです。『交通事故遺児を励ます会』をつくり、遺児に進学の機会を与え、激励の手紙を定期的に送るなど暖かく援助していきませんか。ご賛同下さる方、ご連絡下さい」。

この呼びかけを読んで、一六人の人びとが会への参加を申し込んできた。そのうちの八人が四月三〇日、岡嶋の下宿の六畳の居室に集まり、「交通事故遺児を励ます会」は発足した。当日の話し合いによって、会の活動の五つの柱がさだめられた。

(1) 交通事故遺児を手紙や訪問によって励まそう。
(2) 遺児の高校進学を経済的に援助するために街頭募金をおこなおう。
(3) 地方の遺児たちと交歓会をやろう。
(4) 交通事故ゼロへの討論会をやろう。
(5) 遺児の作文集を出すなどして、交通事故は公害であるという世論を喚起しよう。

岡嶋はこのとき二三歳、集まってきた仲間もほとんどが二〇歳前後の若者たちであった。第二回の会合は、五月二八日にひらかれた。そこでは、活動の具体的な方法が話し合われたが、最初の難関がたちあらわれた。交通事故遺児とかれらが呼ぶ子どもたちが、どこにいるのか、何人いるのか、どういう生活をしているか、まったくつかめないのだ。岡嶋は、六年前に、全日本交通安全協会が主催し、警視庁などが後援した「交通安全中央大会」に遺族代表として招かれ、交通安全の世論の盛りあがりを一過性のものにしないように、と訴えたのを思いだした。そのとき、協会が被害者たちの名簿をつくり、かれらの連帯をはかりたいといっていた。岡嶋はさっそく協会に連絡してみたが、名簿つくりはまったく進んでいなかった。つぎに、かれは東京都内の小中学校一九校に交通事故遺児たちの名簿をつくってほしいと依頼したが、とりあってもらえなかった。さらに、かれは一一府県の交通事故の被害者の会に、かれらの活動のねらいを述べて会員名簿をみせてほしいと頼んだが、すべての会がそれを拒否してきた。交通事故遺児を励ます会の活動は、出足でつまずき、まもなく会員の半数は脱落していった。

交通事故遺児を励ます会の最初期の記録を読んでいると、気づかれる事実が二つある。ひとつは、さきの五つの活動方針はのちに交通遺児育英会が本格的に展開する運動の主要局面のすべてを、萌芽的な形態にせよふくんでいるということである。交通遺児を励ます会、交通遺児への奨学金の貸与、そのための募金活動、各地方の交通遺児との交流、交通遺児の作文集の刊行、交通事故は公害のひとつであると世論に訴えること。これらの最初のアイディアは、すべてさきの活動方針に入っている。いまひとつは、交通事故遺児を励ます会がまずぶつかった難問、交通事故遺児の名簿をどうやって作成あるいは入手するかということは、のちに交通遺児育英会が本格的に運動を展開するにあたっても、つねに第一の実践課題であったということである。玉井と同会がそれをどのように解決していったかはのちに紹介する。

3　玉井と岡嶋の出会い

交通事故遺児を励ます会の活動は最初から難航していたが、その主宰者である岡嶋の活動への意欲はすこしも衰えなかった。会の発足から二ケ月ほどたったある日、かれは、立ちよった書店の棚で、玉井義臣の著書『交通犠牲者』を偶然みかけた。題名に惹かれてそれを買いもとめ、かれはその日のうちにそれを読了する。母の交通事故死の体験をプロローグにおき、交通事故を社会問題としてとらえ、頭部外傷と損害賠償を集中的に論じたその書物は、著者が問題を分析した内容とそれにとりくむ情熱の烈しさで、かれを魅了した。岡嶋は会の活動に玉井の協力をえたいと、心が痛くなるほどおもった。

岡嶋は玉井に面会して話をきいてもらいたいという手紙をかいた。玉井からは、七月三日午後一時、ＮＥＴの正面玄関にきてくれという返事がきた。玉井は「桂小金治アフタヌーン・ショー」の録画どりのあと、岡嶋と会うつもりであった。ところが、岡嶋は昼間は学校に通っておりテレビを見る習慣がなく、なぜテレビ局の玄関に呼び出されるのかなと、いぶかしがりながら出向いたという。岡嶋は、玉井を一目みたとき、おもい描いていたとおりの人物だ、このひとは自分の気持をわかってくれるはずだ、このひとを指導者にするべきだ、と直感した。玉井のほうは、交通事故遺児を励ます会という会の名称を聞くのもはじめてだし、交通評論家としてテレビ番組で売り出してからは、あやしげな売り込みや依頼も少なくないので、最初のうちは、岡嶋の話を適当にあしらって聞いていた。しかし、話を聞いているうちに、玉井は岡嶋が交通事故遺児を励ます会をやってゆこうとする動機の純粋さ、真摯さがよくわかり、自分とかれのあいだに精神の同質性とでもいうべきものを感じはじめた。それは、愛する者を奪った交通事故への怒りであり、交通事故の被害者や遺児たちへの共感をともなう同情、かれらの救済のための意欲などであった。

玉井は、交通事故遺児を励ます会の相談役をひきうけた。かれの指導のもとに、会は、まず、七月三〇日から遺児名簿の作成にとりくんだ。新聞各紙に毎日出る交通事故の記事をもとに、亡くなったひととの御遺族様という宛名で手紙を書き、それへの返事を材料として名簿をつくってゆくのである。つぎに、秋の交通安全運動にあわせて、一〇月二二日から八日間、数寄屋橋と池袋の二ケ所で、第一回街頭募金がおこなわれた。これにさきだって、玉井は、会の会員の若者たちの活動によせる熱意を社会に知ってもらうために、かれらをアフタヌーン・ショーに出演させた。交通事故遺児という言葉がテレビにはじめて登場した。その番組の反響はよかった。また、募金の初日には、募金者として桂小金治などアフタヌーン・ショーの司会トリオを立たせるなど、テレビ界の人脈を最大限に活用した。しかし、主力は、もちろん、岡嶋とその仲間たちだった。岡嶋はこのころをつぎのように回顧している。

「当時私は、昼間は午前八時半から午後四時半まで学校に行っておりました。そして、会社は休職のため無給でお金がないので、夜五時半から一一時半ころまで赤坂プリンス・ホテルで皿洗いをしていました。帰宅は深夜一時。一時間勉強して、二時に床につく。その間をぬって仲間といっしょに励ます会の活動にとりくんでいた訳です。そして、一〇月二二日からの八日間は、玉井先生とお会いしたときと同じような気持で、街頭にぶっとおしで立った訳です。仲間はすでに八人に減っていましたが、それまで、昼休みや日曜日に出勤して(その代わりに)休みをもらって(立っ)た訳です。仲間の気持はただひとつ、人間としてがんばるという気持だったのです。本当にそれ以外の何ものもなかった」。

岡嶋信治が交通事故遺児を励ます会の活動にこのように打ちこんでいったのは、かれなりのグリーフ・ワークの延長であったとみることができる。かれは愛していた姉を交通事故で殺され、その悲しみを新聞に投書して訴えると、多勢の人びとが同情と励ましを寄せてくれた。かれは、かれらに支えられて立ちなおり、その支えをかれらからうけた恩として意識し、恩返しとして交通事故遺児を励ます会をはじめる。かれ自身はそれを当時明瞭に意識していたとは思わないが、それはグリーフ・ワークが発展したボランティア・ワークであり、のちに段々にみるように、日本文化の深層に根ざすボランティア活動の一形態である。玉井義臣は、交通評論家として華々しい活動をしつつ、次第に社会運動家としての資質をめざめさせつつあったが、この岡嶋の生きかたに出会って、交通遺児家庭の救済運動、交通遺児の教育運動ではたらくように決定的に方向づけられた。

社会運動家としての器量でみるなら、玉井と岡嶋はまったく較べものにならない。玉井のその器量を描き出し、分析することは本書の課題のひとつであり、それは本書を最後まで書きおえて、はじめて完了する。しかし、いま、便宜的にいうなら、かつて『朝日ジャーナル』編集長をつとめた伊藤正孝は、晩年、玉井の伝記を書こうという志をもっていたが、癌に倒れてそれをはたせなかった。その伊藤は、私のインタビューをうけて玉井論を語ってくれたが、それは私が聞き、あるいは読んだ玉井論のうちでもっとも明晰なもののひとつであった。その全体の紹介はのちにおこなう。ここで引用しておきたいのは、玉井が交通遺児育英会によって動員した資金量の巨額さにふれての、伊藤の玉井評である。「かれは日本のNGO史上、最大の成果をあげた人物でしょう」。

これにたいして岡嶋は、会員一八人の交通事故遺児を励ます会をつくり、活動の最初からつまずき、たちまち会員の半数が脱落してしまうという有様であった。このひとには、社会運動家としての力量はまったくないといってよいだろう。岡嶋が玉井を発見せず、かれを指導者として迎えなかったならば、率直にいって、交通事故遺児を励ます会は会員のほとんどを失って、遅かれ早かれ消滅していたにちがいない。しかし、現実には、同会は交通遺児育英会の創立にたいして原動力のひとつになることができた。岡嶋が、運動のなかでかれ自身がはたすべき役割を、よく認識してはたしたためである。岡嶋は、運動従事者としては献身的にはたらいたが、それとは別に適切な指導者を発見し、かれに忠誠をつくすという才能をもっていたのである。組織的活動においては、首領になるのはある才能を必要とするが、首領を見つけ出し、かれに仕えるのは別の才能を必要とする。第二の才能は、第一の才能ほどに論じられないのがふつうである。これらの二とおりの才能は、いずれも運動の成功のために必要である。その二とおりの才能について、私は、これから機会があるたびに考えてゆきたい。

交通事故遺児を励ます会の第一回街頭募金の総額は三〇万四九九九円になった。これが、のちに交通遺児育英会が発足するさいの資金の最初の核となった。

4　世論の大きいうねり

あけて一九六八年、この年、前年にささやかな活動をはじめた交通事故遺児を励ます会は、玉井の指導のもとにマス・メディアを全面的に動員して、交通遺児育英会の創立に向かって、世論の大きいうねりをつくりだした。まず、一月二九日、玉井はアフタヌーン・ショーに出演中の田中龍夫総理府総務長官に交通事故遺児の実態調査をおこなってほしいと頼み、東京都の全公立小・中学校にかぎってであるがそれをおこなうという回答を引き出した。総理府はこの調査を都教育庁に委託し、実施させた。その結果、都の全公立小・中学校には遺児が一一五二人いることが判明し、かれらの名簿が作成された。また、かれらの三七％が貧困家庭に属すると判断された。

交通事故遺児を励ます会は、この総理府がつくった名簿を入手し、そのうちの六〇世帯を会員が直接訪問し、母親と遺児の声を聞く調査をおこなった。そこで発見された交通事故遺児家庭の特性は、つぎの五つであった。⑴平均二人の子どもをかかえている、⑵母親は日給賃金やパート・タイマーなどの不安定な労働条件の職業についている、⑶約六〇％は貧困家庭である、⑷しかし、多くの母親たちは遺児たちについて「せめて高校には進学させたい」と訴える、⑸多くの母親たちが健康の不調、病気寸前の体調を感じている。

また、同会はこの調査とは別に、前年の秋から、手製の遺児名簿によって、会員が家庭訪問をおこない、遺児に作文や詩を書いてもらっていた。玉井は、そのうちから一〇歳の中島穣が書いた詩「天国にいるおとうさま」をえらび、四月一五日のアフタヌーン・ショーで本人に朗読させ、田中総理府総務長官に立ち合わせるという演出をした。

　天国にいるおとうさま
ぼくの大好きだったおとうさま
ぼくとキャッチボールをしたが
死んでしまった　おとうさま
もう一度あいたい　おとうさま
ぼくは
おとうさまのしゃしんをみると
ときどきなく事もある
だけど
もう一度会いたい　おとうさま
おとうさまと呼びたい
けれど呼べない

どこにいるの　おとうさま
もう一度ぼくをだいて　おとうさま

ぼくがいくまで　まってて
もう一度ぼくとあそんで　おとうさま
おとうさま　ぼくといっしょに勉強してよ
ぼくにおしえてよ
おとうさま　どうして三人おいて死んだの

ぼくは
今までしゅっちょうしていると思っていた
おとうさま　まってて　ぼくが行くまで
おとうさま　おとうさま
もう一度「みのる」って呼んで
ぼく「はい」と返事するよ
ぼくは　かなしい
おとうさまがいないと

お世辞にも上手とはいいかねる詩である。連呼されるおとうさまという言葉もわざとらしい。しかし、このさい、文学的表現の巧拙は問題にならない。これを読みながら、読み手の子どもが泣きじゃくる。司会の桂小金治は男泣きをする。田中長官ももらい泣きする。スタジオで見学中の女性たちも泣く。感動した視聴者の電話が放送局に殺到する。後年、玉井は、この場面を「全国の茶の間からスタジオに涙が逆流してくるかのごとくだった」という名文句で回想した。可憐な子役の悲運を描いて観客を泣かせるのは大衆演劇の古典的手法のひとつであるが、その手法があざといまでに徹底してつかわれている。観客だけでなく、当の子役も、共演する役者も大泣きに泣いた。泣かなかったのは、玉井ひとりだったのではないか。かれは、その場で田中長官に交通事故遺児の全国調査を迫り、それを確約させた。これが五月一日現在の総理府による「交通事故で保護者を失った全国の児童・生徒の実態調査」である。

なお、社会調査の実務家としていえば、五月一日現在の全国調査は五月上旬かおそくとも中旬におこなわれたとおもわれるが、それがこのアフタヌーン・ショーの放送日の四月一五日に実施がはじめて決定されて、おこなわれたということは、かなり疑わしい。全国規模の調査は、通常、準備にもっと時間がかかるものである。これはかなり早くから準備が進められていたもので、泣かせる演出は、調査に注目を集めるためにおこなわれたのではないか。それは、玉井と交通事故遺児を励ます会にとっては運動の効果をたかめるのに役立つとおもわれ、総理府には政策への評価をたかめるのに役立つとおもわれたはずである。

交通事故遺児を励ます会は、この年の春から秋にかけて、交通遺児にかんする世論の喚起と育英財団の設立をめざして、多彩な募金活動をおこなった。四月の東京・新宿の厚生年金会館のチャリティ・ショー、五月の第二回街頭募金、一〇月の第三回街頭募金。募金は回をかさねるごとに募金者として立つ芸能人たち、政治家たちの顔ぶれが多彩になり、それを報道するマス・メディアのあつかいも大きくなっていった。これらの一連の報道では、それまでの交通事故遺児にかわって、交通遺児という名称がつかわれるようになっている。記述の時間的順序がわずかに前後するが、交通事故遺児を励ます会が会長・岡嶋信治と相談役・玉井義臣の連署で九月に発表したアッピール「財団法人『交通遺児育英会』(仮称)設立についてのお願い」でも、同会自身が、交通遺児という名称をつかうようになっている。なお、このアッピールで、仮称にせよ、交通遺児育英会という団体名がはじめて登場した。この文書は、前出の東京都における調査データによる分析にもとづき起草されている。

5　政治を動かす

さて総理府は、一一月二六日、「交通事故で保護者を失った全国の児童・生徒の実態調査」の結果を発表した。翌日の全国紙各紙はこれを大々的に報道した。これによると、五月一日現在、全国の小・中学校に在学する交通遺児は二万七七六六人、その約九〇%は父親を失った子どもであり、かれらの三八・三%は、生活保護を必要とする世帯、あるいはそれに準じる生活水準の世帯に属しているとのことであった。「毎日新聞」の「余録」は、この調査が対象に学齢未満の乳幼児、高校生までをふくめたら、遺児の数は二倍から三倍ちかくにふくれあがるにちがいない。また、交通事故によって死亡しなくても、生活能力を失うような重症を負った者の子弟をくわえると、その数はさらに増すだろうと述べていた。

この調査結果は、交通遺児の数の多さ、かれらのうち極貧の家庭の子どもの比率がはなはだしく高いことで、社会の各界につよい衝撃をあたえた。「読売新聞」一一月二六日の夕刊は、同日の閣議で田中総務長官が調査結果を報告したところ、出席していた閣僚たちはひとしく大きいショックをうけ、なんらかの方法で救済にのりだす必要があるとの認識では一致したが、具体的なその財源にかんしては交通反則金をつかうという案が出ただけであると報道している。

この調査結果の発表をきっかけに、交通遺児を励ます会は、交通遺児の救済を世論に訴えるアッピールをつぎつぎに打ち出し、一二月一〇日から召集された第六〇回国会における交通遺児育英会の創立をめぐる論議に結びつけていった。励ます会の側の動きと、国会内の動きの主要なものを整理しておこう。

交通事故遺児を励ます会では、まもなくはじまる国会の論議で出てくる問題点のほとんどが予測されていた。玉井義臣は、その問題点にまえもって回答し、あわせて交通遺児育英会の組織と活動の青写真を示す談話を、一二月六日の「朝日新聞」朝刊のインタビューに応じる形式で発表した。その要点はつぎのとおりであった。(1)政府は交通遺児だけを特別あつかいすることはできないという均衡論をすぐに持ち出す。しかし、交通遺児は毎週平均一〇〇人ずつ生まれ、社会問題としての重要性は高まる一方である。交通遺児をまず救済し、それをほかの遺児の救済に広げてゆくのが政治の任務だろう。(2)交通遺児の救済は当面のところ、義務教育化しつつある高校への進学の援助にしぼってもよい。優秀な人材で将来交通問題を専攻したいものにかぎって、大学への進学を援助することをも考えてみたい。(3)毎年、高校に進学させる交通遺児を一〇〇〇人とすれば、三学年で三〇〇〇人、かれらに毎月五〇〇〇円の奨学金を出すとすれば、年間一億八〇〇〇万円が必要である。これに大学生への奨学金をあわせて、約二億円が必要とみる。それを毎年うみだすための必要原資は約二〇億円くらいか。(4)財源としては、政府からは自動車事故賠償責任保険の余剰金、財界からは自動車メーカーを中心とした各企業の寄付、国民各層からの一円寄付、などを期待する。(5)交通遺児育英会の会長には充分な見識をもつ財界人が就任して、その資金を公正に運用してもらいたい。

国会が召集された日の四日後、一二月一四日、交通事故遺児を励ます会は、『天国にいるおとうさま――聞こう！　交通遺児のこの訴え！（第一集）』一〇万部を刊行した。内容は、さきに紹介した中島穣の詩をふくむ交通遺児の作品一二篇、交通遺児家庭の母親の作品一二篇である。いずれも励ます会の会員たちが、勤務がおわったあと、午後八時から一〇時くらいまで家庭訪問をくりかえして、集めてきた作品であった。表紙は交通安全をあらわすシンボル・カラーの青、題字は中島に書かせた。この刊行が一二日に新聞各紙に発表されると、春先のアフタヌーン・ショーの出演者が大泣きに泣いた場面や中島の詩が引用されて、大きい反響をひきおこした。励ます会の会長として岡嶋の氏名、勤務さきも紹介されたので、かれが住んでいた会社の寮の電話は、冊子を入手したいという問い合わせで鳴りっぱなしの状態になり、かれは管理人からひどく怒られたという。文部省はこの小冊子を買い上げ、全国の小・中・高等学校、公民館などに無料配付をおこない、一〇万部はたちまちなくなった。この冊子は国会の論議のなかでもつかわれて、交通遺児育英会の創立を支持する世論の形成に大きい役割をはたした。

第六〇回国会は、まず、一二月一一日、衆議院交通安全対策特別委員会で理事会をひらき、交通遺児のための育英制度について、(1)特殊法人組織を設けて国が助成する、(2)民間で立案されている財団を側面から助成する、という二案をこれから検討してゆこうということになった。玉井たちが予想していたように、国家が交通遺児だけを特別にあつかうのは不公平であるという主張がつよく出てきて、(1)案にたいしては否定的な意見が多かった。以後の国会論議の基本的な流れは、しかし交通遺児の育英制度は是非必要なものであるから、(2)案でゆくべきだという方向に向かっていった。三日後の一二月一四日、衆議院予算委員会では、日本社会党の横山利秋議員が「交通遺児育英会法」をつくり、同会を特殊法人として、政府の資金援助、各方面からの寄付、自動車事故賠償責任保険勘定の余剰金などによって財源をつくったらどうか、と質問した。これにたいして、床次徳二総理府総務長官は、民間の運動を支援する形式で進みたいと答弁し、佐藤栄作総理大臣は、その支援の検討は総理府におこなわせたいと答弁した。

このとき、横山は、前日刊行されたばかりの作文集『天国にいるおとうさま』を、質問者席で小手にかざして紹介し、そこに収録されている交通遺児・石川陽子の「お願い総理大臣さま」という作文を朗読してから、質問に入った。かれが、交通事故遺児を励ます会や玉井と緊密な連絡をとっていたのはあきらかである。その朗読は、玉井が示唆し、横山もそれを得策とみた演出であったにちがいない。横山は、玉井が「桂小金治アフタヌーン・ショー」で刑法二一一条改正キャンペーンを展開したときには、労働運動の意向を代弁する、改正反対の敵役として、再三登場してきて、玉井とはげしくやりあった人物である。その横山が、ここでは、玉井を援助する政府答弁を引き出す役割をはたしている。それは同時に、横山の議員活動の見せ場のひとつをつくることでもあった。玉井の政界人脈の形成と機能の一例である。

以後、一二月一六日の参議院予算委員会、一九日の衆議院交通安全対策特別委員会などで、交通遺児の育英制度について論議がかさねられ、そこへの政府の財政的支援策がより具体的になっていった。一二月二〇日、衆議院交通安全対策特別委員会は、「交通事故により親等を失った児童・生徒等の進学援護に関する件」という決議をおこなった。その案文はつぎのとおりであった。

「最近、自動車による交通事故は激増しており、交通事故により親等を失った児童・生徒の救済措置、特に生活困窮家庭にあるこれらの者への援護及びその高等学校への進学に関する問題は、大きな社会問題となっている。こうして、民間においては、自発的にこれらの者の救済を目的とした財団法人を設立する気運が高まりつつある。

この際、政府は、すみやかに、交通事故により親等を失い、生活困窮家庭にある児童・生徒の援護及び高等学校等での就学資金を貸与する業務を行う財団法人の設立及びその財団法人の健全な事業活動を促進するため、必要な助成措置について配慮すべきである。

右決議する」。

これにたいして、所信表明を求められた床次総務長官は、「御決議の各事項につきましては、政府といたしましては、御趣旨に沿って十分検討し、努力したいと存じます」と述べた。なお、この日の議事録冒頭には、出席者全員、出席国務大臣の氏名にひきつづき、出席政府委員として、内閣総理大臣官房陸上交通安全室長、宮崎清文の名前がある。読者はこの人物に本書第Ⅻ章でもう一度出会うことになる。

6　交通遺児育英会の創立

この国会での決議の結果、翌一九六九年三月三一日、東京の丸の内東京会館において、財団法人交通遺児育英会が創立された。すなわち、財団法人交通遺児育英会発起人会が開催され、発起人代表・永野重雄が議長となり、設立趣意書を決定し、あわせて第一号議案の満場一致の議決により、財団法人交通遺児育英会の設立を決定したのである。設立趣意書は、これまでの記述と重複するところもあるが、交通遺児育英会の運動の基盤となる思想をまとまりよく述べており、重要度が第一級の文書であるので、あえて全文を引用する。

「財団法人　交通遺児育英会設立趣意書

近年、モータリゼーションの進展は、日本経済の成長に大きな役割をはたすと同時に、国民生活に大きな利便と快適さとを与えてくれたが、一方、それは、われわれに悲惨な交通事故と排気ガス・騒音などの交通公害をもたらした。

とくに、交通事故は、年々激増の一途をたどり、警察庁の推計によると、ことし昭和四四年の死傷者合計は、史上初の一〇〇万人の大台を突破するものとみられているが、これは実に国民一〇〇人に一人が、ことしじゅうに交通事故被害者になる勘定である。うち死者は、受傷後二四時間後のものも含めると約二万人が予想され、ケガのために不《マ》具廃疾《マ》者になるものは無数である。しかも、この結果、親や親にかわる保護者をなくしたいわゆる交通遺児や後遺症によって働けなくなったり、著しく収入が減った被害者の子弟、いわば準交通遺児が、多数生まれていることを看過してはならない。

この交通遺児たちを経済的に助けて、精神的に励まそうと訴えた一青年の投書によって、昭和四二年五月、勤労青年・学生・主婦などからなる『交通事故遺児を励ます会』が誕生し、会員たちはこの二年間、街頭募金、チャリティショー、チャリティバザーなどで交通遺児の窮状を訴え、その救済策の一つとして育英事業の実現を目標に献身的に活動してきた。

昭和四三年一一月発表の総理府調査は、『励ます会』の運動目標である育英事業の必要を裏付ける結果となった。すなわち、同調査では、全国約一四五〇万人の小・中学生のうちに二万八〇〇〇余人の交通遺児がおり、彼らの八八%が父親を失い、三八%が生活保護や就学援助を受ける貧困層に転落していることが判明した。さらに、ＮＨＫの調査では一八歳未満の交通遺児は、毎週一〇〇人前後生まれているという。これから推測すれば零歳から一八歳までの交通遺児は、約六万人、準交通遺児を含めると一〇万人は下らず、うち半数は、貧困遺児ということになる。

これら一連の報告は、政府や国民に大きなショックを与えた。国会においても再三論議され、焦点は遺族の切なる願いである『高校進学のための育英事業』にしぼられた。昭和四三年一二月二〇日の衆議院交通安全対策特別委員会では、『政府はすみやかに交通遺児の修学資金貸与などを行う財団法人の設立およびその法人の健全な事業活動を促進するため、必要な助成措置等について配慮すべき』旨の決議がなされ、これに対し、政府は、決議の趣旨に沿って十分検討し、努力することを言明した。その後、昭和四四年一月三一日の閣議は、この政府の方針を了承した。

そこで、本会では、資金を広く国民に求め、この日本経済発展と文化発展の裏目である交通事故によって、一家の大黒柱を失った貧困遺児などのために、せめてこんにち義務教育化しつつある高等学校へ進学する機会を与え、さらに、専門的な学問を修め将来交通問題に一生取り組みたいというものや、とくに学力優秀なものに対しては大学進学への道も開くことによって、社会有用の人材を育成せんとすることが、本会設立の趣旨である」。

第六号議案の役員選任で、会長、理事長、専務理事、常任理事、理事、監事などがつぎのように決定された。

会長、永野重雄(富士製鉄社長)。

理事長、石井栄三(元警察庁長官、全日本指定自動車教習所協会連合会理事長)。

専務理事、玉井義臣(交通事故遺児を励ます会相談役)。

常任理事、安西浩(東京瓦斯社長)、今里廣記(日本精工社長)、川又克二(日本自動車工業会会長)、緒方富雄(東大名誉教授)、大山正(元厚生事務次官、環境衛生金融公庫理事長)、斉藤正(元文部事務次官)、佐藤光夫(元運輸事務次官、運輸経済研究センター理事長)、岡嶋信治(交通事故遺児を励ます会会長)。

理事、芦原義重(関西電力社長)、江戸英雄(三井不動産社長)、田口利八(西濃運輸社長)、豊田英二(トヨタ自動車工業社長)、中山素平(日本興業銀行会長)、山本源左衛門(東京海上火災社長)、秋山ちえ子(評論家)、西村三郎(全国高校校長協会会長)、佐藤淑徳(交通事故遺児を励ます会副会長)、坂本みゆき(同前)、石井勇(東海交通事故遺児を励ます会会長)、森敬(全日本交通安全協会事務局長)。

監事、岩佐凱実(富士銀行頭取)、奥村綱雄(野村證券取締役)、弘世現(日本生命社長)。

会長から監事までの二六人の顔ぶれを経歴別でわけると、財界人が永野以下一三人で半数を占め、元高級官僚が石井以下四人、交通事故遺児を励ます会の役員などが玉井以下六人、学者・評論家などが緒方以下三人となる。全体としては、財界人が優位を占める構成になっているが、これは資金集めをつよく意識したためだろう。しかし、常任理事以上でみると、財界人四、元高級官僚四、励ます会の役員など二、学者一となる。こちらでは、元高級官僚の優位がみてとれる。財界人および元高級官僚にたいして、交通事故遺児を励ます会の役員などは、大雑把なくくりかたをすれば、民衆、国民などの代表ということになろう。

前出の伊藤正孝は、玉井を論じたおり、交通遺児育英会を創立したころ、玉井は、財・官・民の三方向をほぼ等分ににらんでいたと語った。それは、さきの役員構成にもみてとれる。しかし、民の代表として、交通事故遺児を励ます会の役員は入っていても、交通遺児育英会の設立に向かって、玉井をあれほどに支援したマス・メディアのジャーナリストたちがまったく入っていないのは奇異な印象をあたえる。全国紙の論説委員が三、四人入っていて、むしろ当然であった。どうして、このような結果になったのか。

この役員構成は総理府陸上交通安全対策室と交通事故遺児を励ます会の合作であり、いっそう具体的にいえば、前者の室長の宮崎と後者の相談役の玉井が相談しつつつくったものであった。ほぼ確実にいえることは、この合作は全体としては官の主導で進み、それによって、ジャーナリストたちが理事などにまったく入らないという結果になったのではないか。もちろん、さきに述べたように、玉井はダンプ論争以来旧知の永野を会長に、安西などを常任理事にのぞんで、その要望はかなえられたのであるが。のちに玉井は、交通遺児育英会を創立したころ、自分は財団法人づくりのノウ・ハウをまったく知らず、規約づくりなどは総理府の役人にまかせきりであったと語っている。

伊藤正孝によれば、交通遺児育英会の創立後、玉井は、官・財・民の三者を等分に重視する姿勢から、次第に民をもっとも重視する姿勢に変化してゆき、華々しい成功を収めた。それは官の側におけるかれにたいする反感をつよめた。その反感は、総理府、運輸省でとくにつよかった。官にとって、玉井は、所詮はいかがわしい民に属する存在であった。例外として、警察庁は玉井に好意的であったが、これはかれが予算獲得でおおいに役立ったからである。官・財・民の三者の緊張関係のなかで、玉井は徹底して民のひとであった。かれの栄光も悲劇もすべてはそこに由来すると伊藤は力説した。玉井がひきいてきた交通遺児育英会の二〇年余の歴史を鳥瞰するにあたって、これはまことに的確な構図原理である。しかし、これを歴史的事実で裏付けるのは、さきの作業である。交通遺児育英会の物語はまだはじまったばかりである。

V　資本の論理・民衆の論理

1　資本の論理・民衆の論理

玉井義臣が、一九六八年末の「朝日新聞」のインタビューに答えて、交通遺児に奨学金を出すための原資は約二〇億円、財源は政府からは自賠責保険の余剰金、財界からは自動車メーカーを中心とした各企業の寄付、それに国民各層からの寄付を考えているといったのはさきにみた。しかし、現実には、政府補助金は、交通遺児育英会が創立された六九年はゼロで、七〇年にようやく四〇〇〇万円が支出されるという有様であった。玉井はこの事態の展開を早くから察知しており、育英会の発足にさきだち、三〇億円を目標とする募金計画をつくり、一〇億円を日本自動車工業会から、一〇億円を財界の各業界団体から、一〇億円を国民募金によって集めようとした。

交通遺児育英会が発足したとき、寄付が決定していたのは、交通事故遺児を励ます会からの一〇〇〇万円と、トヨタ自動車工業からの一億円だけであった。励ます会は三回にわたる街頭募金とチャリティ・ショーなどでその寄付金をつくった。トヨタ自動車は生産台数五〇〇万台突破を記念して総理府にその寄付金を寄託していた。

玉井が、さきの計画にもとづき、日本自動車工業会に一〇億円の寄付を申しこんだが、自動車工業会側の反応は、その金額は巨額すぎる、申しこみは非現実的で問題にならないというものだった。六九年四月六日、NHK教養特集「交通遺児――被害者救済への道」で、自動車工業会の副会長である豊田英二(トヨタ自動車工業社長)は、インタビューにつぎのように答えている。

「(交通遺児問題にたいする社会的責任について、自動車メーカーは)いちがいに責任があるというふうには思っていないわけです。(被害者救済に、自動車メーカーは乗り出すべきだという声には)そういう感情的な議論もあるようですが、結局は乗っている方、あるいは歩いておられる方の問題であってですね、私物である自動車それ自身の問題とは直接いえないと思うのです。(一〇億円の寄付の申しこみについて)工業会においてその話は議せられておるわけですね。もちろん、各社とも応分のことは考えるという気持は十分あると思うんですけれど、まあ今おっしゃったような金額はちょっと無理じゃないかと思うんですけれど。(後略)」

資本の論理を露骨に示す発言である。社会問題としての交通事故に自動車メーカーが責任があるとは思っていない。メーカーに責任があるというのは感情的な主張である。その直接の責任は運転者と歩行者にある。私物である自動車という限定は少しわかりにくいが、事故はそれを起こした人間の責任に属し、自動車それ自体に罪がある訳ではない。まして、その自動車は購買者の所有物＝私物になっているので、それを制作したメーカーとは無縁の存在になっており、メーカーの責任など二重の理由で問えるはずがないということか。豊田は玉井の要求を素気なく拒否している。かれらの拠って立つ論理は正面切って対立している。玉井は資本の責任を告発し、豊田は資本の責任はないとそれを拒否する。この二人が、この番組が放映される六日まえ、交通遺児育英会の設立総会で同席しており、永野重雄は役員選考で玉井を専務理事に、豊田を理事たちのひとりに指名したのである。この事情まで知って設立総会の議事録をよめば、満場一致の決定と議長一任がつづく議事進行の底流で、資本の論理と民衆の論理がはげしく葛藤するドラマが演じられていたことがわかる。永野はそれを知りつつ議長席にいて、会長を引きうけ、全体のとりまとめに動いた。この人物の器量の大きさは格段のものである。

さきの番組の放映後、日本自動車工業会は交通遺児育英会に、二億円を寄付する、ただし、そこにすでに決定しているトヨタ自動車工業の一億円をふくめるという回答をしてきた。玉井は、これを押し返して、再度、一〇億円の寄付を要請する。両者の対立はぬきさしならぬものになるかにみえたが、六月一九日にいたって自動車工業会が交通遺児育英会の要請を全面的に受けいれ、一挙に解決をみた。その有力なきっかけとなったのは、六月一日からはじまった「朝日新聞」による欠陥車キャンペーンであった。同日の同紙の社会面のヘッドラインと見出しには、「欠陥なぜ隠す日本の自動車、日産・トヨタを米紙が批判、国内でも極秘の修理、安全性より〝営業優先〟」などとある。この特集記事は、福岡の支局から東京本社にもどってきたばかりの伊藤正孝が書いた。伊藤は記事の末尾に、ユーザーの安全のために、欠陥車回収の事実をメーカーはアメリカ流に公表すべきだという玉井の談話と、日本には車体検査制度があるので、秘密はけしからんと一概にいえないという運輸省自動車局の談話を載せた。この記事は広い範囲で注目を集め、これをめぐって各紙が連日報道をつづけ、国会でも論議がくり返され、メーカーの責任者がそこに呼び出された。このキャンペーンをつうじて、日本自動車工業会と各自動車メーカーへの批判がたかまり、それらのイメージ・ダウンが生じた。

玉井は、この状況の推移をみきわめて、六月一七日の「朝日新聞」に、交通遺児育英会と日本自動車工業会の寄付をめぐる対立の記事を六段の大きさで出してもらった。今度のヘッド・ラインは、「交通遺児には冷たく、基金出ししぶる、自動車メーカー一〇億の要望に二億円」、の三行である。この記事の末尾についたかれの談話は烈しい。それは相手の善意に訴えて寄付を依頼するというようなものではなく、相手の所業を告発して義務としての寄付を要求するものである。これは民衆の論理の戦闘的表現であり、玉井の民のひととしての社会運動家の本質をよくあらわしている。豊田はこれをよんで、どのような心境であったろうか。

「(交通遺児育英会の)玉井義臣専務理事は『自動車メーカーは、これまで交通事故を運転者や歩行者のせいにし、政府の過保護の下に〝走る凶器〟をつくってもうけて来た』と交通遺児へのメーカーの義務を強調し、『二億円の回答は、とてものめない』といっている」。

日本自動車工業会は翌々日の一九日の午後、理事会を開き、交通遺児育英会に一〇億円を贈ることを決定した。その納入の時期などは、川又克二会長と豊田副会長に一任された。同会がこれによって、自らと傘下の各自動車メーカーへの批判をやわらげることを意図していたのはあきらかである。豊田は二週間たらずまえにテレビで喋った「まあ今おっしゃったような金額はちょっと無理じゃないかと思っているんですけれど」という言明をひっくりかえさせられることになった。玉井は、欠陥車キャンペーンの機会に乗じて、自動車工業会を力ずくで押し切り、完勝をおさめた。この一〇億円は、六九年度中に支払われた。

2　学生募金の論理(一)

先述の三〇億円の募金計画のなかでいわれた国民募金のうち、交通遺児育英会の最初の一〇年でもっとも大きい部分を占めたのは学生募金であった。その歴史的経過をみると、発端は、一九六九年の二学生全国縦断募金、一九七〇年の秋田大学大学祭募金である。後者は、全国学生交通遺児育英募金という永続的な社会運動に発展した。

二学生全国縦断募金の経過はつぎのとおりである。青山学院大学三年の長原昌弘と東京理科大学三年の松本茂雄は、ともに巣鴨高校出身の友人で、交通事故とその防止を研究課題としていた。かれらが集めた資料のなかに前出の『天国にいるおとうさま』があった。かれらはそれを読んで心をつよく打たれ、幼い交通遺児たちのために、なにかをしてやりたいと思った。そのなにかとして、交通遺児のために二人で日本を一周して募金活動をするというアイディアが浮かんだ。かれらは、このアイディアを交通遺児育英会の玉井義臣のもとにもちこみ、同会事務局や全国未亡人団体連絡協議会の事務局が協力して実行計画がつくられた。それに沿って、二人は交代で運転する自動車で移動しながら、東京都の四地点、その他のすべての道府県では道府県庁の所在地の駅前で、七月半ばから九月上旬にかけて二ケ月ちかく連日街頭募金をおこない、一六九万五三九三円を集め、その全額を交通遺児育英会に贈った。

長原はこの募金の直後、その動機をつぎのように語っている。

「この幼い遺児たちの文集を読んだその夜、ついに一睡もできなかったですね。体制だ、制度だなんてノンビリ時間がかかることを言っていられない気分になったんです。早く少しでもかれらのためになってやろうと決心したんです」。

この短い談話は、時代の動きにたいする若者の反応のひとつのタイプを示唆する。そこでは、いっぽうで交通遺児たちのためになるべく速く役立つ行為をしようという決意があり、たほうでは体制や制度を時間をかけて変革する行為が否定されている。この否定は、当時の大学紛争の主役である全共闘・新左翼系の学生たちの行為と思想に向けられたものであった。くわしくいうゆとりはないが、一九六〇年後半に入り、多くの国公私立大学でははげしい紛争がおこり、六八年からの日大紛争と東大紛争はその極限的性格を示すものになった。東京大学では六九年一月に警察機動隊を導入して、全共闘がたてこもる安田講堂の封鎖の解除が強行された。これをひとつの契機として、学外者をくわえた暴力的傾向がつよい紛争が全国の大学に広がっていった。これらの紛争を主導した全共闘の新左翼系の学生たちの思想の中核は「体制」の否定であった。その体制とは、大きくは資本主義、帝国主義、国家独占資本主義などのシステム、さらには政府、議会、政党から大学それ自身まで既成の権威をもつすべてのシステムをさす言葉であった。もちろん、共産党や社会党など既成の左翼政党も体制とみなされていた。その新左翼系の学生活動家たちは、学生たちのなかで数のうえでは少数派であり、その他の学生は一般学生と呼ばれていた。この一般学生のかなりの部分が活動家たちに共感をおぼえたからこそ、大学紛争は全国のほとんどの大学に広がったのだという説明のしかたが、大学紛争をめぐる論議のなかでは、しばしば採用されている(大崎仁「戦後大学の歩みと『大学紛争』」大崎編『「大学紛争」を語る』有信堂、一九九一年、二八九ページ)。

それはおそらく正しい説明のしかたである。しかし、さきの長原の談話は、一般学生のなかには活動家に異和感をもつ者もいたことを示している。かれらは、社会的関心をもつが、体制を暴力によって否定する志向をもっていない。かれらも少数派ではなかった。それは、秋田大学大学祭募金から全国学生交通遺児育英募金が成立し、そこに約一万人の学生たちが参加してきたことにあらわれている。そこで、この二つの募金の経過も紹介しておこう。

秋田大学では一九七〇年の大学祭の準備が六九年の末からはじまった。鉱山学部三年生の山本五郎を委員長とする、大学祭実行委員会は、大学紛争から影響をうけつつ、それに距離をとろうとして、社会に向かって「開かれた大学の具現化」というテーマを掲げ、そのための企画のひとつとして、全国各地の大学の学生が車を乗りついで交通安全のための募金をおこなう「日本縦断チャリティ・ラリー」を考えた。これを担当したのが、鉱山学部三年生の桜井芳雄である。七〇年一月七日、桜井は募金の寄付先を決めるために、上京して警視庁交通部をおとずれ、交通遺児育英会を紹介された。かれは翌八日、同会をたずねて玉井義臣に会い、『天国にいるおとうさま』を渡された。かれはそれを一読してその内容にひきこまれ、募金を交通遺児たちのためにおこなうことを決めた。この企画は各地の大学の自動車部とタイ・アップしておこなわれることになっていたが、直前に、車社会の犠牲者である交通遺児のための募金と車をつかって楽しむラリーとは矛盾しているという意見が有力になり、ラリーは止めて募金のみをおこなうことになった。五月四日の募金に協力してくれたのは三九大学で、募金総額は一二五万九五四八円になった。五月二八日、玉井に秋田市にきてもらい、その寄付金の贈呈式がおこなわれた。

この経過について三点に留意しておきたい。ひとつは、桜井たちの募金活動の最初の動機が学生たちの社会参加の志向であり、それは全共闘による大学紛争に影響されつつ、それとは別の形式をとろうとするものであったということである。桜井自身は、中核派に近づいた時期があり、そこから遠ざかったのち、社会的関心をなくす後ろめたさから募金活動に入っていったという。また、かれは大学祭募金を学生運動のアンチ・テーゼとして位置づけ、大学生なりの社会的なもののとらえかたであったともいっている。いまひとつは、秋田大学の大学祭実行委員会の呼びかけに応じて協力したのが各大学の自動車部であったということである。自動車部に呼びかけたのは、当初の企画でラリーが考えられていたからであった。しかし、自動車部は体育会系のクラブである。大学紛争のなかで、体育会系のクラブは全共闘にたいする対抗勢力として、大学当局からつかわれることが多かった。その部員たちの多くは政治的・社会的無関心層に属し、権力・権威に無批判的に服従しがちであるとみられていた。しかし、かれらはかれらなりに社会的関心をもち、自動車を運転する人間の社会にたいする責任のとりかたのひとつとして、交通遺児のための募金活動に参加していったのである。三つ目としては、さきの二点とかかわるが、学生たちの募金活動を交通遺児育英会に結びつけたのが、警視庁交通部であったということである。桜井は募金の寄付先を決定するためにそこを訪れている。そのときのかれにとって、警察機構は相談の相手であって警戒の対象ではなかった。これは、学生運動参加者のセンスではなく、市民運動参加者のセンスである。同様のセンスは、交通法規にしたがって運転をする自動車部員たちも共有していたとおもわれる。

3　学生募金の論理(二)

玉井義臣は、この秋田大学大学祭募金に漠然とではあるが発展の可能性を感じた。贈呈式の翌日、かれは、秋田空港まで送ってきた桜井と山本に、ロビーで別れの握手をしてから、この募金活動をもう一度、全国規模でさらに本格的にやってみないかと誘った。『交通遺児育英会二十年史』は、桜井が「考えておきます」とだけ答えたが、胸のうちでは、「この募金をこのままで終らせたくない」と思っていたと書いている。しかし、後年、私がインタビューしたおりには、かれは、大学にすでに五年いて留年つづきでまだ三年生だったし、大学祭募金でかなり苦しい想いもしたので、その活動はそれで一区切りにしたいと考えていたと語っている。また、玉井に誘われたときには「ちらっと悪い予感がしたのですけどもね」ともいっている。いずれも真実の一面であっただろう。

結果としては、桜井と山本は玉井の誘いに乗った。かれらは、大学祭実行委員会の四人の仲間、佐藤信幸、飯島明、阿部哲志、生路幸生といっしょに東京に出てきて、夏から秋にかけて第一回の全国学生交通遺児育英募金のために献身的にはたらくことになる。四人も、桜井、山本と同じように、鉱山学部の三年生であった。桜井は、そのおりの動機を、玉井さんの魅力にとりつかれてしまった、うまく乗せられたという感じもありますが、と語っている。あとの五人も同じであったろう。

一九七〇年七月四日、東京のコマ旅行会館で第一回学生募金会議が開催され、秋田大学の大学祭募金に参加した大学のうち二〇の大学が代表を送ってきた。秋田大学以外の一九大学の代表は自動車部員であった。交通問題、交通遺児などについての討議のあと、事務局役員として秋田大学の六人が選任された。山本が事務局長、桜井以下の五人が事務局次長となった。

一〇月六日の全国での街頭募金の体制づくりのために、四〇〇大学の参加を目標にして、六人の役員が七、八、九月のあいだ、手分けして各大学を訪問していった。全国をブロックで区分して、佐藤は北海道・東北、阿部は東京、桜井は関東・北陸、飯島は東海、生路は関西、山本が中四国・九州を担当した。かれらはリュックサックに『天国にいるおとうさま』

をはじめとする資料をつめこみ、大学受験雑誌からコピーしてつくった大学、短期大学、専門学校の名簿をたよりに、訪問をつづけた。その訪問の多くはいわゆるとびこみで、大学にゆき、目についたクラブの部室や自治会の役員室をたずねて、居合わせた学生に交通遺児育英会の趣旨を話して協力を頼むのである。自動車部があるところでは自動車部をまずたずねるようにしたが、それがないところでは、ほかの体育系のクラブでもかまわなかったし、生物部でも茶道部でもかまわなかった。寝るのは移動するための列車のなか、昼間はじめてあった学生の下宿、安宿。

このような活動を、六人は当時「オルグ」と呼んでいた。これは戦前期から当時にかけてつかわれた左翼運動の用語のひとつで、組織化を意味した。かれらは、その夏から秋のはじめにかけて、ひとり平均で七〇校程度の大学などをオルグしたことになる。四〇〇校という目標値は山本がいいだしたものであった。しかし、実際に地方を歩きはじめると、それは大きすぎると思う者も出てきた。元来は人前で喋ること自体が苦手で、ひとづきあいの下手な桜井は、その想いがとくにつよいほうで、六人で合計二〇〇校をまわったあたりから、もう限界だと思うことが再三であった。ときに打ち合わせで東京に帰り、六人が顔を合わせると、目標値を維持するか、切り下げるかで意見が対立し、疲労のせいもあって、たがいに口をききたくないほど、気持がとげとげしくなることもあった。それでも、結局はかれらはオルグを止めなかった。九月一五日、東京で第二回学生募金会議が開催され、運動の「基本姿勢」と呼ばれる綱領が採択された。

「『全国学生交通遺児育英募金』運動基本姿勢

交通戦争という言葉を私達が自ら作り出してから長い年月がたちます。その間私達は一回もこの戦争に勝っておりません。しかし、少なくともこれからの五〇年、六〇年は我々の時代であります。我々自身が生きて行かねばならない年月であります。その時代が様々な公害を始めとする文明の歪みによって汚れた世界であったとして、それの解決を責任のなすり合いによって怠ったとしたならば、それはとりもなおさず我々自身の破滅へとつながるであろうことは明白であります。

一〇月六日から始まる四〇〇大学、一万人の学生による交通遺児育英募金は零からの出発でありました。しかし私達はこの運動を大学から他の大学へ、大学から市民団体へと呼びかけ、単に交通遺児育英だけの問題にとどめず、交通公害を本質的に解消し、更に文明を我々若者自身、そして遺児たち自身が強く生きる力へと発展させて行く事を念願とする。

昭和四五年九月一五日

『全国学生交通遺児育英募金』運動第一回募金全国会議にて採択」

綱領の前半は、学生たちがもつ社会の現状認識を示している。それは交通戦争をはじめとする様々な公害、文明の歪みによって汚れた世界である。そこで人びとは責任のなすりあいをかさねており、自ら問題の解決にとりくもうとしていない。これは大学紛争が世代闘争であって、葛藤する両世代がたがいに相手を一方的に非難・告発する事態を批判しているのである。後半は、学生たちがおこなおうとする運動の基本的性格の宣言である。それは最終的には文明をかれらが生きてゆく力へ発展させることをめざすものである。他者の責任を問うより、自己の責任をはたすことが重要である。その文明の創造のなかで公害の解消、交通遺児との共生、かれらの教育なども可能になる。この論理構成には、玉井が「殺人機械」以下一連の論文で提起した自動車文明へのラディカルな批判と新しい文明の模索の要求の影響が色濃く出ている。

一〇月六日から一五日にかけて、全国各地で第一回学生募金がおこなわれた。四七五大学、短期大学などの学生が募金者として街頭に立ち、募金額総計は二二八六万三五四八円に達した。参加大学数が当初の目標値の四〇〇大学を大きく上まわったのは、六人の事務局役員や八大学自動車部が直接オルグした大学以外に、オルグされた大学の学生たちがほかの大学に出かけてゆき、さらに新しくそこをオルグするというようなケースもあったためらしい。募金者については正確な記録が残っていないが、当初四〇〇大学、約一万人をめざしていたので、大学数の伸びから考えると、一万人というその数字を大きく上まわった可能性も考えられる。

玉井義臣は、交通遺児育英会の組織とかれ個人の総力をあげて、この学生たちの運動を支援した。かれは、学生募金会議のたびに出席して学生たちを激励し、かれらの運動が新しい文明の創造に向かう第一歩だと説いた。募金の初日には、東京の数寄屋橋に学生たちの募金者にまじって永野重雄や後藤田正晴(警察庁長官)に立ってもらった。さらに、全国紙、地方紙の各紙に募金にかんする記事をなるべく大きくと頼んで書いてもらった。「毎日新聞」は四段の写真入り記事で募金開始を、「日本経済新聞」は三段の写真入り記事で募金の成果の贈呈の様子を報じている。

第一回の学生募金を成功させて、秋田大学の六人は東京から引き上げ、大学にもどっていった。帰郷のまえ、山本と桜井は、全国の大学自動車部が加盟する全日本学生自動車連盟の次期役員に内定していた高橋重範、佐藤信機、山口英夫(いずれも早稲田大学三年)をたずね、これを快諾した。三人は、車を愛する若者の責任をはたしたいといって、これを快諾した。事務局長には高橋が選任され、局次長には佐藤、山口、ほか四人が選任されたが、そのうちに連盟役員以外から大阪交通遺児を励ます会の代表、山本孝史(立命館大学四年)が入っている。この事務局は、七一年の春の第二回学生募金で九四九団体を動員して、二〇一一万一四七七円を集め、秋の第三回学生募金では三七四四団体を動員して三三九七万八七三一円を集めた。年間に約五四〇〇万円を集めたのである。団体数が急増したのは、一大学から複数の部やクラブが募金者を出すようになったためである。全日本学生自動車連盟は、このの ち、八三年春の第二六回学生募金まで事務局を担当し(ただし、第六回のみは宇都宮交通遺児を励ます会が担当した)、第二七回からは交通遺児育英会の大学奨学生たちがそれを継承した。

4 交通遺児育英会の財政構造

一九七〇年の第一回学生募金が二三〇〇万円ちかくを集めたことは、玉井義臣につよい印象をあたえた。交通遺児育英会を創立したころ、かれが作成していた募金計画のなかではまったく想定していなかった、しかし歓迎するべき新しい資源が発見されたのである。それは、第一に秋田大学の六人の学生たちというオーガナイザーであり、第二にかれらが開拓した一万人をおそらく超えた募金者としての学生たちであり、第三にその募金者たちが獲得し贈与してきた二三〇〇万円という金銭であり、第四にこの学生募金と交通遺児育英会にたいする社会の好意的な関心とムードであり、第五にその関心・ムードから触発される民衆からの新しい寄付金、であった。もちろん、当初から、かれはそこまで分析的に考えていた訳ではない。かれがうけたつよい印象を段々に整理してゆけば、そのような認識がえられることになったというのが事実であろう。

翌七一年、春と秋の第二回学生募金、第三回学生募金が約五四〇〇万円を集めるにおよんで、新しい資源のありかたに一部で変化が生じた。前年の新しい資源の初発条件は、秋田大学の六人の学生たちであり、かれらの長期にわたる、本人たちにいわせると「身も心もボロボロになった」オルグ活動であった。かれらにそれをくり返しもとめることはできない。また、かれらのような献身的存在が毎年あらわれることも期待できない。しかし、全日本学生自動車連盟という安定した全国組織が初発条件に入ることで、この新しい資源は継続性を保障された。その組織をひとつの契機として、玉井は社会運動家としての姿勢を変化させはじめた。伊藤正孝が、交通遺児育英会を創立したころ、玉井は官、財、民を等距離でみていたが、のち民の方向に移っていったというのは、その変化である。もちろん、この変化は、急激に人目につくように生じたのではない。私のみるところ、それは最初の一〇年間にわずかずつ進行し、一九七九年の交通遺児育英会の財政危機と「あしながおじさん」制度の創設と成功によって、はじめて顕在化するのである。

『交通遺児育英会十年史』や『交通遺児育英会二十年史』では、同会の成立や性格のわかりやすい比喩的説明として、交通事故遺児を励ます会が〝産みの親〟で、学生募金が〝育ての親〟とか、若者立の交通遺児育英会とかいわれている。後者は、政府立の日本育英会と一対になる表現である。それらの説明は事実のポジティブな一面をいいあてている。しかし、さきにみた玉井の社会運動家としての姿勢の変化を充分に説明するためには、もうひとつの契機として、事実のネガティブな一面、最初の一〇年間の交通遺児育英会の財政構造にかんする見通しで生じた二つの大きい齟齬にふれなければならない。

交通遺児育英会の最初の募金計画は、その後の教育費の高騰にともなう奨学金の引き上げ、高校奨学生の増加、大学奨学金制度の新設などによって、目標額をつぎつぎに高くしていった。しかし、インフレーションが常態の日本経済のなかでは、原資の利子の枠内で奨学金を出すという古典的な基金構想は、制度の発展的運用を考えるかぎり、実現不可能であるということがあきらかになった。その認識は一九七三年あたりから、育英会からマス・メディアにもらされはじめている。そこで、同会は、一方では寄付されたものを事業に直接つかいながら、他方で募金をつづけるという財政方式をとることになった。すでに七二年までに、同会は三〇億円を大きく上まわる金額を集めていた。

交通遺児育英会が最初の一〇年間(一九六九年〜一九七八年)に集めた金額は約七二億三六四九万円である。同会はこれを⑴企業からの寄付金、⑵国民からの寄付金、⑶政府などの補助金・助成金にわけている。企業からの寄付金は三九億七八二九万円で、全体の五五・〇%にあたる。このうち、金額がもっとも多いのは自動車産業からの一三億円で、これにつぐのが損害保険業からの一二億六五〇〇万円である。後者は、日本損害保険業会が自賠責保険の運用益からおこなう寄付と、各保険会社からの寄付である。財界一〇億円募金は、一〇年たっても、五億七〇〇〇万円余に達したのみであった。国民からの寄付金は一七億一五九四万円で、全体の二三・七%にあたる。このうち、金額がもっとも大きいのは全国学生募金で五億二五三五万円である。政府などからの補助金・助成金は一五億四二二五万円で、全体の二一・三%にあたる。そのうち、政府からの補助金は七億四一二二万円、全体の一〇・二%である(表16)。

以上から客観的に判断すれば、交通遺児育英会の最初の一〇年間の財政の収入面は、企業が半ば以上を支え、残りをおおまかにいって、国民からの寄付と政府などからの補助金・助成金が半々で支えたことになる。

この財政構造において、二つの大きい齟齬とは、ひとつは、財界一〇億円募金がはなはだしく不充分な成果しかあげなかったということである。これは、経団連、日商、日経連、経済同友会の経済四団体に全面支援の態勢をとってもらい、四〇業界団体にそれぞれ依頼額を

表16　交通遺児育英会への寄付金・補助金等一覧表(昭和54年3月末現在)

			寄付・補助額	備考
寄付金	企業	自動車産業	130,000万円	日本自動車工業会は44年10億円1回.
		損害保険	126,500	53年度寄付分2億5000万円は54年度払いに.
		財界10億円募金	57,296	寄付要請41業界団体中, 16業界が寄付.
		銀行	19,332	他に「財界10億円募金」中に1億円.
		会社・事業団体	29,701	会社記念事業, 中小企業, 小さな業界団体等.
		全国共済農業協同組合連合会(1)	35,000	他に, 街頭・組合内募金の全共連(2)と合算すると4億7000万円
	(小計)		(397,829万円)	寄付の69.9%, 全体の55.0%
	国民	交通遺児を励ます会	1,310	42年からの募金1000万円を育英会発足資金に.
		全国学生募金	52,535	3万校参加. 30万学生街頭へ. 4000万国民寄付.
		自動車総連	11,639	このほか学生募金経由で1億3000万円.
		全共連募金(2)	12,396	全共連(1)と合算.
		自動車教習所	23,871	ハンドル献金. 免許もらって無事故の誓い.
		報道関係募金	8,042	新聞・テレビ・ラジオの募金キャンペーン.
		その他団体等	33,757	銀行店頭・警察署・ライオンズクラブほか.
		個人	28,038	計9283件. 匿名で104回52万5000円.
	(小計)		(171,594万円)	寄付の30.1%. 全体の23.7%
	合　計		(569,424万円)	全体の78.7%.
補助金・助成金	政府		74,121	高校奨学金の1/3補助. 育英会予算の1/6.
	日本船舶振興会		30,000	基本財産に助成.
	日本自転車振興会		24,302	つどい補助.
	日本小型自動車振興会		15,802	大学奨学金の補助.
	日本宝くじ協会		10,000	基本財産に助成.
	合　計		(154,225万円)	全体の21.3%. 政府補助金は10.2%
総　合　計			723,649万円	

注：各寄付額は1,000円以下切り捨てて記載しているので, 小計・合計に多少の誤差が出ている.

資料出所：玉井義臣「庶民は暖かく, 政府・企業は冷たかった」朝日新聞『朝日ジャーナル』1979年5月25日号, p. 104.

割り振って募金を依頼するという方法をとった。最終的には、それらの団体のうち一六団体が寄付に応じた。寄付に応じなかった業界団体の事務局の代表的言い分は、交通遺児救済は自動車業界がやるべきことで、われわれがやる必要はない。交通遺児救済は政府がやるべきもので、われわれが引きうけるべき筋合いのものではない、などであった。永野重雄は、交通遺児育英会の会長就任にあたり、玉井に、金集めはしないよと断っていたが、実際には同会の発足がちかづくと、この財界募金にかなり熱心にとりくんだ。四団体の長へのはたらきかけも、永野が直接におこなった。それにもかかわらず、一〇年たっても当初の目標額の半分強の寄付しかえられなかった。集めた金の総額は、当初めざしたものの倍以上になっているのである。玉井は、財界募金を有力な財源のひとつであるという考えを放棄するほかないと思うようになっていった。

いまひとつは、自動車産業からの寄付でそのさき多くを望むことができないという見通しがたったことである。こちらは当初の目標額の一〇億円を初年度に獲得していた。しかし、これは、さきにみたように、欠陥車問題キャンペーンに乗じて、交通遺児育英会が日本自動車工業会からかなり強引にとりたてたものであった。少なくとも、後者の側はそのような印象をもったであろう。両者のあいだに友好的関係があるという訳にはゆかなかった。最初の一〇年間では、日本自動車工業会からの寄付はその一〇億円のみである。ほかに、トヨタ自動車工業とトヨタ自動車販売より、生産台数二〇〇〇万台突破を記念して、一九七六年に三億円の寄付があった。また、自動車の販売会社からの小口の寄付は沢山あったが、これは一覧表では「会社・事業団体」の項に入っている。以上の実績から判断して、玉井は、自動車産業からの寄付も将来にわたって主要な財源のひとつとして期待することはできないと思うようになった。

この二つの齟齬が、学生募金の思いがけない成功と相乗効果をあげて、玉井を、財・官・民の三者のうちで民の存在を重視する発想にみちびいていったのである。

5　奨学金制度(一)

交通遺児育英会の運動は、経済面で抽象化していえば、資金を集めては費やす運動である。それは、ほかに教育運動、ボランティア運動、企業や行政への要求運動などさまざまな性格をもつが、その根幹部分には、同会が財源をいっぽうで調達しつつ、たほうで消費するという運動がある。同会がおこなった運動の規模や水準を規定する重要な要因のひとつは、それが集める資金の大きさである。そこで最初の一〇年間で同会が集めた七二億円余について、その集めかたを分析した。ついで、重要な要因はその資金のつかいかたである。そのつかいかたを使途の費目からみれば、そのもっとも主要なものは、あらためていうまでもなく、交通遺児に貸与される奨学金および私立入学一時金である。

交通遺児育英会の奨学金制度のうち、もっとも早く発足したのは、高等学校奨学金である。これは、同会が設立された一九六九年の九月から貸与が開始された。この奨学金の性格の第一の特徴は、月額五〇〇〇円という金額の高さにあった。同時期の日本育英会の高等学校奨学金が月額一五〇〇円であったから、交通遺児育英会のそれは月額でその三倍以上の高水準のものであった。この金額の算定の根拠は、六七年に文部省がおこなった全日制高校生の学校教育費にかんする調査が、年間五万一二七〇円、月額平均四二七三円という結果を出しているところにもとめられた。その学校教育費は授業料のみならず、通学に要する交通費、教科書や文房具の費用、弁当代、制服・制帽などの費用までを含んでいた。玉井は、この調査結果をいちおうの論拠として月額五〇〇〇円を決定したのであるが、かれの真意は、なるべく高額の奨学金を出して、その一部が、交通遺児家庭の九割を占める母子家庭の低収入にもとづく生活費不足の解消に役立つなら、それはそれでよいというところにあった。

交通遺児育英会の最初の一〇年間で、高等学校奨学金の水準が引き上げられていった経過はつぎのとおりである。まず、制度の発足から五年目の一九七三年四月から、本人の願い出があれば、その月額を一万円にすることができることにした。ついで七六年には、月額を一律に一万円とし、翌七七年には公立高校生には一万円、私立高校生には一万五〇〇〇円とした。

この奨学金の水準の推移を評価するにあたって二つの方法がある。ひとつは、さきにわずかにふれた日本育英会の高等学校奨学金との比較である。そこで述べたとおり、一九六九年、交通遺児育英会の高等学校奨学金が月額五〇〇〇円で発足したとき、日本育英会のそれは一五〇〇円で、後者にたいして前者は三倍以上であった。ただし、いっそう正確にいうと、後者には特別貸与の制度があり、これは六九年で三〇〇〇円であった。これと比較すれば、前

表17　交通遺児育英会と日本育英会の高校奨学金の金額

	交通遺児育英会		日本育英会	
	一律の金額	願出による金額	一般貸与	特別貸与
1969	5,000		1,500	3,000
70	〃		〃	〃
71	〃		〃	〃
72	〃		3,000	4,000
73	〃	10,000	〃	〃
74	〃	〃	〃	〃
75	〃	〃	国公立 3,000 私立 4,000	国公立 4,000 私立 6,000
76	10,000		国公立 5,000 私立 6,000	国公立 5,000 私立 6,000
77	公立 10,000 私立 15,000		国公立 5,000 私立 7,000	国公立 6,000 私立 9,000
78	〃		国公立 6,000 私立 8,000	国公立 7,000 私立 10,000

者は一・七倍程度である。その後の両会の高等学校奨学金の月額の年次推移は表17に示すとおりであり、七八年において、交通遺児育英会のそれは日本育英会のそれの一・四倍から一・五倍程度の水準を依然として維持していた。

いまひとつは、当時の交通遺児家庭の現実の家計にとって、これらの奨学金の金額がどれほどの意味をもっていたかを考えることである。本人の願い出があれば高等学校奨学金を月額一万円に引き上げることができるようになったのは、一九七三年であった。七四年、私が交通遺児育英会の委嘱により「交通遺児家庭の生活実態」という調査をおこなったおり、その一環として、その年と前年の七三年の交通遺児家庭の家計調査をおこなった。この家計調査の実務を担当したのは故・吉田恭爾（当時、白梅学園短期大学助教授、のち筑波大学助教授）である。かれは、東京都と地方都市、町村の三地域で交通遺児家庭の四、

五、六月の家計簿を収集して、その記載された収入・支出の金額を集計・分析した。東京都のばあい、平均の数値が世帯員数三、以下月額で実収入八万五二四四円、実支出八万七四二二円、赤字二一七八円。この実収入にとって一万円の高等学校奨学金は一一・七%にあたる。つまり、奨学金は一割強の収入の増加をもたらすものであった。ただし、実支出のうちの教育費は一万四八六一円であるので、一万円の高等学校奨学金のみでは、それはまかないきれていない。

地方都市のばあい、さきの平均の数値は、世帯員数四・二七、実収入五万三六一八円、実支出九万四六四六円、赤字四万一〇二八円。この実収入にとって一万円の高等学校奨学金は一八・七%にあたる。そのかぎりでは、奨学金は二割ちかい収入増をもたらすことになる。実支出のうちの教育費は約三八八〇円である。また、町村のばあい、世帯員数は三・九二、実収入は六万五三四六円、実支出七万二七四四円、赤字七三九七円。この実収入にとって一万円の高校奨学金は一五・三%にあたる。この比率は、すでにみた東京都のそれと地方都市のそれのほぼ中間にある。教育費は実支出のうちで約三七八〇円であった。

収集・集計された家計簿の冊数がかならずしも多くないので、決定的なことをいうのは困難であるが、当時の交通遺児家庭にとって、交通遺児育英会の高等学校奨学金は一割から二割程度の増収をもたらすものであったと推定される。なお、交通遺児家庭の調査に二〇年ちかく従事してきた私の体験から判断すると、それらのうち家計簿を記入する習慣をもつ世帯は、相対的には経済的にゆとりがある世帯が多い。極貧層では、窮乏に心理的に追いつめられて、家計簿を日々記入しつづけるのが困難らしいのだ。これを考えあわせると、交通遺児家庭の家計にたいして高等学校奨学金がもたらす増収の比率は、さきに示した数値をさらに上まわった可能性もおおいにありそうである。

交通遺児育英会の大学奨学金は、高等学校奨学金が発足して五年目、一九七三年度から発足した。大学奨学金は最初、月額二万円であった。翌七四年には、とくに困窮している学生には三万円を貸与することにした。七八年にはこれらを、それぞれ一万円ずつ引き上げて、三万円と四万円にした。さらに、大学院奨学金制度が七七年に発足した。これは月額五万円であった。また、政府は同年、「進学ローン構想」を打ち出し、低所得世帯向けとうたったが、その実態は母子家庭が利用することができない、きびしい条件がついていた。玉井はこれを批判し、後述するように七八年度は資金ぐりがもっとも苦しく財政的に窮迫した年度であったが交通遺児育英会独自の入学一時金制度を発足させた。これは私立高等学校、私立大学の入学者に入学一時金を貸与するもので、私立高校入学者には二〇万円、私立大学入学者には二五万円を貸与するものであった。

6　奨学金制度(二)

前項では、交通遺児育英会の最初の一〇年間に創設され、水準を引き上げられていった各種の奨学金制度などを、高等学校奨学金を中心に概説した。つぎに、これらの制度をどれほどの交通遺児たちが利用したのかをみることにしよう。

まず、もっとも基本的なデータとして、最初の一〇年間の年度別奨学生採用者数とその累計をみる(表18)。高等学校と高等専門学校の奨学生採用者数は、最初の一九六九年度を例外として、つづく四年間は毎年一二〇〇人前後から一三〇〇人、後半の五年間はやや増えて一五〇〇人余から一八〇〇人余までのあいだで推移している。一〇年間の累計は一万三八八九人におよぶ。

このデータについて特記するべきコメントは、制度が発足した六九年度の採用者数の少なさについてである。交通遺児育英会は、初年度、高等学校奨学金の貸与を希望する交通遺児が全国の高等学校で各学年で約一〇〇〇人、計約三〇〇〇人あらわれると予想していた。その推計はつぎのようにしておこなわれた。前年度の総理府による交通遺児にかんする全国調査は、小学生と中学生を対象におこなわれた。これによれば、中学生の交通遺児は三学年で一万一二七五人おり、そのうち被保護世帯かそれに準じる世帯にいるものが三九七五人であった。これにもとづき考えると、高校生の交通遺児のうち貧困層に属するものは、この最後の数字に高校進学率を乗じ、さらに貧困ゆえの進学率の低下をいくらか見込んで、えられよう。さきの数字に前年の高校進学率は七六・七%であるから、〇・七六七を乗じると、三〇四八人となる。

そのうえで、貧困ゆえの進学率の低下を一〇%とみて、その数字に〇・九を乗じると、約二七〇〇人の貧困層に属する交通遺児が高等学校に在学中であると推定された。また、くわしい推計の手続きの紹介は省略するが、第三級以上の後遺障害をもつもので、自賠責保険の給付をうける壮年期の人びとの数を割り出し、それをつかってほかの条件をくわえ、貧困層に属する準交通遺児で高等学校に在学中のものは三〇〇人と推定された。これをさきの二七〇〇人にくわえると、三〇〇〇人となる。

ところが、制度を発足させたのち充分な広報をおこなったにもかかわらず、全国の高等学校長、高等専門学校長に、この制度の対象となる資格をもつ生徒たち、そのうちで奨学生となることを志望する生徒たちの調査を依頼したが、その回答結果は予想と大きく異なるものであった。すなわち、照会した学校数四八九五校、このうち調査に応じたのは、回答期日を

および累計(単位：人)

専修・各種学校		合　計	
採用者数	採用者数累計	採用者数	採用者数累計
		604	
		1,243	1,847
		1,328	3,175
		1,227	4,402
		1,241	5,643
		1,631	7,274
		2,002	9,276
		1,964	11,240
		1,796	13,036
		1,877	14,913
		1,650	16,563
		1,764	18,327
48		2,121	20,448
53	101	1,820	22,268
65	166	1,934	24,202
74	240	1,977	26,179
60	300	1,802	27,981
60	360	1,728	29,709
70	430	1,720	31,429
66	496	1,664	33,093

表 18　年度別奨学生採用数

年度	高校・高専		大　学		大学院	
	採用者数	採用者数累計	採用者数	採用者数累計	採用者数	採用者数累計
1969	604					
70	1,243	1,847				
71	1,328	3,175				
72	1,227	4,402				
73	1,191	5,593	50			
74	1,506	7,099	125	175		
75	1,820	8,919	182	357		
76	1,751	10,670	213	570		
77	1,596	12,266	197	767	3	
78	1,623	13,889	251	1,018	3	6
79	1,368	15,257	281	1,299	1	7
80	1,474	16,731	288	1,587	2	9
81	1,752	18,483	318	1,905	3	12
82	1,455	19,938	310	2,215	2	14
83	1,555	21,493	308	2,523	6	20
84	1,545	23,038	351	2,874	7	27
85	1,455	24,493	282	3,156	5	32
86	1,335	25,828	331	3,487	2	34
87	1,329	27,157	314	3,801	7	41
88	1,302	28,459	290	4,091	6	47

すぎた七月一七日で、九五〇校、回答率一八・九％、対象となる資格をもつ生徒たちがいる学校は三七九校、奨学生となることを志望する生徒たちは五六五人にとどまった。交通遺児育英会は出願期限を延長し、未回答校に回答してもらうはたらきかけなどをしたが、八月二〇日現在でも志望者は六五四人までしか伸びなかった。結局、願書を提出し、書類審査に合格した四九五人が、九月一日、交通遺児育英会の最初の高校奨学生となった。なお、その後も在学生からの随時の申し出におうじて奨学生の採用をおこなったので、年度末には、高校奨学生は合わせて六〇四人になった。

各学年約一〇〇〇人、合計約三〇〇〇人の高校奨学生の採用をみこんでいたのに、現実には約六〇〇人の採用に終ったのである。この事態については、二とおりの解釈が考えられた。さきに紹介した交通遺児育英会の推計と予想が誤っており、交通遺児のための高等学校奨学金の社会的必要はそれほど大きくないのではないか。それとも、交通遺児育英会の推計と予想は正しいのだが、六九年度の高等学校在校生では、なにか別の事情がはたらいていて、その社会的必要の大きさが抑えられているのではないか。玉井義臣は、五月におこなった、貧困層に属する、中学三年生の子どもがいる交通遺児家庭の保護者を対象とした調査の結果をみて、後者の解釈が正しいとみていた。すなわち、その調査は前年の総理府による実態調査の結果から標本一二〇二を抽出しておこなわれたのだが、交通遺児育英会が月額五〇〇〇円の奨学金を貸与すれば、中学三年の遺児を高等学校へ進学させるかという設問にたいして、回答者六四〇人のうち四九三人(約七七％)が進学させると回答したのである。無回答者も、同じ回答傾向をもつと想定すれば、一二〇二人の七七％、つまり九二六人が遺児を高等学校に進学させるはずだと、玉井は考えた。

この予想は、高等学校の在学奨学生の採用を追うようにしておこなわれた、中学三年生の交通遺児を対象とした、高校奨学生の予約募集の結果によって、証明された。八月から、全国の知事、教育長へのはたらきかけをはじめ、一〇月末の締め切りでは、照会した中学校一万一五七二校、そのうち回答をよせてきたもの三三八七校(回答率約二九％)、奨学生となることを志望するもの一二九四人、このうち願書を実際に提出したもの一一七八人、うち貸与条件を欠いた三人をのぞき、一一七五人の採用予約が決定された。六九年度の在学採用者数は予定数の五分の一にとどまり、七〇年度の予約採用者数は予定数を上まわったのである。これは奨学金の予約が多くの交通遺児とその保護者に高等学校への進学を決意させる有力なきっかけとなったことを示唆する。逆にいえば、六九年度までは多くの交通遺児とその保護者がそのきっかけがないままに高等学校への進学を断念してきたのではないか。さきの数字だけからいくらかの強弁をあえてすれば、交通遺児育英会の高等学校奨学金制度の創設は、交通遺児の高等学校への進学率を五倍ちかくにまで一挙に伸ばしたといえないことはない。もちろん、実際は、その倍数はそれよりは低く想定されるべきであろうが。しかし、それにしても、交通遺児たちの高等学校における教育機会の保障にとって、この制度の創設は非常に大きな効果をあげたのであった。

なお、大学(短期大学をふくむ)奨学生の採用は一九七三年度の五〇人からはじまり、翌年度

貸与額および累計(単位千円)

各種学校	奨学金合計		私立入学一時金		合　計	
貸与額累計	貸与額	貸与額累計	貸与額	貸与額累計	貸与額	貸与額累計
	19,760	19,760			19,760	19,760
	101,560	121,320			101,560	121,320
	164,160	285,480			164,160	285,480
	214,815	500,295			214,815	500,295
	259,380	759,675			259,380	759,675
	338,525	1,098,200			338,525	1,098,200
	545,950	1,644,150			545,950	1,644,150
	676,775	2,320,925			676,775	2,320,925
	736,175	3,057,100			736,175	3,057,100
	774,705	3,831,805	17,500	17,500	792,205	3,849,305
	854,900	4,686,705	26,250	43,750	881,150	4,730,455
	981,665	5,668,370	40,900	84,650	1,022,565	5,753,020
16,800	1,169,620	6,837,990	42,200	126,850	1,211,820	6,964,840
50,280	1,286,835	8,124,825	50,100	176,950	1,336,935	8,301,775
92,370	1,417,890	9,542,715	54,000	230,950	1,471,890	9,773,665
140,430	1,504,450	11,047,165	64,400	295,350	1,568,850	11,342,515
190,920	1,494,715	12,541,880	63,300	358,650	1,558,015	12,900,530
238,980	1,441,345	13,983,225	68,100	426,750	1,509,445	14,409,975
289,230	1,422,975	15,406,200	69,850	496,600	1,492,825	15,902,800
346,750	1,501,745	16,907,945	95,300	591,900	1,597,045	17,499,845

からは一〇〇人台か二〇〇人台で、一九七八年に累計数が一〇一八となっている。大学院奨学生は、七七年度、七八年度、各三人が採用された。入学一時金は、七八年度に、私立高校入学者五〇人、私立大学入学者四〇人に貸与してはじまった。

年度別の各奨学金・入学一時金貸与額および累計は、参考に表を掲げるが、くわしい解説は必要はないだろう(表19)。ただし、最右欄、合計のうちの貸与額が一九七九年度、交通遺児育英会の発足一一年目で八億八一一五万円となっているとこ

表19　年度別奨学金・入学一時金

年度	高校・高専		大　学		大学院		専修・
	貸与額	貸与額累計	貸与額	貸与額累計	貸与額	貸与額累計	貸与額
1969	19,760	19,760					
70	101,560	121,320					
71	164,160	285,480					
72	214,815	500,295					
73	247,380	747,675	12,000	12,000			
74	296,985	1,044,660	41,540	53,540			
75	463,590	1,508,250	82,360	135,900			
76	548,355	2,056,605	128,420	264,320			
77	587,395	2,644,000	146,980	411,300	1,800	1,800	
78	592,085	3,236,085	179,020	590,320	3,600	5,400	
79	643,070	3,879,155	209,430	799,750	2,400	7,800	
80	715,305	4,594,460	264,560	1,064,310	1,800	9,600	
81	825,620	5,420,080	324,200	1,388,510	3,000	12,600	16,800
82	908,315	6,328,395	342,290	1,730,800	2,750	15,350	33,480
83	1,010,140	7,338,535	361,210	2,092,010	4,450	19,800	42,090
84	1,065,130	8,403,665	383,710	2,475,720	7,550	27,350	48,060
85	1,075,155	9,478,820	361,720	2,837,440	7,350	34,700	50,490
86	1,012,745	10,491,565	375,740	3,213,180	4,800	39,500	48,060
87	970,895	11,462,460	396,430	3,609,610	5,400	44,900	50,250
88	1,002,595	12,465,055	430,470	4,040,080	11,160	56,060	57,520

ろは、記憶にとどめておいてほしい。これはⅧ章冒頭でもう一度思いだしてもらうことになる。

Ⅵ　時代を撃つ

1　二六項目の要望

玉井義臣は、交通遺児育英会を設立したのち、そこを拠点として、交通遺児家庭の救済、ひいてはすべての死別母子家庭からすべての生別母子家庭までの救済、さらには自動車文明批判をめざす数々の社会運動を展開した。そのさい、運動の主要なスタッフとしてかれを助けてはたらいたのは、かれが育英会事務局に集めた若い局員たちであった。かれらは、各地の学生募金運動や交通遺児を励ます会運動のなかで頭角をあらわしてきた連中であった。玉井は各地の運動をくわしくみていて、運動家として成長する可能性を感じさせる人材を、かれの手許に集めていったのである。そのうちの主要な七人については、次章で論じる。さらに、かれの有力な協力者たちとして、好意的な記事・番組などをつうじて運動を支援してくれるジャーナリストたち、運動の要求を妥当なもの、正当なものとして裏付ける社会調査をひきうける大学人たちがいた。

交通遺児育英会が発足したのち最初の一〇年にかぎって、玉井が指導した主要な運動の展開過程をみてみよう。

交通事故遺児を励ます会という小さなボランティア団体が、玉井の指導のもとに交通遺児育英会の創立に大きい貢献をしたいきさつは、さきに述べた。これが刺激となって、各地で交通遺児を励ます会(以下では励ます会と略記する)が結成され、活動するようになった。なかでも一九七〇年九月、京都で誕生した励ます会は学生募金に参加した団体を中核にしており、玉井はその活動力に期待することができると考えた。これ以降、同種の励ます会の誕生がつづく。同年一二月、大阪で励ます会がつくられると、励ます会は全国で八つになった。この大阪の会の代表は前出の山本孝史である。七一年一月、玉井は山本といっしょに中国、九州の各地に励ます会の結成を訴えるオルグ活動に出て、多くの成果をあげた。広島の励ます会、福岡の励ます会はこのとき発足している。広島の会の副代表は藤村修(広島大学三年)、福岡の会の代表は山北洋二(福岡工業大学四年)、山本、山北、藤村は、のちに大学卒業後、いずれも交通遺児育英会の事務局に入り、玉井の有力なスタッフとなって、はたらくことになる。

七一年に入っても各地で励ます会の結成があいついだ。六月から八月にかけて、山本が中心となってオルグ活動が集中的におこなわれ、新しく二一の励ます会が発足している。そのなかに帯広の会があったが、その中心メンバーのひとりが、吉川明(帯広畜産大学一年)で、かれも大学卒業後、交通遺児育英会の事務局に入った。九月五日、玉井は全国で三五組織になった励ます会の全国組織、交通遺児を励ます会全国協議会を組織し、その会長に岡嶋信治を据えた。そうして九月二五日には、この会が主催し、交通遺児育英会が後援する、交通遺児と母親の全国大会が東京・虎ノ門のニッショウ・ホールで開催された。大会の実質的な組織者は玉井であり、その運営のために裏方としてはたらいていたのは、まだ学生であった山本、山北、藤村、吉川たちであった。全国から交通遺児家庭の母親たちと遺児たち約四〇〇人が参集した。ゲストの顔ぶれは、床次徳二・総理府総務長官、原健三郎・労働大臣、登坂重次郎・厚生政務次官、与野党各党の交通問題に関心をよせる議員たち、永野重雄・交通遺児育英会会長などであった。

交通遺児と母親の全国大会は、このあと二年をおいて、七四年に第二回大会をおこない、以後、毎年おこなわれるようになる。そのプログラムの原型は、この第一回のおりにできていたように思われるので、それを簡単に紹介しておこう。来賓挨拶のあと、遺児四人、母親二人が、交通事故で父母や夫を奪われた悲しみ、現在の生活の苦しさ、交通事故の防止を訴えた。ひきつづき、前日おこなわれた分科会の報告、広島の励ます会がおこなった交通遺児家庭の生活実態にかんする調査の報告などがあり、最後に、岡嶋が政府と地方自治体にたいする二六項目の要望をふくむ「交通遺児救済に関する要望書」を提案して、それが満場一致で採択された。この要望は、交通遺児家庭の救済を第一義的な目的とするものであったが、部分的には全母子家庭の救済に通じてゆくものをふくんでいた。とくに、「母親のしごと」にかんする要望がそれで、これは第二回大会以降、「母子家庭の母親の雇用促進法」制定の要求にひきつがれてゆくことになる。運動体としての交通遺児育英会の当時の要求の全体を知るために、二六項目のすべてを紹介しておく。

国や地方自治体への要望

Ⅰ　生活について

ア　くらしの保障

1　交通遺児手当の全国での支給と充実を。／〈一八歳未満に月額五〇〇〇円を〉

2　交通遺児家庭の生活つなぎ資金の全国での貸与と充実を。／〈補償額受領までの長期貸付増額〉

3　生活保護基準の改善を。

4　就学援助費の引き上げと支給の拡大を。

5　貸付金の増額、手続きの簡素化とＰＲを。／〈母子福祉資金、世帯更生資金など〉

6　交通遺児家庭に税金の軽減を。

7　公営住宅への優先入居を。

イ　母親のしごと

8　母親に有給の職業訓練を。

9　公の職場への優先採用を。

10　保育所の増設と優先入園を。／〈〇歳幼児完全保育の実現で母親が安心して働けるように〉

ウ　子ども

11　中卒交通遺児に就職支度金を。

Ⅱ　教育（進学）について

12　財団法人「交通遺児育英会」に助成の強化、永続化を。
13　交通遺児にも大学進学の機会を。／〈大学生への奨学資金貸与の早期実現、学生寮の建設〉
14　就学支度金の支給を。

Ⅲ　交通事故対策について

ア　事故防止対策

15　免許年齢を二〇歳に引き上げ、悪質事故者から一生免許の取り上げを。
16　歩道、ガードレールのない住宅地に車を入れないで。
17　補償能力を高め、道路や安全施設の費用を負担させて、手軽に遊びの車を増やさないように。

イ　事後対策

①　補償

18　車の保険を強制保険一本にまとめ最低一五〇〇万円に引き上げを。
19　補償事務、裁判を早く簡単に。支払いを確実にするための損害賠償の肩代わり機関を！

②　救急医療

20　いつ誰がどこで事故にあっても迅速的確な医療がうけられるように二四時間専門医待機の救急センターの拡充強化を。

21　あいまいな現在の救急告示制度の廃止を！
22　国・地方自治体の大幅な予算づけを！
Ⅳ　その他
ア　相談所など
23　気楽に相談でき親身に相談してくれる相談所の設置を。／〈補償、裁判や生活、教育、進学、就職などに関する相談所〉
24　交通遺児家庭の訪問相談員を多く。
25　交通遺児家庭に奉仕員の派遣を。／〈引っ越しの時の手伝いや母親の傷病時にヘルパーを〉
イ　交通遺児名簿
26　励ます会にも名簿の公開を。／〈一日に三〇人生まれる交通遺児のリスト・アップの継続〉

2　自損事故保険制度の創設

一九七二年から七三年にかけてはじめられた、玉井が主導したキャンペーン、社会運動のうち、主だったものは、自動車事故対策センター設立キャンペーン、自損事故保険制度創設キャンペーン、ゆっくり歩こう運動である。これらのうち前二者は交通遺児家庭の生活保障を直接にめざすものであり、三番目のものはモータリゼーション批判をめざすものであった。

目的の達成という観点からは、まえの二つは完勝であるが、三つ目のものは目的の理解のしかた次第で評価がわかれよう。玉井自身は、これは失敗に終った運動とつきはなしてみている。

自動車事故対策センター設立キャンペーンは、短期決戦の見本のようなキャンペーンであった。運輸省は一九六五年ごろから、外郭団体として全国組織のセンターをひとつもちたいと予算要求をつづけていた。当初はそのセンターの仕事として自動車運転者の適性検査などが考えられていたようである。しかし、その要求を大蔵省は認めなかった。一九七三年度の予算要求では、運輸省は、交通遺児家庭への社会的関心のひろがりに着眼し、中学生までの遺児がいる交通遺児家庭にたいして、生活費や奨学金を貸しつける事業をおこなう自動車事故対策センターの設立をめざした。貸付金の財源としては、自賠責保険の保険事業会計からの取りくずし、つまり運用利子の一部の使用が予定されていた。しかし、大蔵省はこれに絶対反対で、大蔵省首脳と運輸省首脳のあいだでは、七三年度のセンター設立は認めないという合意が成立していた。この合意に、運輸官僚の中堅クラスが反発し、玉井にセンター設立を推奨するキャンペーンを展開してほしいという依頼がきた。

依頼の使者は自動車局保障課長であった。保障課は、政府が交通遺児育英会に助成金を交付するさいの窓口である。運輸省の省益と育英会の会益が合致するように工夫された依頼のしかたであった。しかし、玉井には、その二とおりの利益とは別につぎのような判断があった。当時、自賠責保険の死亡事故にたいする支払い限度額は五〇〇万円であった。かれはその大幅引き上げを機会があるごとに提唱していた。しかし、それは過去においてはもっと低かった。二年あまりまえの六九年一〇月三〇日までは三〇〇万円、四年あまりまえの六七年七月三〇日までは一〇〇万円であった。現在の交通遺児家庭の経済的窮乏の主要な原因は、これまでの自賠責保険の水準の低さにある。したがって、自賠責保険の財政が大幅黒字に転じたのであれば、その果実の一部は交通遺児家庭によって当然利用されるべきである。

玉井は「朝日新聞」の社会部に、このセンター設立にかんするそれまでの経過について情報を提供し、一月七日の朝刊の三面トップで七段見出しの記事を出してもらった。「交通遺児ら救済計画、大蔵案からバッサリ／国鉄運賃審議のじゃま／『値上げ列車』が『福祉』をはねる」、などが見出しに並んだ。記事の内容は、自賠責保険の大幅黒字、交通遺児家庭の窮状と救済の必要を具体的に語ってから、自動車事故対策センターの構想を紹介し、大蔵省も最初はこれに賛成していたが、予算編成の最終段階で「交通遺児だけを優遇するのは公平性の点からみて問題がある」と反対にまわったという。その真意は、国鉄の運賃値上げ法案を最優先させるために、運輸関係のその他の法案は国会審議のじゃまにならないように、そぎ落しておくというところにある。値上げ列車という至上命令のまえでは、ささやかな福祉予算などかまっていられないのか。交通事故の被害者の団体ははげしい絶望感におそわれている。

この記事への反響は大きかった。国鉄運賃の値上げというそれだけでも敵役である事柄に、福祉の抹殺というもうひとつの憎まれ役をつけくわえたのである。これはまことに巧みな世論への訴えかたであった。運輸省はこの世論を背景に復活折衝で、自動車事故対策センターの設立をつよく要求した。その結果、一月一三日未明、大蔵省はその要求を認め、同センターのために四億五〇〇〇万円の予算がついた。一月七日の記事以来、六日間の逆転劇であった。

これと対比すると、自損事故保険制度創設キャンペーンは長丁場のものとなった。交通事故のなかに自損事故という範疇がある。それは、きわめて一般的にいえば、自動車の運転者の過失によっておこされた自らが死亡あるいは負傷した事故である。これは、日本では、一九七五年一二月までは自動車保険による補償の対象にならなかった。この事情から、自損事故は厳密には自動車保険制度との関連でくわしく定義されるのだが、ここでは運転者が自動車を誤って電柱にぶっつけたり、崖から落したり、センター・ラインを越えて対向車と衝突した事故などを考えてもらえば充分だろう。それは保険による補償をうけられないので、交通遺児家庭のうちでも自損事故による家庭は、経済的窮乏がとくにいちじるしかった。玉井は、交通事故遺児を励ます会に関係してまもなく、この問題の所在に気づいていた。

交通遺児家庭の遺児にとっては、親が死亡した交通事故が他人の過失によるものであろうが自損事故であろうが、それによってこうむる経済面での被害はまったく変わらない。それなのにいっぽうには補償があり、たほうにはない。交通遺児の立場からいえば、自損事故も補償されるべきなのだ。玉井はそう考えて、最初は自賠責保険の強制保険が自損事故をも対象とする制度改善を模索していた。かれは一九七二年にアメリカ合衆国とヨーロッパ諸国の交通事情を視察する旅行に出て、ワシントン市でノーフォルト保険法の原案を書いたシャープ弁護士に面談し、その原案の思想につよく共感した。それは過失の有無にかかわらず、交通事故の被害者に補償する保険制度の連邦法案となって、当時、議会で審議をうけていた。

帰国してから、玉井は、自損事故を補償する保険制度の必要を主張し、ノーフォルト保険がアメリカの数州で実施されている状況やそれをめぐる論議を精力的に紹介した。かれの主張は次第に社会的注目を集めるようになり、二度にわたって、影響力がつよい公的な場でかれはその主張を述べる機会をえた。その一回目は、一九七三年一〇月一九日、大蔵省でひらかれた自賠責保険審議会である。かれは参考人としてそこで多くの提案をおこなったが、その最重要部分はつぎの三点であった。⑴自賠責保険の死亡事故にたいする支払い限度額を五〇〇万円から一〇〇〇万円に引き上げよ。⑵自損事故の遺族にも自賠責保険から一〇〇〇万円を支払え。⑶民営の自動車保険も強制加入として、死亡事故には支払い限度額を二〇〇〇万円とせよ。こちらは過失相殺とする。

「朝日新聞」がつたえるところでは、運輸・大蔵両省事務局は、「玉井構想」の⑵と⑶については、いますぐ実行するのは無理だとしても、将来の政策化については充分に検討する価値があると積極的な姿勢を示しているということであった。⑴の支払い限度額の一〇〇〇万円への引き上げは、その年の一一月二七日に実現している。

玉井は、その後も、マス・メディアで、自損事故にも保険によって補償をおこなうべきだと説きつづけた。二回目の影響力がつよい公的な場における発言は、一回目から約一年半あまりのち、一九七五年一月二〇日、大蔵省でひらかれた保険審議会損害保険部会でおこなわれた。玉井はそこで参考人として、つぎの三項目を主内容とする提案をおこなっている。(1)自賠責保険の死亡事故への支払い限度額を一〇〇〇万円から二〇〇〇万円に引き上げ、任意加入となっている民営保険への加入を保険金三〇〇〇万円まで義務づけよ。(2)補償金をもらってもインフレによる「目減り」がはなはだしいので、遺児が一八歳になるまで物価とスライドする年金形式の補償制度を新設せよ。(3)自損事故の遺族にも民営保険から一五〇〇万円が補償されるようにせよ。自損事故への補償にかんしては、一回目の発言では、自賠責保険から自損ではない事故と同額の限度額を支払えといっていたのにたいして、二回目の発言では、民営保険から自損ではない事故の半額の減度額を支払えというように変化している。また、遺族を苦境から救済するために、自損保険は、酔っぱらい運転や無免許運転による事故にも適用されるべきだと主張されていた。

この提言にたいして、大蔵省は、六月に予定されている同審議会の答申までに、自損事故保険制度の具体案を練りあげておきたいと反応した。損害保険業界では、玉井がいう(3)の大筋にそって、制度構想が作られつつあった。運輸省や自動車業界にもとくに異論はなかった。最終的には七六年一月一日、任意加入の自動車保険によって自損事故は補償されるようになった。その死亡事故への支払い限度額は一〇〇〇万円とされた。当時、自賠責保険の死亡事故への支払い限度額は一五〇〇万円であったから、その三分の二が自損事故でも支払われるようになった訳である。しかし、それまでは補償金ゼロであったものが、一挙に一〇〇〇万円が支払われるようになったのであるから、交通遺児家庭の救済の観点からみれば、この制度新設は長足の進歩をとげたことになった。ただし、酒酔い運転、無免許運転の自損事故には、この保険制度は適用されないという問題はのこった。なお、この自損事故保険は、損害保険業界では、主唱者の名を冠して、玉井保険と長く呼ばれていた。

3　ゆっくり歩こう運動

玉井義臣が一九六七年に発表した「殺人機械」は、かれが発表した論考のなかで、もっともラディカルなモータリゼーション批判を展開したものであった。しかし、われわれは、その仕事が自動車と自動車メーカー、それらを規制する政府などの責任のみを問うのにたいして、自動車を利用する大衆の責任はどうなるのか、かれらがその利用をどれほどに断念することができるかと問うことが必要だろうといった。玉井は、一九七三年にはじまる「ゆっくり歩こう運動」のなかで、この課題にとりくむことになった。

この運動の前身は、前年秋に交通遺児を励ます会全国協議会がおこなった「東京の道路にいのちと自然とふれあいをとり戻す運動」であった。玉井は、その運動の実行委員会の委員長となり、「宣言／道路を人間の手に！／歩こう！　自転車に乗ろう！」にはじまる、「車社会」に反対し、ゆっくり歩こうと呼びかけるアッピールを出し、一一月二日・文化の日の深夜零時に日比谷公園を出発して、都内二七キロメートルを歩いて同公園にもどる歩きへの参加を呼びかけた。この運動の主旨とアッピールを紹介してくれたマス・メディアは朝日新聞だけで、玉井をはじめとする主催者たちは経験的に判断して三〇〇人から五〇〇人の参加者をみこんでいたら、二六〇〇人の人びとが集まってきて、かれらを驚かせた。この催しは広い範囲の世論の支持を集める可能性をもっている。これを全国各地で定期的におこなって、モータリゼーション反対の社会運動を展開しよう。それが翌年からの「ゆっくり歩こう運動」になっていった。

七三年三月二七日、励ます会全国協議会・ゆっくり歩こう運動実行委員会委員長として、玉井は、「ゆっくり歩こう(声明文)」を発表する。これは時代の核心を射ぬく狙撃手の面目が躍如とする文章であった。全文を紹介する。

「いま地球と人類は滅亡の危機に直面している。現代文明の『技術』と『速度』がその元凶である。

産業革命以後の科学技術の進歩は、驚くべきスピードで古代からの人間の夢を次々と実現し、物質生活を豊かで便利なものとした。そして技術進歩を促進させた『資本』は、飽くなき利益を求めてさらに技術の進歩に拍車をかけ、大量生産―大量消費―大量廃棄の浪費経済社会をつくりあげてしまった。その結果、有限の資源は食いつぶされ、公害で環境は汚染破壊され、人間は経済の下僕となった。その危機的状況は刻々に加速され、いまや絶望的である。

自動車はその典型である。自動車は経済を豊かにし、生活を便利で快適なものにしてきたが、いまや最大の地球破壊者である。

この鉄の塊りは、できあがるまでに、大量の水を汚し、大量の石油を消費する。いったん、道路に出れば、再び石油をがぶ呑みし、その排気ガスは、大気汚染をもたらす。自動車道路は、それ自体で大量の資材をつかい、しかも、緑をズタズタに切りさいてゆく。事故、騒音、振動による人間破壊にいたっては、もはやだれのための自動車かと言わざるをえない。

人類が、自らの滅亡と地球破壊を回避するため必要なものは、『ＹＵＫＫＵＲＩＳＭ（ゆっくりの哲学）』である。スピード化された現代文明を減速させることである。それは一言でいえば、暴走する『技術と速度と経済』の論理を『人間と地球』という本来の論理に引き戻すことである。ＧＮＰ万能主義を脱し『高度経済成長から〝ゼロ成長〟へ』、速度万能主義を脱し、『スピードからゆっくりへ』、技術万能主義を反省して『進歩から反進歩へ』と大きく舵を切り替え、地球征服者としての驕りを捨てて生態系の一員である『人』という種にかえり、自然への回帰をはかることである。

この『ユックリズム』という行動哲学を体現するために、まず人間の行動の原点に帰って二本の足で大地を蹴ってゆっくり歩き、ゆっくり考えてみよう。『ゆっくり』こそ人間の速度であり、地球を守る速度である。

ゆっくり歩こう！　日本人!!
ゆっくり歩こう！　日本!!
ゆっくり歩こう！　地球!!」

この声明文は内外のマス・メディアによって、好意的に大きくとりあげられた。国内の主な新聞メディアは、「読売新聞」が「よみうり寸評」と「サイドライト」で、「サンケイ新聞」は「サンケイ抄」で、「朝日新聞」は「今日の問題」で、「毎日新聞」は「社説」で、ユックリズムの主張を紹介し、支持した。また、海外の主な新聞メディアとしては、「シカゴ・トリビューン」、「クリスチャン・プレス」(いずれもアメリカ合衆国)、「ヴィクトリア・タイムス」(カナダ)などがあった。

「ゆっくり歩こう運動」は、全国で計四回おこなわれた。その第一回目は、運動史ではユックリズム・第一弾と呼ばれているが、七三年五月三日か五日に、(例外的に四月、七月にやったところもあったが)全国三九都道府県四一コースでおこなわれた。コースの総距離は二〇数キロ程度が多かった。「サンケイ新聞」の調査によれば、全国で約五万の人びとがこの運動に参加して歩き、その半数が女性であった。東京のコースには六〇〇〇人が参加した。参加者たちのうち最高齢者は八〇歳、最年少者は五歳。そこに参加したイラストレイターの真鍋博は、当夜の体験を「ユックリズムとバイコロジー」という秀抜なエッセイで描いている。二節を引用する。

「ゆっくり歩こう大会は、ゆっくり歩くのが目的だから、できるだけ歩きながら、ずいぶんいろんな人と話した。／予備校の学生と話したし、下駄ばきのおじさんとも話しながら歩いた。栃木からきた青年は、田舎の夜空は真っ暗なのに、東京の夜空がうす暗いのはスモッグがかかっているからかなあと、不思議そうに空を見上げた。元陸軍のおじさんは、飴をしゃぶりながら歩くと疲れないですよと行軍の知恵を得意気に披瀝した。裾をはしょったお遍路さんスタイルのおばさんは追いこしざまにお先に失礼と通りすぎた」。

「しかし、すべてのコースをゆっくり歩けたわけではない。／歩道がないにひとしいところさえあるのである。／御徒町を過ぎて池袋に向かう頃から歩道が急に狭くなった。／ガードレールで仕切られた歩道は二人並んでやっと通れる程度だが、そこにあちこち電柱が立っているから人の流れがはみだしてガードレールの外、つまり車道を歩く人まで出る始末、歩道があったところで、その歩道にゴミが積み上げてあるから歩きにくいことおびただしい。／その現実のなかで「歩行文明」などないにひとしいのを痛感させられた」。

ユックリズム運動・第一弾は、さきの声明文に劣らず、マス・メディアで大きく報道された。その主張を社会の広い範囲に知らせたという点では、この運動は大成功であった。つづいて、ユックリズム運動・第二弾は、七三年の六月から九月にかけて、交通遺児たちが自転車「赤とんぼ号」をのりついで、全国を一周するという試みであった。この一周旅行では、各地での車公害の告発、自然の美しさの再発見、自治体の首長への交通安全メッセージの手渡しなどが目的とされた。また、ユックリズム運動・第三弾は、同年一一月三日、全国一八都市で、「弱者のための町づくり」運動としておこなわれた。健常な市民が身体障害者や老人といっしょに街路を歩いて、弱者の歩行にとっての障害を点検し、その除去を訴えた。この第二弾、第三弾は、第一弾とは、基本的ねらいは同一であっても、具体的目標はかなり異なったものであったが、それぞれ一定の成果をあげた。

しかし、翌七四年六月三〇日を中心にしておこなわれたユックリズム運動・第四弾で、運動はめだって失速する。この第四弾は、「日本に土と心を――政治にユックリズムを」という主題をかかげ、声明文などでみるかぎり、第一弾とねらいも性格もほぼ同一のものであった。しかし、参加者は激減した。その数字はのこっていないが、第一弾が三九都道府県でおこなわれたのに、第四弾は一三都道府県のみでおこなわれたというところだけでも、失速ぶりはあきらかである。第三弾の直後に生じた第一次石油危機とそれがともなった不況が、多くの日本人の関心を現実の利害のみに集中させ、ユックリズムの文明論、哲学論から遠ざけたのだと、玉井はみている。マス・メディアも、大広告主である自動車メーカーなどの意向をおもんぱかって、ユックリズム運動の報道に消極的になった。それも運動の失速の一因になった、とかれはみていた。

4　宇沢弘文『自動車の社会的費用』

人びとにゆっくり歩こうと勧めることは、そのかぎりで車をつかわないでほしいと呼びかけることである。生活空間における移動を自動車によってではなく、自らの両足によっておこなうこと。これは反モータリゼーション運動の原思想である。その原思想は、モータリゼーション文明において、自動車の利用者としての民衆は、自動車産業、自動車資本の共犯者であるというラディカルな告発を含意している。ゆっくり歩こう運動を提唱して、玉井義臣は、その原思想に到達したのであった。しかし、その運動は、第一次石油危機の直前にいわば一瞬の高揚を示して、たちまち失速してしまう。失速の原因にかんする玉井の見解はさきに紹介したとおりである。私はその原因論議に深入りしない。失速の事実それ自体から、現代社会とモータリゼーションの結びつきはほとんど必然的にみえること、人びとに車に乗らないでほしいと呼びかけることの決定的困難さを思い知らされるのである。

玉井がこの運動でとりくんだ課題について、同時代の経済学者たちのうちでもっとも集中的な取組みをおこなったのは、宇沢弘文であった。宇沢は玉井の運動に関心をよせ、玉井は宇沢の仕事に注目して、かれらはやがて交流するようになる。

ゆっくり歩こう運動が第四弾で終った一九七四年、宇沢は『自動車の社会的費用』(岩波新書)を刊行した。それまでの日本におけるモータリゼーションの急速な進展にかんしては、宇沢は玉井と基本的には共通する危機感をもっていた。モータリゼーションがひきおこす社会問題のうち、交通遺児家庭の生活問題については、宇沢は交通遺児育英会の初期の調査結果をそのまま引用している。日本のモータリゼーションにたいする宇沢の批判は、つぎの文章に集約されている。

「日本における自動車通行の特徴を一言にいえば、人々の市民的権利を侵害するようなかたちで自動車通行が社会的に認められ、許されているということである」(前出書、iiページ)。

さまざまな社会問題を生じさせながら、つぎつぎに道路が拡張され、あるいは建設されて、自動車の保有台数がふえてきたのはなぜか。そのもっとも大きい要因は、自動車通行が第三者に大きな被害をあたえ、希少な社会資源をつかいながら、それらにたいして代価をほとんどはらわなくてよかったということである。宇沢は、この事態の抜本的解決は、「自動車通行によって発生する社会的費用を自動車を利用する人々が負担するという本来的立場にたち返ること」によってのみ可能となると主張する。この主張におけるキイ・コンセプトは「社会的費用」である。それはつぎのように定義される。

「ある経済活動が、第三者あるいは社会全体に対して、直接的あるいは間接的に影響を及ぼし、さまざまなかたちで被害を与えるとき、外部不経済(external dis-economies)が発生しているという。(中略)このような外部不経済をともなう現象について、第三者あるいは社会全体に及ぼす悪影響のうち、発生者が負担していない部分をなんらかの方法で計測して、集計した額を社会的費用と呼ぶ」(同書、七八―七九ページ)。

宇沢の著作が刊行されたときまでに、年間の一台の自動車の社会的費用の主要な試算例が三つあった。試算の主体別にいうと、運輸省約一二万円、日本自動車工業会六六二二円、野村総合研究所約一八万円、である。運輸省試算にくらべて日本自動車工業会のそれが異常に低いのは、歩道橋などの交通安全施設、交通警察などの費用は自動車のみに起因するものではないとして含めず、交通事故による死者・負傷者の人命・健康の損失には保険金が支払われるので、それらは考慮しないでさしつかえないとするからである。野村総合研究所の試算がほかより高いのは、公害の社会的費用を算入したからである。宇沢はこの三つの試算例を、人命・健康や自然環境の破壊は、「不可逆的な現象」であり、社会的費用の概念では計測されないものであるという理由で、すべて退けている。

宇沢自身は地域を東京都に限定して、つぎのような試算をおこなった。自動車通行が認められている二万キロの道路を「幅を拡げて歩道と緩衝地帯をつくり、市民の基本的権利を侵害しないような構造をもった道路に変える」。幅は現状より八メートル拡張、並木を植えて……と具体的プランが一々述べられているが、それらは省略する。その総費用二四兆円、この道路網を二〇〇万台の自動車が利用するとすれば一台あたりの費用は一二〇〇万円となる。いま二四兆円を投資しておけば、この道路を自動車が利用しても、市民の権利は侵害されない。自動車通行者は自動車一台あたり一二〇〇万円の投資額の年々の利息分、当時の金利で計算すると約二〇〇万円を毎年支払うことになる。これは、社会的費用を発生させないための、社会的費用の前払いとでもいうべきか。この方式が採用されれば、自動車保有台数はいちじるしく減少するだろう(同書、一五九―一六八ページ)。

玉井の「ゆっくり歩こう運動」も宇沢の『自動車の社会的費用』も、時代の核心を射抜く言説であったが、この国におけるモータリゼーションはその後も圧倒的に展開する。表10(四七ページ)で示しておいたように、日本の自動車保有台数は人口一〇〇〇人あたりで、七五年二五〇・九台、八〇年三二三・四台、八五年三八一・三台、九〇年四六六・七台、九五年五三二・四台と、その伸びがとどまるところを知らないのだ。いまとなってみれば、一九七四年のかれらの言説は、この半世紀にわたってうねりつつ進行してきたモータリゼーションの凶相を、その中間点あたりで一瞬、照し出した二条の光芒であったというべきか。

ただし、玉井はかれの運動のなかで歩くことに執着しつづけている。交通遺児育英会の学生寮・心塾の学生たちの学習活動でも歩くことは大事なレッスンであったし、あしながら育英会の毎年おこなうPウォーク10（各地で一〇月一〇日一〇時に出発して、一〇キロメートルを歩きながら、人間愛にみちた社会のありかたを考える行事、Pはフィランソロピーのイニシャル）、一九八八年のガン遺児救済のための日本列島行進など、人びとが歩くことはかれが率いる運動ではつねに不可欠の方法のひとつである。また、宇沢は反モータリゼーションの主張を機会あるごとにくり返して、今日にいたっている。そのなかで『自動車の社会的費用』以後にあらわれた新しい論点の一部はつぎのとおりである。⑴現代の大都市は、自動車依存の交通体系を前提にして構想されており、歩行者が住みにくい非人間的世界である（宇沢弘文「自動車の社会的費用再論」『著作集Ⅰ』岩波書店、一九九四年、二九五―三〇九ページ）。⑵モータリゼーションを前提とした国鉄解体は、国鉄の社会的共通資本としての機能を大きく阻害し、僻地の住民の移動を困難にする。社会的共通資本に独立採算性をもとめるべきでない（宇沢「国鉄解体と近代経済学――私的モータリゼーションとの関連で」『著作集Ⅰ』二七五―二八八ページ）。⑶自動車通行は、人命を損傷し、生活環境を破壊する。その状況下で自らの利益をもとめて自動車を運転することは、文化的・倫理的な頽廃を運転者にもたらさざるをえない（宇沢「車社会の悪夢」『著作集Ⅰ』二二三―二二四ページ）。

5　調査とキャンペーン

ゆっくり歩こう運動は、反モータリゼーションの思想を、成長至上主義、技術万能主義への批判、エコロジー的発想の尊重と関連づけつつ、社会的にいちおう認知させた。しかし、その運動自体はオイル・ショック後の不況のなかで急激に失速した。交通遺児育英会と励ます会全国協議会は、運動のエネルギーを別の方向に向かわせ、そのボルテージをたかめる必要があった。玉井義臣は、三つの具体的方向を選んだ。すなわち、(1)交通遺児家庭の生活実態調査とそのキャンペーン、(2)交通遺児の高校生の授業料減免制度の創設の要求運動、(3)「母子家庭の母親の雇用促進法」制度の要求運動である。

ただし、これらの三つの方向を選んだというのは、その後の運動の展開過程をみてからいえることであって、玉井がその撰択を、ゆっくり歩こう運動が失速する状況のなかで、明確に自覚しつつおこなったということではない。すぐれた社会運動家の勘と想像力が、偶然に生じたひとや出来事との出会いに触発されて、半ばは自覚しつつ、半ばは自覚しないままに、それらの三つの方向をさぐりあてていたということか。

交通遺児家庭の生活実態調査とそのキャンペーンは、一九七四年春、玉井が私を、調査の企画、実施の担当者として起用してはじまった。われわれは、六八年ごろ、玉井が理事をしていた交通安全科学協議会が交通事故の重度後遺症者の調査をおこなったとき、私がその企画・実施をひきうけたことで識りあっていた。この調査結果の分析にかかる七〇年ごろ、私の勤務先の東京女子大学は大学紛争の渦中にあり、私はそこで学生部長代理をつとめていて、そのせいで仕事がおくれにおくれたことは覚えている。その事態の処理で玉井は苦労したはずなのだが、動じる風情をまったくみせず、私は、これはなかなかの器量人だと思っていた。ただし、私は社会運動には馴染めない個人主義者であったので、当時は玉井がひきいる交通遺児育英会の運動にはほとんど関心をもっていなかった。（もっとも、全共闘運動の女性闘士たちを相手に連日・連夜の団交をくりかえす学生部長の仕事をしながら、社会運動に好意をもつひとがいたら、そのひとはよほどの大人物か、あるいはマゾヒズム的嗜好の持ち主かだと思うが。私はどちらでもなかった。）

七四年春の仕事を依頼されたおりの記憶はなくなっている。憶えているのは、その場で、交通遺児家庭の生活実態を郵送調査と事例調査、家計調査の三つの手法をくみあわせてあきらかにしよう、家計調査は家計簿をつけている遺児家庭をみつけてその家計簿を借りて集計することにしよう、と決めたことだけである。私は二〇代のころから事例調査に関心をよせており、その生活史＝物語の調査が同時代の社会学でほとんどかえりみられないのを残念に思っていた。また、七一年には、青井和夫、松原治郎の両先達と共編著『生活構造の理論』（有斐閣）を刊行して、生活水準と家計調査にかんする考えかたをいちおうまとめていた。これらのいきさつがあって、さきの方法の着想となったのだろう。この方法はその後、育英会の調査で長くつかわれることになる。

七四年の調査とキャンペーンは、事前には予想もしていなかった大きい成功をおさめた。

調査は交通遺児家庭の生活問題の深刻さ、その悲哀と苦悩の心理をまざまざと描き出した。一〇月二四日、交通遺児育英会はプレス発表をおこない、私に調査結果を報告させた。いま残っている資料でみても、「朝日」「毎日」「読売」「サンケイ」「日経」の五大全国紙、「東京」「山陽」「四国」「西日本」など主要地方紙、「公明」「赤旗」などの政党機関紙が、それを大々的に報告している。たとえば「朝日」は、版によっては違いがあるが最大は九段ぬきで、主要調査結果と玉井や私のコメントをのせ、あわせて「ひと」欄で調査担当者としての私へのインタビュー記事をのせている。世論はこれらの報道につよく反応し、二六日からはじまった育英会の街頭募金にたいしても各地で道ゆく人びとの反応は熱っぽかった。夏に「ゆっくり歩こう」運動がきわだって不振で、秋に「生活実態調査」が大成功する。端的にいえば、不況時には、文明批評の哲学よりも貧困問題の報告のほうが人びとの関心をつよく惹きつけるということか。

その年から二〇〇〇年まで、二七年間、私は、交通遺児育英会、ひきつづいてあしなが育英会がおこなうすべての調査の企画・実施を担当してきた。最初の五年間の調査とキャンペーンは、つねに初年度同様の大々的報道と育英会の運動への幅広い支持をうみだしつづけた。以下、まず、その五年間の調査の名称、共同研究者の氏名、主要な発見の一部を紹介する。これによって、七〇年代の交通遺児家庭の生活実態と生活問題はほぼ全体的にあきらかになる。

一九七四年、「交通遺児家庭の生活実態調査」、共同研究者・吉田恭爾。

調査対象となった交通遺児家庭は、約三万世帯で有効回収票数は六二三九であった。それは、母子世帯約九〇％、父子世帯約一〇％にわかれた。典型的な交通遺児家庭は、三〇代か四〇代の父親が事故死して、あとに母親と子ども二人が残されたというものである。調査時点での母親の年齢は四〇代が五〇％あまり、三〇代が二〇％あまりであった。母親の職業は、専門技術をもたない賃金労働者が約四〇％、自営業者約二〇％、内職・家業の手伝い約一〇％などである。その職業収入の最頻値は四万円台であった。その時点の常用労働者の平均月収は九万円弱であったが、彼女たちの収入は約七五％がそれを下まわっていた。これを基本的原因として、交通遺児家庭の五〇％強が極限的貧困状況にある。事故にたいする補償金がまったくなかった自損事故ケースは二七・四％あった。この貧困は、母親の健康破壊、遺児の進路変更、高い生活保護受給率をもたらしていた。

一九七五年、「交通遺児の教育調査」、共同研究者、吉田、小林捷哉(当時、白梅学園短期大学講師、のち同教授、一九九四年逝去)、野島正也(当時、東京教育大学大学院学生、現在文教大学教授)。

調査対象は中学三年生、高校一年生、同三年生、大学一年生の交通遺児をもつ約一万七〇〇〇世帯で、約七〇〇〇世帯が有効回答をよせた。高校一年生のばあいの主要結果はつぎのとおりである。進学先は、公立普通高校約四〇％、公立実業高校約三二％、私立普通高校約一四％、私立実業高校約八％、定時制高校約四％、低い経済階層の遺児ほど実業高校、定時制高校に入学しがちである。入学時の費用と毎月の学費はいずれも私立で高く、たとえば私立普通高校では入学時一四万―一八万円台、毎月約一万七〇〇〇円となる。それらは母親のとぼしい勤労収入を中心に、補償金、兄姉の収入など一家総がかりで支払われている。受験準備の塾や予備校の授業は、「うけた」約二四％、「うけない」約七〇％、低い経済階層になるほど、「うけた」の比率が低下する。「費用がなくて受験参考書が買えなかった」の比率でも、同様の傾向がみられる。貧困は学力不足の原因のひとつである。

一九七六年、「交通遺児の母親の職業調査」、共同研究者、吉田、小林、野島。

調査対象は母子世帯の交通遺児家庭約一万六〇〇〇世帯、約四四〇〇世帯が有効回答をよせた。母親の年齢は四〇代が約七〇％で最頻値となった。学歴は義務教育のみ約六〇％、高等学校・旧制高等女学校約三〇％、であった。収入のある仕事を「している」約八六％、「していない」約一二％、「していない」のほぼ半数の理由は病気か病弱である。母親たちの職業構成では、技能工・生産工・単純労働などが約三〇％で、サービス職業、事務、販売などがつづく。雇われている者のうちでは、常雇約七〇％、臨時雇い、日雇い、パートなどの不安定就労約三〇％とわかれる。常雇いの約八〇％は中小・零細企業に集中する。労働条件が安定した大企業、官公庁に勤務する者は二〇％弱であった。この時点の大卒女子の地方公務員の初任給は八万円余であったが、交通遺児家庭の母親の約六〇％はそれ以下の平均月収しかえていなかった。独身女性ひとりの生活費以下の生活費で母子三人がくらすのである。早朝あるいは深夜に二つ目の仕事をもって収入を補うものが一三％いた。長時間労働、低収入、日給月給、昇級制度がないものは、いずれも零細企業に多かった。

一九七七年、「交通遺児の母親の疾病と医療」、共同研究者、吉田、小林、野島、牧園清子(当時、東京都老人総合研究所助手、現在松山大学教授)。

調査対象は母子世帯の交通遺児家庭約一万四〇〇〇世帯で、約六六〇〇世帯が有効回答をよせた。母親の年齢、職業、収入などの実態は前年度の調査とかわらない。父親の事故死前後の母親の健康歴を追うと、事故後三年のあいだに病弱、病気の比率が倍増する。その期間の精神的苦悩としては、「不眠症」三〇%、「神経性の疾病」二〇%、「家に閉じこもりがち」一六%、「親子心中を考えた」一二%、「自殺を考えた」一一%などがある。この一年間の健康にかんする自己判定は、「どちらかといえば病弱」二二%、「病弱」八%である。経済階層がさがるほど、この両者の比率の小計は大きくなる。通院経験は「ある」四〇%、入院経験は「ある」五%、通院・入院にさいして困ったことでは、「仕事ができない」約四〇%、「生活費の不足」約三四%、「子どもの世話ができない」約一四%などがあった。また、心身に異常・苦痛をおぼえながら医師の治療をうけられなかった経験は「ある」が一七%あり、低収入層、不安定就労層でその比率が上昇した。

一九七八年、「交通遺児家庭の補償調査」、共同研究者、吉田、小林、樽川典子(当時、東京都老人総合研究所助手、現在筑波大学助教授)。

調査対象となったのは交通遺児家庭一万三〇〇〇世帯あまりで五三〇〇世帯あまりが有効回答をよせた。交通事故死にたいする補償金の有無では「出た」約六三%、「自損事故だったので出ない」約二六%、「わからない」と無回答約一一%、であった。「わからない」などは、補償の交渉を死亡した父親の親などにまかせて、補償金が出たかどうかも知らないというケースである。補償の交渉をしたものにかぎってその方法をきくと、「示談で解決した」約七〇%、「裁判所で調停か和解で解決した」約一〇%、「裁判所で判決で解決した」約四%、などである。補償金額は、それを支払われたものにかぎってきくと、一〇〇〇万円未満に約七八%が、五〇〇万円未満に約五三%が集中した。その金額は近年の事故になるほど上昇する。補償金は事故後の交通遺児家庭の階層的下降をほとんど防止しない。しかし、その金額の低さと母親の健康をそこねているものの比率の高さは相関する。

一九七八年、「交通事故による重度後遺症者調査」、共同研究者、副田あけみ(当時、東京大学大学院学生、現在東京都立大学教授)。

重度後遺症とは交通事故後遺症等級第一級から第三級までをいう。その具体的規定はきわめて多岐にわたるが、例示風にいえば、両眼か片眼の失明、言語機能の喪失、両手か両足がつかえない、神経か精神にいちじるしい障害があって、つねに介護が必要か生涯はたらけない、などである。重度後遺症者家庭八三例の事例調査をおこなった。「入院している」約一七%、「自宅にいる」約八三%。精神か神経の障害は「ある」約五一%、「ない」約四九%。肉体面の障害では「寝たきり」約三一%、「介助・器具などにより歩ける」四七%、「自力で歩ける」約二二%。自宅にいるケースでは、主な介護者は妻が約九四%である。彼女たちの多くは睡眠時間をきりつめ、介護、家事、仕事の三重負担に苦しんでいる。その結果、妻の三人に一人は病気中か、病気がちである。対象家庭の九〇%以上が平均以下の生活水準にあり、生活保護を受給する世帯は一四・五％におよぶ。

6　授業料減免制度の獲得

交通遺児の高校生のための授業料減免制度は、公立高校の授業料の全額免除、私立高校の授業料の半額免除で、最初、一九七四年、福岡県で獲得されたので「福岡県方式」と運動のなかで呼ばれた。七六年には全国で実施されることになった。そのいきさつはつぎのとおりである。

一九七四年一一月四日、福岡市で、九州各地の励ます会が連合して主催し、交通遺児と母親の九州大会を開催した。そこに出席した亀井光福岡県知事は、採択された要望にたいして、つぎのように回答した。

「交通事故をなくし、交通遺児をなくすことが基本であるが、万一、事故がおこったばあいには遺児やその家庭の救済が大事だ」。「交通遺児の授業料は、県立高校では来年度から減免措置を実施する。私学については今年度三二億円の私学振興費を計上して父兄負担の軽減をはかっているが、その一環として遺児の授業料の減免をつよく指導する」。「母子家庭への援助については、全国知事会をつうじて国に要望する。その母親の県庁への雇用については、要望があれば検討する」。「私の決意を、みなさんは九州各県の知事にも訴え、各地で実現をはかってほしい」。

この確約に会場は沸いた。玉井はその会場にいたが、終了後、「読売新聞」記者のインタビューに答えて、知事の発言をたかく評価し、「これまで八年間、遺児救済活動をつづけてきたが、はじめての成果だ」と語った。励ます会の全国協議会は、九州大会につづいておこなわれた近畿大会、中四国大会でも、出席した知事たちに「福岡県方式」の実施を要望した。しかし、かれらの要望は実質的に拒否された。

一九七四年一二月二日、励ます会全国協議会は、第二回「交通遺児と母親の全国大会」を開催し、「福岡県方式を全都道府県に」という要望を決定し、全都道府県知事に送った。翌七五年の夏休みには、全日本自動車連盟に加盟する大学自動車部が遠征で通過する三三県の知事に「福岡県方式」の実施をふくむ要望書を提出した。その年一一月八日、九日の学生募金も、サブ・テーマに「福岡県方式を全都道府県に」をえらび、三〇〇拠点で、一〇〇〇団体、二万人の学生を動員した。八日の東京数寄屋橋のオープニング・セレモニーには各党の党首格の政治家たちが並んだが、中曾根康弘自民党幹事長は、学生たちの念願をかなえさせてあげたいと決意したといい、交通遺児の奨学財源に自動車税やガソリン税をまわしてもよいという踏みこんだ発言をして注目をひいた。これらはその都度、マス・メディアで大きく報道された。

しかし、七五年末の七六年度予算案では、大蔵省は、「福岡県方式」の全国での実施のための財源をとっていなかった。玉井は、励ます会全国協議会や学生募金事務局の活動家たちをつれて「読売新聞」社会部に頼みこみ、一二月二八日、復活折衝が最終場面に入ったところで、同紙朝刊社会面のトップに八段ぬきで「中曾根さん、あの約束を……。授業料減免、復活予算にぜひ」という見出しの記事を書いてもらった。こうやられると、自民党は幹事長の面子を守るためにも、「福岡県方式」の全国での実施を復活折衝の重点項目にせざるをえない。三〇日、運輸省自動車局に、そのための予算、三億五〇〇〇万円がつけられた。

ここまでのところは運動の完勝であったが、そのあと、もう一度、運動は危機的状況を乗り越えねばならなかった。七六年度に「福岡県方式」を実施したのは二八都道府県で、約一万人の交通遺児がこの制度を利用すると予想していたのに、実際は二五六七人しか利用せず、予算のうちの二億円がいわゆる死に金になってしまった。その原因と当時みられたのは、つぎの六点であった。⑴減免分の負担は政府と地方自治体が折半でもつことになっていた。これ自体は直接の原因ではないが、これがつぎの三点を誘発した。⑵運輸省が地方自治体にこの予算を七六年度かぎりの単年度予算であるという含みがある情報を流した形跡がある。⑶運輸省から地方自治体への「交通遺児授業料減免事業」の要綱の通達が九月に入っておこなわれた。⑷地方自治体から運輸省への補助金の交付申請の締め切りは一二月二〇日に設定された。⑸地方自治体のなかには年度途中で新しい制度をつくるのはわずらわしいという反応があった。⑹また、地方自治体のなかには、交通遺児だけを優遇するのは行政の公平を欠くという意見が少なくなかった。

原因の⑵、⑶、⑷は、運輸省自動車局のやる気のなさを露骨に示している。その結果生じた二億円のつかい残しは国庫に返還されることになり、七七年度のこの事業の予算は一億二〇〇〇万円と半分以下に減らされてしまった。玉井はこの事態を重視し、行政の怠慢を批判

表 20　授業料減免者数および国庫補助額(年度別)

年度	減免者数	国庫補助額
	人	千円
1976	2,567	39,631
77	3,698	72,310
		(運輸省 36,155 総理府 36,155)
78	3,813	97,153
79	3,761	108,539
80	3,615	118,533
81	3,508	116,960
82	3,269	118,834
83	3,022	111,454
84	2,832	108,998
85	2,711	106,411
86	2,471	97,757
87	2,327	96,486
88	2,286	100,680
計	39,880	1,293,746
		(うち総理府 36,155)

する記事をもう一度「読売新聞」に書いてもらった。見出しは「二億円も〝死に金〟！　交通遺児に冷たい行政、国、地方、責任なすり合い」となり、玉井は「国の誠意を疑う」という見出しの談話をよせた。あわせて交通遺児育英会の若手局員に各都道府県庁をたずねさせ、事業のうけいれの実情を調査させ、その積極的実施を依頼させた。また、同会の高校奨学生にたいしても、機関紙やつどい(奨学生の集会、のちにくわしく述べる)をつうじて、減免制度をPRし、その利用を勧めた。これらの努力の結果、七七年度は全国で四二都道府県がこの事業を実施し、これは軌道に乗った。

それにしても、運輸省自動車局のはなはだしいやる気のなさは、どこからきたものだろうか。自動車事故対策センターの新設の予算要求で自動車局と玉井が呼吸のあったコンビネーション・プレイをつうじて、六日間の逆転劇を演じたのは、一九七三年一月である。それから三年あまりの七六年の夏から秋にかけて、これほどの手抜きをする。玉井はいう。「役所というところは、ひとを利用するときにはとことん利用しますけど、そうしてその礼はきちんとしますけど。しかし、余計な仕事をつくってくれたということになれば、徹底したサボタージュで対応してくる。授業料減免制度の創設はそれだったのでしょう」。

ただし、公平さを欠かないためにいえば、交通遺児育英会の側には、政策提言にあたってニーズの過大な見積があった。すでにみたように、同会は、減免制度が発足すれば、約一万人の交通遺児がそれを利用するだろうとみていた。それが七六年度には二五六七人しか出なかったので、同会は、その結果は運輸省の怠慢のせいだと烈しい批判をおこなった。同省にサボタージュの気味合いがあったのは事実である。しかし、翌年以降、事業が軌道に乗っても、減免制度を利用する交通遺児は、初年度よりは確かに増加したが、それでも最大値が七八年度の三八一三人であった。国庫補助額も一億二〇〇〇万円以内で足りていた。表20をみられたい。一般に社会運動はニーズの大きさ、問題の深刻さを誇張していう傾向があるが、このばあいの交通遺児育英会の最初の要求はその一例であったといわざるをえない。

7　雇用促進法の挫折

「5　調査とキャンペーン」であきらかにしたように、交通遺児家庭の生活問題の根幹部分は貧困問題であり、その根本原因は母親の職業生活でしいられている労働条件の劣悪さにあった。ほかに交通遺児家庭の生活問題としては、母親の疾病問題、遺児の教育問題なども重要であるが、それらのかなりの部分は貧困問題から派生したものである。したがって、交通遺児家庭の生活問題を解決するための社会的方策の機軸部分は、その母親に良好で安定した労働条件の職業につく機会を保障することにある。玉井義臣は、この保障を「母子家庭の母親の雇用促進法」を成立させることではたそうとした。その法の骨子は、労働条件が比較的には高水準の大企業や官庁にたいして、そこではたらく労働者のうちに、一定の比率で母子家庭の母親を雇用することを義務づけるというものであった。この法案のモデルは、あらためて言うまでもないが、一九六〇年に制定された「障害者の雇用の促進等に関する法律」(通称、「身体障害者雇用促進法」)であった。

この法の制定を要求する社会運動の意義は、第一に、法が対象とする「母子家庭の母」でいう母子家庭が、交通遺児家庭のみならず、病気遺児家庭、災害遺児家庭などの全死別母子家庭、さらには離婚、遺棄などによる全生別母子家庭までをふくんでいるところにあった。この法が制定されれば、日本の母子福祉政策ははじめて実質的なものとなり、画期的な進歩をとげるはずであった。それは、さきに述べた交通遺児家庭の生活問題の構造と成立が、すべての母子家庭の生活問題に共通してみいだされるからである。その背後には、職業労働の世界における根強い女性差別がある。当時の「母子福祉法」も、その後身の現在の「母子及び寡婦福祉法」も、政策的効果という観点からいえば、ほとんど無内容な法律である。そこでは、わずかに実効がある制度としては、はなはだしく時代おくれの母子福祉資金の貸し付け制度の規定があるのみであった。

交通遺児育英会が発足するにあたって、交通遺児家庭のみを優遇するのは、そのほかの死別母子家庭にたいして公平を欠くという根強い反対論があった。玉井がこれにたいして、行政当局はその公平論によって不作為の弁明をしているだけだ、交通遺児家庭をまず救済して、それを突破口に全遺児家庭の救済をはかるのが政治の責務であろうと反論していたのはさきにみたとおりである。「母子家庭の母親の雇用促進法」の制定を要求する運動は、そのかれの主張のとおり、全遺児家庭の救済をねらい、そのうえに、離婚などによる生別母子家庭の救済までを一挙におこなおうとするものであった。この運動の担い手となることで、玉井と交通遺児育英会、交通遺児を励ます会、およびそれらと連携する諸団体は、すべての母子家庭のための運動団体の代表選手的存在になったのであった。

「母子家庭の母親の雇用促進法」の制定を要求する社会運動が展開された期間はいつからいつまでであったか。玉井自身のこれに関連する発言でもっとも早いものは一九七〇年にみられるが、そこでは「交通未亡人に職業訓練と職場解放を望む」というのみで、法の必要まではいっていない。七一年の第一回の「交通遺児と母親の全国大会」における二六項目の要求でも同じである。法の制定要求がはっきりあらわれるのは七四年からである。その年一一月一〇日、玉井は「朝日新聞」論壇で、「寡婦雇用促進法」の必要を訴えた。一二月二日には第二回の全国大会が「寡婦雇用促進法」の法制化を要望して、出席している各政党の政治家たちに回答を求めた。自民党の加藤六月交通部会長は「過度のモータリゼーションの失敗は認める。交通遺児家庭のために新しい社会道徳、社会政策が必要である」と抽象的に述べるにとどまった。野党の政治家たちは、みな、その法制化を支持すると回答した。

国会で「母子家庭の母親の雇用促進法」をめぐって論議がおこなわれたのは一九七五年か

ら七八年にかけての三年間余である。玉井と交通遺児育英会などは、その間、全国大会での要望、有力政治家たちへの陳情、マス・メディアの動員などで、精力的に要求運動を展開した。政党のなかでは公明党がもっとも熱心で、七五年四月一日には衆議院で「母子家庭の母等の雇用の促進に関する特別措置法案」を議員提案したが、四月一六日にこれは審議未了で廃案になっている。また、七七年五月一九日には衆議院の社会労働委員会に社会党、公明党、共産党などにより「母子家庭の母等である勤労婦人の雇用の促進に関する特別措置法案」が共同提出され、これは継続審議となり、七八年三月一日、予算委員会で審議されたが、結局、同年末に廃案となった。自由民主党は、最初はこの法案に消極的であったが、途中から支持の姿勢をうちだした。しかし、肝心のところで腰くだけになって、法の制定にたどりつくことができなかった。すなわち、七五年一二月八日の第三回全国大会には中曾根康弘幹事長が出席して、「野党とも相談して法制定に努力する」と確約した。ところが、七六年、第七八回国会の衆議院本会議で、矢野公明党書記長が代表質問をおこない、この法の制定について問うと、三木首相は「現状に即し対処したい」と答えて、その制定にふれなかった。また、七七年五月一八日には、橋本龍太郎・衆議院社会労働委員会委員長が、交通遺児育英会、励ます会全国協議会などが翌日提出される前出の特別措置法案について陳情したのにたいして、「会期もあとわずかで、今国会での成立はむずかしいが、促進法を早期に実現させる」と約束した。しかし、これも、翌年の廃案ではたされなかった。

「母子家庭の母親の雇用促進法」の制定を一貫してはばんだのは労働省である。七五年二月五日、衆議院予算委員会で公明党議員がはじめてこの法案に言及したさい、長谷川労働大臣はそれについて消極的な姿勢しか示さなかった。これは労働省の事務局が言わせたのだろう。七六年一〇月一九日の衆議院社会労働委員会では、野党議員の質問にたいして、浦野労働大臣が「雇用促進法をつくるからには的確でよいものが望ましい」とめずらしく積極的姿勢を示す答弁をすると、そのすぐあとに政府委員の遠藤政夫労働省職業安定局長が、いんぎんな前置きをしながらも、母子家庭の母親の雇用は「法律で強制しても片づく問題ではない」と言いはなつ始末であった。日本の政治は、政治家がやっているのではない。国家官僚がやっているのである。大臣は官僚の振りつけどおりに喋らなくてはならない。その演出に背いて発言すれば、このように、ただちに下僚からそれを訂正されるのである。また、その委員会では、政府委員の森山真弓労働省婦人少年局長は、翌年、大規模な母子家庭の総合調査をやって、そのデータにもとづいて、雇用促進法の扱いを決めたいともいった。これは、労働省がこの法の制定を避けるための時間かせぎであり、口実づくりであったことが、のちにあきらかになる。

労働省のこの法案についての態度は、その調査以前に決まっていた。七六年一二月七日「日本経済新聞」は「寡婦の雇用促進法見送り、労働省」、「企業への強制見送り、代わりに職業訓練手助け」といった見出しの六段の記事をのせた。労働省がその意向をわざともらして書かせたのであろう。そのなかには、「一〇月から民間企業は従業員総数の一・五％の身体障害者の雇用を義務づけられ、六％の中高年齢者(四五歳以上)雇用を努力目標とするよう要求されている。減量経営をめざしている企業にはこれだけでもかなり重荷である。このうえ、寡婦まで押しつけられてはかなわない」という日経連首脳の発言まで紹介されていた。

「母子家庭の母親の雇用促進法」をめぐる交通遺児育英会と労働省の対決が最高潮に達したのは、一九七七年の後半であった。この年一二月一一日、第五回交通遺児と母親の全国大会は、同法の次期通常国会での成立を要望書の首位においた。労働省はその前日、一二月一〇日に、自省がおこなった「寡婦等就業実態調査」の発表をぶっつけてきて、その結果によれば同法の必要はないと主張していた。その結果にもとづく反対理由は、(1)寡婦の九〇%はすでに就労している、(2)法の対象となる寡婦の立場が確定されていない。再婚すれば寡婦でなくなるし、末子が一八歳になったときも同様である。この点、障害が固定している身体障害者と寡婦はちがう。立法技術上、身体障害者雇用促進法はありえても、寡婦雇用促進法はありえない、(3)雇用率を設定しても、寡婦の雇用の量的拡大はできるかもしれないが、質的向上は期待できない、であった。

玉井は大会で労働省の主張をはげしく攻撃した。同省の反対理由の(1)については、私のおこなった調査などによって、就労している九〇%を労働条件面からみると、そのかなりの部分が不安定な状況にあるのだ。(2)については、当時、社会党、公明党、共産党などが共同提案している促進法案が衆議院法制局の審査をとおっているのだから、立法技術上、寡婦雇用促進法が無理とはいえない。(3)については、官公庁や大企業に常雇いの労働者として採用されるならば、安定した労働条件をあたえられるはずで、それがそのまま雇用の質的向上ではないか、と一々筋のとおった反論を述べた。私もこの大会にはゲストとして招かれており、玉井に促されて、交通遺児家庭の母親たちの大多数が仕事でどのように苦労しているかを語った。ゲストの労働省婦人少年局の課長補佐は、私たちの正論に論理的に対抗できずに、自省の主張を金切り声でくりかえすばかりであった。

それにしても、労働省は、「母子家庭の母親の雇用促進法」を、なぜあれほどに拒んだのであろうか。その法案を主要野党が共同提案しており、与党の要職にいる政治家たちもそれに賛成している。ジャーナリズムもこぞってその法の制定を歓迎している。労働省だけがそれを阻止しようとしていた。さきにあげた同省の三つの反対理由は、いちおうの口実であって、本当の反対理由とは思えない。本当の反対理由は、労働省としては切実なものであるが、口に出すのははばかられるものであったのだろう。それはなにであったのかと、私はその後ずっと考えてきた。今回、この稿を書くので、労働省の若いキャリア官僚のひとりに、ひとを介して、それを訊いてみた。かれは推測の形式で答えてきた。「身体障害者雇用促進法」をつくってはみたが、実際の効果はほとんどあがらない「ザル法」になっていた。このうえ、もうひとつ「ザル法」をつくられるのはいやだ、ということだったのではないか。私はこの回答に充分に納得することはできないでいる。

Ⅶ　若い運動家たち

1　事務局の構成

この書物の全体をとおしてあきらかにするように、玉井義臣は社会運動家として大きい仕事をした。それを可能にした条件を大づかみに考えてみると、⑴かれの社会運動家としての才能、⑵その運動を必要とした時代にあわせて、⑶かれのために献身的にはたらいた若い運動家たちの存在がある。その運動家たちには、学生時代にボランティアの運動家としてはたらいた人びとと、それからさらに進んで交通遺児育英会あるいはそこから分立したあしなが育英会の事務局に入って、職業的運動家としてはたらいた人びとがいる。玉井には、運動家としての可能性をもつ若者たちを見つけ、惹きつけ、育ててゆく才能があった。つまり、かれは社会運動家としてはたらきながら、その運動をつうじて人材を育てるという教育運動家としての自分を発見してゆくのだが、その最初の教育対象は若い運動家たちであった。

さしあたって職業的運動家の範疇に属する人びとに注目すると、かれらには二つないし三つの世代が区分される。第一の世代は、交通遺児育英会が創立された直後から数年のあいだに各地の励ます会や学生募金ではたらき、同会の事務局に入局してきた連中である。かれらのうち、玉井が「七人の侍」とよんでとくに重用したのは、すでに名前が出ている山本孝史、山北洋二、桜井芳雄、藤村修、吉川明、それに林田吉司、工藤長彦である。山本、山北、桜井は一九七二年、藤村は七三年、吉川と林田は七五年、工藤は七六年に入局している。

第二世代以降は、大多数が交通遺児育英会の奨学生出身で、のちに述べる同会の学生寮・心塾の卒塾者となる。まず、第二世代は、八〇年代に同会事務局に入局した柳瀬和夫、西田正弘、茂津目敦夫、富岡誠、渡辺善夫、大沢秀樹などである。このうち、茂津目、大沢以外は、のちにあしなが育英会に移った。第三世代は、九〇年代に入ってからあしなが育英会事務局に入局してきた小河光治、寺山智雄、岡崎祐吉、樋口和広、三宅美奈子、堀田まゆみ、伊藤道男、八木俊介、桑野公孝、田中敏、若宮紀章、東田健一などである。かれらのうち、奨学生出身者は、すべて学生時代に学生募金や恩返し運動でボランティア運動家としてよくはたらいていた。また、柳瀬、樋口、伊藤ほか四名は、大学卒業後、一度は学校や企業などに就職したが、社会的意義と緊張感がある職場を求めて、交通遺児育英会やあしなが育英会にもどってきている。

第一世代の運動家たちの仕事ぶりは、これまでに機会があるたびにふれてきた。このあとは、かれらにあわせて、第二世代、第三世代の仕事ぶりにもその都度ふれてゆくことになろう。この章では、それとは別に、まとまったかたちで、第一世代の七人がどのようなライフ・コースを歩んで、社会運動家になったか、また、かれらにとって玉井はどのような存在であったかをみておきたい。それは、同会の運動と玉井の肖像を、玉井ひとりのライフ・コースをたどるばあいより、より多面的にあきらかにすることになるだろう。

しかし、それにさきだち、七人がはたらいていた七〇年代の交通遺児育英会の事務局の構成と事務局長であった久木義雄についてでみじかに紹介しておくことが必要である。玉井にとって、交通遺児救済のための社会運動のナンバー・ツーが岡嶋であったとすれば、その育英業務のナンバー・ツーは久木であった。しかし、久木はのちに述べるように、多くの点で岡嶋と対照的な存在であり、それが玉井のライフ・コースに少なからぬ影響をおよぼすことになる。

まず、事務局の構成であるが、発足時からしばらくのあいだ、局員の主力は、関係省庁すなわち運輸省、文部省、警察庁、総理府などのノン・キャリアで定年退職し、育英会に再就職してきた人びとであった。運動出身の若手は入局すると、それらの中高年組のしたに配置された。事務局でおこなわれる仕事ははっきり二層化していた。ひとつは交通遺児育英会の奨学金の貸与と返還を機軸とした事務的な仕事であり、いまひとつは交通遺児育英会を拠点として展開する募金を機軸とするが多様な社会運動の活動であった。若手は中高年組のしたにいて、昼間は主として第一の仕事に従事する。それはステレオ・タイプのサラリーマンの仕事であると感じられた。事務局の構成は総務、会計、業務第一・第二・第三の五課構成であった。そして夕方五時になると、中高年組はいっせいに退出する。若手はほとんどつねに全員が残り、深夜一二時すぎまで、募金運動、機関紙作成、つどいの準備、政治とかかわるソーシャル・アクションなどの活動にうちこむ。かれらは、昼間は事務員としてはたらき、夜になると運動家として生きていると思っていた。
玉井は専務理事として事務局全体をかたちのうえでは統括していたが、実質的には自らの仕事を運動の指導に限定していた。資金と人員と世論の動員、つまり金集めと人集めと人びとの関心集めがかれの仕事であった。だから、かれは正午ちかくか午後になって出勤するのがつねで、午後は外まわりをしていることも多く、事務局にいるときは客のような存在で、事務の業務には一切手を出さなかった。しかし、かれは中高年組の職員たちにたいして礼儀正しく振舞い、こまかく気を遣うので、かれらからも親しまれていた。かれが張り切るのは五時以降、若手といっしょにはたらくようになってからである。その仕事ぶりは完璧主義で、ほどほどのところで妥協するということがなく、ひと使いは荒かった。徹夜仕事を命じるのもまれではなかった。それでも若手は嬉々として競いあってはたらいた。徹夜にならないときは、深夜の零時前後から、ほとんど毎晩、かれは若手をつれて居酒屋にくりだした。若手たちは酔うと、軍歌「艦隊勤務」の替えうたをがなりたてた。

馬鹿な男の育英勤務
月、月、火水、木、金金
終電車はなくなり、タクシーで帰宅する。後年、桜井は私に語った。育英会時代は給料は飲み代とタクシー代でみな消えていました。家族の生活費は小学校の教員をしていた女房まかせでした。玉井は親分肌で、しかもそのころは独身だったので、若手に飲ませるのにずいぶん身銭を切ったようだが、それでも若い連中のふところはそんな具合であった。こんな生活がつづくので、かれらのなかには恋びとがなかなかできなかったり、結婚しても細君が亭主不在の家庭生活に不満をつのらせる例がほとんどであった。七人の若手のうち二人がそのせいで離婚・再婚を経験している。

玉井は、こうやって運動の陣頭指揮をとりながら、事務局の奨学金の貸付を中心とする日常業務の管理を久木義雄にまかせていた。久木は玉井の滋賀大学時代の友人で、卒業後、ある商社に勤務していたのを、育英会創立時に玉井がとくに乞うて入局してもらったのである。しかし、かれは中間管理職として若い部下たちとトラブルをおこしがちであった。若手は玉井に傾倒しつつ、久木に反発し、玉井は若手にたいして久木をかばわねばならないという人間関係図式が一貫してつづいた。交通遺児育英会に拠ってその運動を展開した玉井の、組織人としての最大の不幸は、組織の内部を安心してまかすことができる、ナンバー・ツーをえなかったことである。かれが「七人の侍」と呼んだ若者たちは優秀であったが、ナンバー・ツーになるまで成長するには時間が必要であった。そのあいだ、玉井は、飽きたりないまま久木をナンバー・ツーに据えておくほかなかった。この事態から二つの悲劇的事件が生じたのだが、そのひとつはこの章の第四節で、いまひとつは本書の終りちかくでくわしく述べる。

ただし、玉井にいわせると、大学時代、久木は学業成績がすぐれ、柔道部の主将で、全学のスター的存在であり、玉井自身は凡庸な学生であったという。だから、かれらの卒業後の進路も、久木は商社に入社し、玉井は株式市場関連の雑文書きジャーナリストになるという岐かれかたをした。玉井が、育英会創立時に、旧友たちのなかでいちおう有望な存在であるとみえた久木を、スタッフのヘッド格としてむかえたのは、理解しうることである。久木のほうにもそれなりの自負はあったにちがいない。しかし、玉井が、社会運動家としての直感やひらめきによって、刻々にうつる状況をにらみつつ、スタッフに指示をくだす。その指示は的確なものであっても、昨日までの指示と大きくちがう、ときによっては正反対のものであることがある。その喰い違いは、育英会の組織内で、あるいは他組織とのあいだで、厄介な調整の仕事の必要を生じさせる。その仕事は久木にまかされることが多かった。久木は、玉井のわがまま、勝手の後始末のために、自分が頭をさげてまわらねばならないと思う。そのようなかれの不平・不満のつぶやきは、私も、間接に何度かきいたことがある。

久木はナンバー・ツーであったが、玉井の期待どおりには動かなかった。その根本的要因は、かれがナンバー・ツーに徹しきれなかったところにあった。組織のなかで、とくに躍進する組織のなかで、よいナンバー・ツーは、ナンバー・ワンにたいして絶対的忠誠心をもち、自己主張をするさいにも、ナンバー・ワンをそれ自身であらしめるためにのみ自己主張をするのである。久木はそうではなかった。

2　山本孝史

交通遺児育英会の最初の二〇年の歴史のなかで、七人の若者たちのうち玉井義臣がもっとも重用したのは山本孝史である。山本の社会運動家としてのライフ・コースを略歴風にまずいえば、学生時代に大阪交通遺児を励ます会の組織者として頭角をあらわし、玉井と全国を歩いて各地に励ます会をつくっている。育英会入局後は、励ます会の全国協議会の事務局長をつとめながら、機関紙の作成、募金の指導にあたった。一九七九年から八一年にかけてアメリカに留学、ミシガン州立大学大学院で児童福祉、老人福祉、死の教育を学び、修士号取得。帰国後、九〇年、交通遺児育英会事務局長、九三年、衆議院議員選挙で玉井のつよい勧めもあり、旧大阪四区より日本新党から立候補して初当選、その後、臓器移植法の制定、エイズ薬害の真相追及などで活躍してきた。衆議院厚生委員会理事、民主党政策調査会副会長などをつとめる。二〇〇〇年六月の衆議院議員選挙では、大阪一四区で惜しくも次点におわったが、ただちにつぎの選挙の準備に入って、二〇〇一年、参議院議員選挙で、大阪選挙区で立候補、当選をはたした。主著『議員立法――日本政治活性化への道』(第一書林、一九九八年)は、福祉社会学、政治社会学の学術文献として充分に評価にたえる。日本社会学会会員。日本の政界にめずらしい知性派政治家たちのひとりである。

山本は一九四九年の生まれで、大阪市船場の裕福な商家で育った。大ぼん、小ぼんの二人兄弟で、かれは小ぼん、次男であったが、かれが幼稚園児であったころ、兄は自宅のまえでトラックに轢かれて亡くなり、それからはひとり息子として育てられた。

地元で小、中、高等学校に通って卒業している。中学生時代、社会科研究会に入り、熱心に活動して、他校の研究会との対抗競技では船場の商家の分布にかんする調査や京阪電車の地下鉄乗り入れについての調査を報告して、高い評価をうけた。このあたり、後年の調査研究者としての才能がすでにあらわれていたようである。また、父親がロータリー・クラブの会員で、その仲間の子どもたちのキャンプ活動に参加する機会があり、これによって、かれは野外生活の楽しさにめざめた。社会調査への関心と余暇指導への志向は、その後、高校時代、大学時代とつづいた。高校時代は、クラス新聞をつくったり、高教組の系列を気にしたりしつつ、ワンダーフォーゲル部の熱心な会員だった。

山本は、一九六八年、立命館大学産業社会学部に入学する。その年から大学紛争がはじまり、同学部の校舎は封鎖されてしまった。立命館は全学を民青がおさえていたが、他大学から社学同、革マルがおしかけてきて、衝突をくりかえしていた。かれは、闘争学生たちの言い分には理解しうるところもあったが、封鎖と暴力にはまったく共感していなかった。大学の講義もかれにはまったく影響しなかった。当時の立命館の社会学では真田是、清野正義などが教条主義的マルクス主義を講じていたが、かれらがいう体制はあまりに観念的にかんじられた。山本は一年生のときから京都ＹＭＣＡに通い、ボランティア活動に打ちこんだ。夏は四、五〇日間、琵琶湖のキャンプ場で、障害児や中高生のグループが入れかわり立ちかわりくるのを相手に、キャンプ・カウンセラーや裏方のスタッフをつとめた。その活動のなかでは、子どもたちとゲームをやったり、歌をうたったりしなければならない。それらの技能を習得するために、かれは大阪ボランティア協会の養成講座、ゲーム講座にかよった。その協会で、かれは、前記の秋田大学の学生募金の準備で関西地域を担当していた生路に会って話を聞き、協力をたのまれ、交通遺児の問題に出会うことになる。かれが大学三年生の夏のことであった。

生路はかれに『天国にいるお父さま』を読ませた。交通遺児家庭の生活の貧しさ、母親たちの苦労、遺児たちの健気さの叙述は、かれの心を打った。これを放っておくわけにはゆかない。献身的にオルグ活動をする秋田大学の学生たちへの尊敬の想いもあった。幼くして交通事故で死んだ兄のことも思い出された。スタート・ラインは情に訴えられたリアクションでした、モータリゼーション批判などの理屈はあとからきましたと、後年の山本は率直に語っている。山本は街頭募金に参加して、夢中ではたらいた。募金が終って、東京で贈呈式がおこなわれたとき、山本はそこに呼ばれて、玉井とはじめて会っている。山本のほうは玉井を、「これが噂の玉井さんか」と思った程度であったが、玉井のほうは山本をつかえる若者だと見定めたらしい。山本が大阪に帰ると、すぐに玉井から電話がきて、大阪に交通遺児を励ます会をつくってくれといわれた。その会をつくり、交通遺児家庭に生活問題にかんするメイル・サーヴェイを実施し、結果をプレス発表する。交通遺児家庭を訪問し、遺児たちに作文を書かせ、作文集『お父ちゃんを返せ』を刊行した。これはとても好評で、一〇万部以上出て、収録作品の一篇「車なんかなくなってしまえ」は英訳され、ストックホルムの国際環境会議で発表された。これらの出来事はそのつどマス・メディアで華々しく報道され、山本は「時の人」になっていった。この励ます会の活動のアイディアのほとんどすべては玉井が出したものであり、この後、各地の励ます会がくり返しつかって成功をおさめることになる。

翌年春の学生募金では山本が事務局次長のひとりに推されたのは、さきに述べたとおりである。その年の一月から三月にかけて山本は玉井と広島から九州にかけて各地を歩き、励ます会を組織していった。広島大学の桂敏真、藤村修が正副の代表となった広島交通遺児を励ます会、福岡工業大学の山北洋二が代表となった福岡交通遺児を励ます会はこのときに誕生している。また、山本は六月にひとりで、北海道各地から東北各地を歩き、浦和、東京にいたっている。吉川明はこのころ帯広畜産大学にいたが、初夏の昼下りの帯広駅に降り立った山本が、長身、端正な顔立ちの青年で、真紅のポロ・シャツを着ていたのを、三〇年後のいまも鮮明に記憶している。その夜、吉川は友人といっしょに山本と痛飲し、翌朝、二人がひどい宿酔い状態でめざめたときには、山本は札幌にむかって出発したあとだった。かれらの枕許には、励ます会の結成趣意書の束がおかれていた。数日後に帯広交通遺児を励ます会が発足している。

山本にライフ・コースについてインタビューをしたおり、励ます会づくりで全国を行脚をすることになったとき、玉井から「頼む」といわれたのかと私は訊いた。いや、「いっしょにやろう」といわれたのを憶えていますと、かれは答えた。大学三年の秋ごろから、山本は、授業にはほとんど出席していない。ゼミナールの出席日数が不足して、担任の野久尾徳美に呼び出されたが、野久尾は新聞報道などで山本の励ます会づくりの活動を識っており、「君は実地にやっているのだからいいよ」といってくれた。励ます会づくりだけでなく、夏のつどい、九月半ばの全国大会、その子ども集会と、玉井は山本を重宝につかった。交通遺児家庭の母親の悩みは玉井でも聞けたが、子ども相手の歌、ゲーム、キャンプ・ファイヤーは山本にしかできない。最初期のつどいのスタイルは、ほとんどを山本がつくった。

全国大会のあと、玉井は山本にうちに来ればいろいろ面白い仕事ができるぞというかたで、入局をさそった。山本のほうにも半分はそのさそいを待っていたような気持があったので、それはすんなり決まった。そのおり、かれは玉井に先生はお母さんを交通事故で亡くしています、ぼくは兄を交通事故で亡くしました。こういう運動には、そのような不幸な体験をしている人間が必要かもしれませんね、といっている。ただし、かれの父親は息子が好きなようにしたらよいというさぎよい態度を一貫してとったが、母親は家業を継がせようとして息子の決心にかなり抵抗した。

交通遺児育英会に入ってからは、七八年末に留学のために休職するまで、山本は業務第三課を振り出しに、同第一課、同第二課などで勤務している。各課の仕事は時代によって変化しているが、七七年度のばあいでいうと、第一課は奨学生にたいする奨学金の貸与と送金、第二課は奨学生の補導、第三課は奨学金の返還、調査および研究、広報、であった。私は、さきに記したように、交通遺児育英会の第一回目の委託調査「交通遺児家庭の生活実態」を一九七四年にひきうけているが、そのとき育英会の担当職員になったのが山本であった。かれは、最初の調査を担当することになって名誉に思いますが、重い責任を感じていますと私に挨拶したあと、それにしても本でしか名前を知らなかった副田先生といっしょに仕事をすることになるとは思いませんでしたと初々しいことをいって、私を照れさせた。

それから何年かたって、夏のある日の午後、郊外の私鉄の駅ちかくで、私は偶然、山本と出会ったことがある。どこにゆくんだいと何気なく問うと、かれは、今日は、奨学金の返還がとどこおっている元奨学生をたずねて、返還を頼んで歩いているのですとさらりと答えた。私は不断は山本を玉井の秘蔵っ子である若手の運動家として意識しており、実際につきあうのも調査の企画や結果のプレス発表など比較的派手な場面でのことが多かったので、育英団体の職員としての地味な仕事を着実にこなしているかれの一面にふれて、まず思いがけなさを感じ、それからあらためて、かれの人間像の奥行きを感じたものである。その後、次第によく識ってみると、山本は育英業務の万般でてがたい実務能力を発揮する人物であった。

入局以後、運動家としての山本の主な仕事は、この節の最初に記したように、交通遺児を励ます会全国協議会の事務局長であり、ほかに機関紙の作成、募金の指導などがあった。これらの仕事の一部はのちに職員の正規の仕事にくりこまれていった。しかし、ほかにゆっくり歩こう運動だとか、赤とんぼ号全国一周だとか、つぎつぎに新しい運動がおこされるので、それらのための活動時間が業務の時間にくいこみがちになる。そうすると、山本たちの上にいる中高年組がよい顔をしない。かれらの機嫌を悪くしないためには、運動の仕事は夜中にやるほかなかった。当時、育英会事務局が入っていたビルは二四時間開いて泊りこみができた。山本は同期入局の山北、桜井たちと徹夜仕事をして、朝になると、地階の喫茶室から届けられたトーストを食べる。忙しくこきつかわれるのは同じだが、学生時代にボランティアで出入りしていたころは玉井のつけでこれを食べたのだが、入局してからは自分の金で食べなければいけなくなった。違いはそんなものかと、かれらはぼやきあった。

山本は、留学するまでの六年間では、年間に平均して一〇〇日以上、自宅以外で寝泊りしていたという。入局後、三年ほどたったとき、かれの父親がかれに、このままずっと育英会にいるのかとたずねた。かれはいるつもりだと答えた。それをのちに玉井に喋ると、「ここにいるほうがおもろいで。やめとけ、やめとけ、ちっちゃな会社を継いでも、つぶすのがおちやから」といった。しかし、玉井は山本たちが最後まで育英会にいる必要はないとも考えていた。おまえたちが成長して、育英会以外のよい場所がみつかったら、そこにどんどん移ってゆけばよい。育英会を土台にして、おまえたちが伸びてゆくのが一番うれしいんだ。玉井はくり返しそう語っていた。そうして、山本のばあいには研究者の道を進ませようかと考え、本人にはときに「学者もええもんやで」といい、私にはもし本人がそう決断したら大学にポストをえるための人事の世話をしてくれるかという相談までをしてきたことがある。私はできるかぎり協力しようと答えた。

山本の留学は玉井が力をつくして推進してくれた結果であった。山本は育英会入局直後に結婚したが、三年ほどたったころから夫婦仲がうまくゆかなくなり、七九年に離婚して、気分が滅入っていた。その気分を転換させたい、それと学者への転進の機会があれば、それはそれで結構だと玉井は考えていた。事務局の中高年組では、留学期間が二年を越えるのであれば、退職してゆくべきだという意見がつよかったが、玉井はそれにとりあわず、休職処分で山本を送り出した。帰るべき職場をもって留学するのは心強いことでした、玉井さんの配慮に感謝していましたと、山本は語っている。留学中に山本は一度帰国して、私のところに相談にきた。大学にポストをもとめようとすれば、研究テーマを変更したほうがよいだろうかという話だったと記憶している。しかし、かれが留学を了えて帰国した直後、手ごろな空きポストがみつかったので、そこに山本を推挙しようかと玉井にもちかけたところ、いま山本を引き抜かれては事務局の体制がくずれてしまうということで、その提案は実らなかった。

3　山北洋二

山北洋二は福岡交通遺児を励ます会の代表として、募金活動で大きい成果をあげ、玉井から注目されるのだが、それにさきだって、高校生時代、大学生時代をとおして、ＪＲＣ・青年赤十字奉仕団の代表として、福岡市から福岡県、九州一円で知られた存在であった。励ます会の代表となったあとは、かれは、玉井をつれて九州各県をまわり、各地に励ます会を組織していった。交通遺児育英会には、さきの山本、つぎにとりあげる桜井芳雄といっしょに入局し、運動面では最初の一〇年は高校奨学生、大学奨学生のつどいの組織と指導に力をつくしている。同期三人組のなかでは、桜井が一〇年目に退職し、二〇年目に山本が代議士になったあと、山北が玉井の子飼いの運動家の最古参であり、玉井があしなが育英会を設立すると、その初代の事務局長になった。運動家としても実務家としてもすぐれ、玉井門下の城代家老的存在というべきか。

山北は一九四九年の生まれで、父親は教員であった。兄と姉がいて、三人兄弟の末子になる。兄も姉も高校生時代からＪＲＣのボランティア活動をやっており、山北がＪＲＣで奉仕活動に入っていったのは、ひとつはかれらに影響をうけたからであった。しかし、活動そのものの魅力も大きく作用していた。高校一年生のとき、かれは、障害者の車椅子バスケット・ボール大会で介護ボランティアとしてはたらいた。段差のところで車椅子をかかえて出すなど、ほとんどが力仕事であった。そのおり、障害者の選手から直接感謝されて味わった感動は、いまでも記憶にのこっているという。自分の行為が直接相手につたわって、相手の感謝の気持が直接自分に返ってくる。社会のなかで生きるとはこういうことなんだ。山北少年は、その体験のなかに自己の存在証明を感得したのであった。この活動にもっと本気でとりくんでゆこうと、かれは決心した。

大学進学では福岡工業大学通信工学科を推薦で受験し合格した。高校生時代、ボランティア活動とならんでアマチュア無線に打ちこんでおり、九州大学工学部にゆくには学力が足りなかったので、その選択になった。ところが入学してみたら、アマチュア無線の能力など通信工学の専門家のあいだではとるに足りないということがすぐにわかり、授業への興味をなくしてしまった。そこで山北の大学生生活は、ボランティア活動とアルバイトに二分されることになった。ボランティア活動のほうは、大学のＪＲＣに入り、視覚障害者への奉仕活動に主力を注いだ。本を読んで奉仕するリーディング・サービス、山登りやキャンプにつれてゆく、パチンコ屋につれてゆく。障害者に町の生活を体験させようというのが一貫したテーマであった。盲学校への訪問活動も週一回であったのを、全員がローテーションを組んで毎日ゆくようにした。当時、福岡青年赤十字奉仕団には五〇人前後の会員がいた。アルバイトのほうでは、山北は商才に富んでおり、金儲けがうまい学生であった。牛乳の宅配と契約取り、ダスキンの訪問販売、倒産した会社から在庫のクリーナーを一万ケース買いとって、学生アルバイトを動員して売りつくさせ、大きい利益をあげたこともある。ほかに長距離トラックのドライバーなど。山北のボランティア志向と金づくりの才能とは、交通遺児を励ます会の活動で結びつき、交通遺児育英会入局後は、つどいと募金運動で大きく開花した。

当時は大学紛争の季節であったが、福岡工業大学では紛争はおこらなかった。入学者の偏差値が低くて、政治的な問題意識がなかったんですよと、後年のかれはこともなげにいっている。しかし、それは事態の一面であろう。かれが二年生のとき、九州大学のキャンパスに米軍機が落ちて、その残骸の撤去が政治問題化し、学生運動がもりあがった。福岡工業大学の自治会の連中も、はやりのことだから、九大、米軍基地、アメリカ領事館にいって、インターナショナルをうたっていた。私はそれを結構なことだと思っていましたが、いっしょにやろうとはまったく思いませんでした。私のばあい、反米的な政治活動とボランティア活動にはいっさい接点がなかったですねとも、かれは語っている。

一九七〇年秋の交通遺児育英募金運動では、山北は福岡青年赤十字奉仕団の代表として、五〇人の団員を動員して協力した。翌年一月二七日、かれは玉井とはじめて会っている。玉井が交通遺児を励ます会づくりの全国行脚で福岡市にやってきて、九州大学自動車部が世話役になり準備会がひらかれ、山北もそこに招かれたのである。しかし、その会合は難航した。励ます会の代表の引き受け手が出なかったのである。会の冒頭、玉井は交通遺児家庭の窮状をうったえ、励ます会の必要を熱っぽく語った。山北はそれに感銘したが、自分にはＪＲＣの仕事があるので代表は引きうけられないと思っていた。玉井のほうにはその日すでに記者会見をして、明日は福岡市交通遺児を励ます会を発足させますといい、各紙は代表者の名前のところだけ空欄にして、記事を組んでしまっているという事情があった。二時間ほどたったころ、玉井についてやってきていた大阪府立大学の飯野俊男がたまりかねて怒鳴った。

「お前ら、それでも九州男児か！　たったこれだけの交通遺児を励ます会の精神的な励ましを、どうして引きうけられないのか。できないというなら、おれがやる。大阪から通ってきてやってやる」。

山北はその言葉をあびせられて、かっとした。おれは福岡県ＪＲＣの代表だ、福岡市の青少年団体連絡協議会の幹事でもあり、県の青少年教育の代表にもなっている。沢山の仲間たち、友人たちがボーイスカウト、ＢＢＳ、ＹＭＣＡなどでボランティアとしてはたらいている。そこに大阪から飯野が乗りこんでくるという。恥ずかしい、許せない。「それなら、ぼくがやる」といいかえしていた。私は山北より一五歳年上だが、同じ福岡県で一〇代半ばまでを過したので、そのときのかれの気分がよくわかり、ほほえましい。すくなくとも当時までは、その地方の男の子たちには、九州男児の名誉などという規範が自尊心と深くかかわる大事なものという実感をともなって、いきていたのである。

山北が率いた福岡交通遺児を励ます会は、三ケ月後の春の募金で一三〇万円余をあつめ、東京都の一七〇万円余についで二位の成績をおさめた。大阪府は九〇万円余であった。これには、かれがJRC活動などでつちかってきた人脈が大きく役立ったのだが、玉井は、その成果で山北の存在に注目することになった。山北は励ます会の活動を一年やって、上京、交通遺児育英会に入局する。励ます会の活動そのもののメニューは、すでに述べた大阪府のばあいと似通っているので一々くり返さないが、それらを支えた山北の組織運営、人集め、金集めの腕前は玉井につよい印象をあたえた。山北自身は、励ます会による交通遺児家庭の訪問活動で、いくつかの極貧家庭の生活実態にはじめてふれ、心理的ショックをうけ、貧困の意味とそれに対抗する運動の力を実感してゆくことになった。父親が交通事故で死亡し、母親は農薬をつかって自殺しようとしたが未遂におわり、気丈な祖母がその母の面倒をみつつ、三人の孫を世話している家庭があった。山北がはじめて訪問したとき、お茶菓子が出たら、それをみた子どもが「あ、すごい」といった。かれはその菓子を食べられなかった。冬でもこたつがない貧窮ぶりで、励ます会からこたつを急いで届けた。この家庭の子どもたちが、のちに、交通遺児育英会の奨学金で高校に進学し、上の二人は大学にまで進学するのである。

交通遺児育英会に入局後、最初の一〇年間、山北が手がけた主な仕事は高校奨学生、大学奨学生のつどいの運営であった。かれは、それが権威主義的な補導連絡会という名称でおこなわれているのにおどろき、それをつどいに変更した。かれは、野外活動、レクリエーションを中心につどいの楽しいありかたを追求しつつ、なるべく多くの遺児奨学生がなるべく多くの回数、出席することができるように、つどいを運営していった。そのころ、組織運営者としての山北の卓越性について語りつがれているエピソードがいくつかある。かれは全国各地方の遺児の大学奨学生たちのすべての氏名を覚えていて、つどいにゆくとそれを出席者の顔とたちまち結びつけてしまい、親しげにひとりひとりの名を呼ぶことができると言われていた。その氏名を覚える方法をきくと、山中湖のつどいにゆくまえに参加者名簿を手作りして、それを覚えてしまっていたということであった。

つぎの一〇年間は、山北は返還業務、募金業務などを担当して、財政の技術的合理化に多くの貢献をしている。返還業務では滞納の督促システムをあたらしくつくり、募金業務では初代の募金課長として、募金活動に営業的センスにもとづく積極性をもちこんだ。かれは、玉井門下のなかで組織担当者・経理担当者としての才能・資質にもっとも恵まれた人物であるらしい。かれ自身、それを認めて、前出の山本は広報担当者、後続の桜井は理論担当者としてそれぞれすぐれ、三者が分業体制で初期の運動を支えていたと言っている。

その山北の玉井評の一部はつぎのとおり。玉井がいろいろな人間をあつめて、各人の能力を引き出し、伸ばし、はたらかせてゆくことができるのはなぜか。ひとつには、玉井があまり細かいことをいわないからだと思う。それは、かれ自身が細かいことをやったことがないからだ。かれには実務経験がない。だから、かれは大筋で指示をあたえて、指示を受けた側がそれにちかづく努力をするほかない。しかも、玉井は指示を出すとき、受ける側がことわれないような大義名分、高い理想を打ち出してくる。高い目標を強調して、方法、準備のことは知らない、とにかく目標までゆけという。また、山北の久木評の一部はつぎのとおり。

「私はあのひとが嫌いですけど、唯一の取り柄は悪いことをしないということですね。お金に潔癖です。ただし、財政その他の実務にかんしては、問題がありました。しかし、実務は、山本さんにしても、私にしても、吉川君にしてもよくできますから、久木さんの分を完全にカバーしていました」。

4　桜井芳雄

桜井芳雄は、学生募金の活動家たちのひとりとして玉井に認められ、交通遺児育英会ではたらくことになった。若手のほかの六人が交通遺児を励ます会の活動と学生募金の活動をあわせて経験しているのにたいして、桜井だけは励ます会の経験がない。

桜井の学生時代については、学生募金の成立にかかわらせてくわしく述べたので、それを一々くりかえさない。要点のみをいえば、交通遺児育英会の最初の一〇年間の財政で、学生募金はその収入の主要な一部をもたらしたが、それは一九七〇年、秋田大学の六人の学生たちが大学祭の活動の一環として、交通遺児の育英資金を一二〇万円余をあつめたことからはじまった。翌年、かれらは全国規模の学生募金を組織化し、四七五の大学、短期大学、専門学校などから一万人以上の学生たちを募金者として動員し、三二〇〇万円余をあつめるのに成功した。桜井はその六人の学生たちのひとりであった。

この学生募金の成立は二重の意味で時代の産物である。ひとつには、それは、交通事故が代表的な社会問題として広く認識された時代の産物であった。モータリゼーションが急速に進行し、交通事故が激増し、それによる年間の死者数は、年々、史上の最高値を更新していた。いまひとつには、それは、大学紛争が各地にひろがり、学生たちの社会への関心がつよまった時代の産物であった。かれらのうちで、紛争の担い手である学生たちは体制の否定をめざしたが、その志向に同調せず、社会改良に惹きつけられる学生たちも多かった。当時のジャーナリズムは、前者にもっぱら注目していたが、後者が多数存在したからこそ、学生募金の成功があったのである。桜井自身は一時的にであるが中核派に近づいたことがあるが、やがてそこから遠ざかり、そのせいで感じる後ろめたさを埋めあわせるために、学生募金に深入りしていった。

桜井は、大学の卒業まぢかになって、指導教官から提示された就職口を断わり、玉井から誘われて、交通遺児育英会に入局する。後年、かれは、断わったほうがさきだったか、誘われたほうがさきだったか、いまとなってははっきりしないが、あらかじめ仕組まれていたような感じで入局していたと語っている。かれはそれから一〇年間、育英会ではたらいて、悲劇的な辞めかたに追いこまれるのだが、それは最後にふれたい。かれは、学生時代の募金運動で青春期のエネルギーをつかいはたしており、育英会ではとくによい仕事をしたといいがたいと自己評価している。当時は若手の数が少なかったので、桜井は送金、審査、つどい、総務などひととおりの仕事は経験している。しかし、同期の山本、山北や一期あとに入局した藤村がいずれもタフでしなやかな社会運動家でありつつ、事務局員としての実務能力にも非常にたけていたのにたいして、桜井は思索を好む理想主義者であって、社交性がとぼしく、実務能力では平凡であった。ただし、それだけに、桜井は、玉井の文明批評の才能にもっともつよく影響され、また、玉井のカリスマ的魅力に深くとらわれることになった。桜井の談話から二例をあげる。

「私と交通遺児育英会、玉井義臣さんとのかかわりを考えたとき、玉井さんに会い、育英会の運動に参加して、科学とか技術とかは本当に万能なのかという疑問をもったことに、大きい意味を感じています。私は幼いころから、科学・技術にたいして万能主義というか、信仰心のようなものをもっていました。それを根底からゆさぶられた。育英会と玉井さんに出会った意義は、私の人生において大きかったですね」。それは「社会的なものへの開眼」であり、「自分の生きかたを批判的にみるようになる」ことであった。「それによって運動にのめりこんでいったんですね。玉井さんとの談話やお書きになった本で、車は社会の必要悪だということを次第に認識してゆきました。（中略）社会というものは人間が基本なのだ。まず、人間を中心にして物事を考えないといけない。そうでないと、文明がいくら進んでも、いろいろな問題はなくならない、という気持にだんだんになってゆきました」。

「学生の私にとって、玉井さんは、ひとを惹きつける魅力をもち、自分にないものをもっている存在でした。考えかたの独創性、リーダーシップ。私は人見知りがひどく、そのせいで募金の呼びかけで人前に立つときなど、雨が降ってくれないだろうか、そうすればやらなくてすむなどと思ったほどです。玉井さんは人なつこくて、一度会って、一〇年たってまた会っても、同じように親しみをこめて挨拶をすることができる人だなと思いました。自分にないものをもっている人が羨ましく、そばにいるだけで、その魅力を少しわけてもらえそうな気がするものです。(中略)けれども、私のばあい、身近かにいたわりに、あるいは身近かにいたからかもしれませんが、客観的に広い視野において、玉井先生を語ることができないんじゃないかという気がします。たとえば、風呂おけの水をスプーンですくいだすような感じで、いっていることに間違いはないのですが、玉井さんの全体を表現するほどの言葉が私にない」。

桜井が交通遺児育英会を退職したいきさつを述べる。

さきに述べたように、かれは、若手の同僚たちの実務能力に気押されることが多く、少しずつ疎外感をもつようになっていった。しかし、かれの退職に決定的な影響力をもったのは、久木との抗争であった。早くから若手と久木は対立関係にあり、かれらのあいだで争いがたえなかった。吉川明や山北洋二たちの証言によると、ある時期から、久木の心理的攻撃は桜井に集中するようになった。その状態が長期にわたってつづき、桜井は次第に体調をくずしていった。

入局一〇年目になるころ、桜井は久木にたいして最初で最後の反撃に出た。かれは玉井に辞表を出し、久木の所業について告発し、喧嘩両成敗で自分と久木の双方を辞めさせてほしいと訴えた。玉井は桜井の辞表をうけとったが、久木を処分しなかった。それどころか、その夜、久木に桜井の直訴を教え、久木は桜井に翌朝、いやみをいう始末であった。(もっとも、その夜、玉井は久木に自重を求めたのだが、逆効果だったのかもしれない。)桜井は、玉井に裏切られたと思いつつ、事務局を去った。残された若手はいずれも徹底した玉井シンパであったが、玉井のこの対応にはつよい不満をもち、山本、吉川などは、それぞれ個人的に玉井に会って、はげしく抗議している。玉井は、言葉少なに、まだ君たちではこの組織のナンバー・ツーはつとまらないと答えるのみであった。

桜井は現在、東京都内で接骨院を開業している。この抗争劇からちょうど一〇年後、交通遺児育英会に理事長として高級官僚ＯＢが天下り、それに抗議して、玉井が専務理事を辞任するという政変がおこる。その詳細はのちに述べる。政変の直後に私は桜井に長時間インタビューをさせてもらい、秋田大学時代から育英会時代の体験と玉井義臣の人物論を語ってもらった。かつての神経質そうな細身の青年は、恰幅のよいおだやかな中年にかわっていた。かれは楽しげに青年期を回想し、玉井の人物の魅力をヴィヴィッドに喋ったが、辞任のいきさつにはテープ・レコーダーをまわしているあいだは一切ふれなかった。そのあと、酒場で桜井夫人をまじえて少酌したとき、私のほうからかれの辞任について二、三の質問をしたが、かれは事実のみを簡潔に答え、当時の心境は口に出さなかった。そうして、話題を上手に切りかえ、インタビューのつづきにもってゆき、社会運動家としての玉井をさらに縦横に論じて、かれがいずれ育英会に復帰することを願っているといった。

気分がよいインタビューだった。いさぎよい好漢に出逢ったと思いながら帰った。不本意な別れかたをしたかつての部下から、あのように心をこめて語ってもらえるとは、玉井は幸福な男だ。また、あれほどに成長する人物を、若いころに見つけて身辺におくとは、玉井の人物鑑定眼もたいしたものだ。それにしても、久木にかんしては、玉井はなにをみていたのか。

5　藤村　修

藤村修のライフ・コースは、これまでのところ、たがいに関連しあう五つのステージに区分される。すなわち、⑴大阪府吹田市で零細企業をいとなむ家族に生まれ、育った。自宅にあった自動車に早くから親しんだ。⑵広島大学工学部に入学し、自動車部に入部。そこで主務＝マネジャーをやり、その関係で励ます会、学生募金に参加、玉井義臣と知りあう。⑶大学卒業後、玉井に誘われて、交通遺児育英会事務局に入局、六年間働く。⑷一九七九年一〇月、玉井が日本ブラジル青少年交流協会を創立し、かれに乞われて、その専務理事になる。とくに日本の大学生がブラジルで一年間、労働しつつ研修する制度をつくって、成功する。ここで一二年間働く。⑸一九九三年、衆議院議員選挙で日本新党から立候補、当選、大阪三区。以後、三回連続当選、現在、民主党所属、教育問題を専門とする。衆議院文教委員会理事、民主党文教部会長。

交通遺児育英会の社会運動の源流のひとつは全日本学生自動車連盟の学生募金であり、同連盟は一九七〇年から八三年までその事務局を担当してきた。全国各地の大学の自動車部の部員が募金ボランティアとして活動し、かれらの一部は交通遺児を励ます会の会員にもなった。体育会系のクラブのひとつである自動車部の部員が大挙して社会運動、ボランティア運動に参加した例はほかにはない。藤村は六九年四月に広島大学に入学し、自動車が好きだったのですぐに自動車部に入部した。この年は大学紛争のため東京大学が入学試験を中止した年で、東大受験予定者の多くは京都大学に流れ、京大受験予定者は大阪大学に流れた。かれは大阪大学工学部を志望していたが、この状況で、広島大学工学部に志望先を変更することになった。

ところが、かれは知らなかったのだが、全国的な大学紛争の高揚のなかで、中核派の東の拠点が東京大学、西の拠点が広島大学といわれていた。大学はバリケードで封鎖をされており、入学試験も入学式も学外でおこなわれ、入学式のおわりに半年間の休講がいいわたされるという始末であった。このような状況のなかで、かれは、最初の年は授業をうけることがなく、自動車部の活動だけにいそしみ、三年生の後期から四年生の前期にかけて主務＝マネジャーをつとめた。当時の広島大学自動車部について、かれはつぎのように語っている。

「大学はロック・アウト中で、国立大学として学生に物事をわりと深く考える連中がおり、体育会系クラブにも全共闘のメンバーがいたりしました。考えさせられる時代の体育会でした。自動車部でも、趣味的に自動車を愛好し、競技に専念するのみではいけないという発想がありました。そもそも自動車は社会的な影響力がある乗り物であるからということで、いままでいうボランティア活動を部としてやっていました。たとえば、自動車事故にたいして救急医療がある、その医療で必要とされる献血に部単位でゆく。あるいは、道路のカーブ・ミラーが汚れていて、危険である、ミラーを掃除してみがこう。道路交通にかかわるボランティア活動ですね。自動車部がそういうことをすることは、それ以前にはなかったし、それ以後にもなかった、そういう時代でした。そんな状況、雰囲気のなかで、全国の大学自動車部による交通遺児のための募金活動が出てきました」。

玉井が「七人の侍」と呼んだ若者たちのうちで、藤村は、玉井と気質的に共鳴する程度がもっとも高かったにちがいないと、私はみている。それは、かれの交通遺児育英会への就職と日本ブラジル交流協会への転職のいきさつによくあらわれている。

藤村は、一九七三年三月、広島大学工学部経営工学科を卒業した。当時、その学科の卒業生たちの八割前後は、時代の花形産業であるコンピュータ企業に就職していた。藤村も七月から東京にある高千穂バローズというコンピュータ企業に就職することが決まっていた。バローズはアメリカ合衆国でＩＢＭにつぐ第二位のコンピュータ会社で、高千穂バローズはそこと日本の高千穂交易の合弁会社であった。かれの就職予定が四月ではなく七月からになっていたのは、最初、単位がそろわず七三年三月に卒業する見通しがたたず、留年もありうるとおもっていたのが、年度末がちかづいてきたので単位をかきあつめてみると、卒業することができることになり、それではと指導教官が三ケ月おくれで前記の企業に押し込んでくれたからであった。当時、工学部の卒業生は売り手市場で、こういった就職のしかたはめずらしいことではなかった。

四月、五月は大阪の実家でのんびり過ごして、かれは、六月に入ってから、ある土曜日、半蔵門にある高千穂バローズの本社をたずね、人事部の次長に会って、七月一日から出社するという約束をした。そこで昼飯を御馳走になったあと、かれは、広島大学時代、交通遺児を励ます会の仕事で親しくつきあってくれた玉井に挨拶をしておこうと思って、永田町の交通遺児育英会の事務所にたちよった。玉井はたまたま事務所にいて、二人は午後いっぱい話しこみ、夕方から料理屋で酒を飲み、そのあと、玉井の家にいってまた飲みなおして喋った。玉井の言い分は、要するに、コンピュータの会社などに入るのはやめておけということであった。あの仕事は三〇歳までの人間しかつかいものにならない。あとはお払い箱だ。交通遺児育英会に入れ。藤村はその日のうちに、じゃあそうするかという気持になっていた。そのとき、玉井は、交通遺児の救済という狭い分野の仕事をすすめるという話の運びかたをしなかった。「男と生まれたからには、一生をかけて面白い仕事をするべきだ。その仕事の広がりとして、こういう方向もある、また別のこういう方向もある、そのひとつとして育英会の仕事がある。玉井さん一流のホラ話というか、でっかい人生を面白く生きるために、なにか一緒にやらんかという話でした」。

藤村は九月一日付で交通遺児育英会事務局に入局した。それにさきだつ夏休みは、赤とんぼ号キャンペーンでボランティアではたらいていた。大阪の実家の父母は、この息子の進路変更に大反対であった。せっかく工学部を出て、大手企業への入社が決まっているのに、将来性が疑わしい、正体不明の財団法人に引っぱりこまれてどうするのだ。しかし、藤村は、それまでの玉井との深い共感をともなうつきあいがあり、また、学生時代にいっしょに運動していた山本、山北、桜井などの仲間がすでに育英会に就職していたこともあったので、迷いは生じなかった。

交通遺児育英会には一九七九年一〇月末日までいて、藤村は日本ブラジル交流協会にうつった。翌年正月にかれに送った年賀状で、私は、この移籍を祝福して、育英会の仕事はもちろん大事ですが、あなたはいつまでも奨学金貸与団体にいる人物とは思っていませんでしたと添えがきしたのを憶えている。かれは育英会では、つどい、機関紙、各種のキャンペーン、それに一時期、調査をも担当したことがあり、そのおり、私とのつきあいがあった。そのさいのかれの応接の丁寧さ、思慮深さ、確かな実行力は、将来の大器という印象を私にあたえた。

ここで、日本ブラジル交流協会に簡単にふれておきたい。一九七四年、玉井はヨーロッパに交通事情、交通事故の視察に出かけ、帰りにブラジルに寄って、サンパウロ大学の斉藤広志教授と友だちになった。玉井は斉藤の人柄に惚れこみ、開放的なブラジル社会にも強い共感をもった。斉藤は同国の著名な社会学者、文化人類学者で、日系ブラジル人の研究をライフ・ワークとしていた。かれは、日本とブラジルの若者たちを交流させ、それぞれが相手国に住みつき、長期にわたって研修をうけ、それによって両国の相互理解を推進させたいという夢をもっていた。玉井は、この斉藤の理想を実現するための日本側の補佐役として自身を位置づけ、かれの政界・財界の人脈を最大限に活用して、七九年一一月に日本ブラジル青少年交流協会を創立し、そこでの実務の責任者である事務局長として、藤村を送りこんだ。後にインタビューをしていて、この転職にかんしてどういう気持であったかと私が訊いたおり、かれはこともなげに答えた。「別にどうということはなかったですよ。玉井さんの指示で転勤したぐらいの気分ですね。玉井商会のひとつの支店から別の支店に転勤するというイメージですか」。藤村ほどの器量人がここまでいう。藤村の玉井への忠誠心、信頼感のあつさが実感され、それをつうじて、藤村にたいする玉井の存在感の大きさが想像されるのである。

藤村は日本ブラジル交流協会に専従で一二年間いた。移籍した翌年は準備期間にして、日本の大学生たちをブラジルに送り、一年間、現地の企業などではたらき、生活費の補助となる給費をうけつつ、語学研修をするという制度をつくり、一九八一年四月に第一期生一三人を送り出した。異邦ではたらきつつ学ぶというこの制度は、若者たちを例外なく人間的にたくましく成長させた。かれらは、異文化体験をつうじて、日本文化を再認識し、ブラジル文化に親しみ、国際的相互理解のセンスをもつようになった。藤村は、一方ではブラジルの各地をまわって日本人学生をうけ入れてくれる研修先をさがし、他方では日本の大学でポルトガル語を教えているところをまわって研修学生を募った。そのうち、次第に国内での事前研修が充分におこなわれるほど、ブラジルにいってからの研修効果があがることがわかり、一年間の事前研修システムがつくられた。

藤村の玉井評には興味深いものが多い。そのうちのかなりのものを、私は、本書のほかの場所でつかっている。ここでは、かれが、衆議院議員選挙に立候補することを決心したさいの自己を語りつつ、玉井を語った談話を引用しておきたい。

「日本ブラジル交流協会を社団法人にするにあたって、代議士たちの何人かと懇意にしていただき、とくにお世話になった渡辺美智雄先生の生活など垣間見させていただき、政治家の生活は大変なものだということはよくわかっていました。そのうえでの立候補の決断だったのですが、これには、玉井さん、斉藤先生、それに私の人生訓のようなものが影響しています。ブラジルという社会は若い社会で、変転が激しい。われわれがおつきあいしている方々にも、あるとき事業で大きく成功し、何年かのちに突然失敗して日本に出稼ぎにきたりしている。一〇年が一サイクルなんです。それをみてきている玉井さんにも、私にも、一〇年ひと仕事という感覚がありまして、一〇年ごとにでっかい面白い仕事ができたら、人生は楽しいだろうと思っていました。私は、二〇代は交通遺児の救済のために、三〇代は日本とブラジルの若者の交流のためにはたらいた。そこで、四〇代はなにか別のことをせんといかんという気持は、かなりありましたね」。

6　吉川　明

吉川明のばあい、のちに交通遺児の救済運動で運動家としてはたらくための素地のほとんどは、高校生時代までにつくられていたように思われる。

第一は、農業への関心であった。それは幼いころから動物好き、家畜好きであったこと、母親の実家が農家で畑仕事になじんでいたことにはじまっている。高校時代には親しい友だちが二人いて、おそくまで学校に残ったり、学校ちかくのひとりの友だちの家に泊ったりしてよく議論をしたが、そのさいの大きな話題のひとつは、日本の工業化、高度成長をつうじて、農業が置き去りにされ、国土は荒廃してゆく、国土と農業をきちんと守るべきだというものであった。この話題にかんして議論をくり返しながら、二人の友人はそれぞれ信州大学林学部と東北大学農学部に進学し、吉川は帯広畜産大学畜産学部に進学したのだから、かれらの議論は自らの進路を決める真剣なものであった。この問題意識の延長上で、大学時代、吉川は環境問題、汚染問題への批判を深め、当時、翻訳が刊行されたローマクラブの『成長の限界』に出会い、つよい感銘をうけた。これらの条件によって、かれは、玉井の車文明批判、ゆっくり歩こう運動に惹きつけられていった。

第二は、権力や社会にたいする批判への志向であった。吉川の生家の家業は提灯屋で、かれが中学時代から親しくつきあってきた五人の友だちはみな生家の家業が自営業で、サラリーマンの子どもはひとりもいなかった。かれらは五人中四人が高卒で就職している。吉川はひとりだけ進学名門校の高校に入学したのだが、クラスの男子生徒たちの半分はピアノを弾けることを知り、世の中には自分が識らない上位の世界がある、自分は下位の社会階層に所属しているということを実感させられた。高校では、二年生のときには生徒会の副会長をつとめ、校外では七〇年反安保の運動に熱中し、校内では管理教育反対を主張して、制服の廃止、受験体制の是非、君が代問題などで、校長や教員とはげしく争った。ただし、吉川たちについてくる生徒は多くなかった。それでも、生徒会を担当していた教員からは可愛がられて、いまでもつきあいがつづいているというから、教員からみると、反抗的だが見所がある生徒だったのであろう。この権力批判、社会批判の意識が、大学時代、交通遺児家庭をうみだす現代社会への批判に収斂して、かれは運動家への道をあゆむことになったのである。

第三は、父性あるいは家父長への憧れであった。吉川の祖父は敗戦後の窮乏期に活発な営業活動をして一財産をつくった強い家長であった。かれの父親は、この祖父と対照的な弱い息子で、大企業ではたらいていたのを、祖父に強引に辞めさせられて、家業を継がされたのだが、その経営に意欲的になれないでいた。吉川は祖父の精神的影響のもとに育ち、強い家長に憧れ、弱い父親に反発していた。大学に入り、自動車部に所属して、その関係で交通遺児育英会の学生募金や励ます会の活動にしたがうようになり、かれは、そのための全国会議やブロック会議に出席し、玉井に出会った。吉川は玉井の人格に急速に惹きつけられ、交通遺児育英会の運動に深入りしてゆくことになった。そのさい、吉川にとって、玉井は理想の父親的存在であった。生まれ育った家族においては無気力な父親にあきたりない想いをしていた息子は、運動において手ごわい、しかし親しみ深い父親的存在に出会ったのだ。

「ユックリズムがはじまったころは、私にとって、玉井さんは、まだちょっと雲の上の人という感じがありました。しかし、私は、玉井さんにずいぶん議論を吹っかけたように思います。要するに、自分の親父に議論を吹っかけるみたいな感じでした。いろいろな意味ですごい人だなあと思っていました。ユックリズムのばあいでも、そのアイディアの出しかた、世の中にたいするインパクトの与え方、そういうものは自分の親父には全然なかった。(玉井さんには)ぶっつかっていっても、はねとばされちゃうようなイメージをずっともっていました。ただ、ざっくばらんに喋るときには、エッチなことも言う親父だというイメージをもっていました」。

吉川は、運動に深入りしたため授業の欠席が多かったが、野良猫、野良犬の病気の治療をやって、それをレポートに書いては教師のところにもちこみ、出席点を稼ぎ、なんとか四年間で卒業にこぎつけた。四年生の最後に受けた獣医師の国家試験も、三ケ月間、毎晩三時間の睡眠ですませる猛勉強で、合格することができた。ただし、かれは四年生の六月ごろには交通遺児育英会に入ろうと考えていた。玉井とかれのあいだでは、この件で言葉にしての約束はなかったが、雰囲気では約束が成立していると、かれは思っていた。しかし、実際にかれの育英会入局が決まると、両親は大反対で大騒ぎになった。せっかく獣医になれることが決まっているのに、おまえはなにを血迷っているのだ。かれは、「言われていることはわかるけれども、三〇歳までは好きなことをやらせてよ」といって、親許を出てきた。

交通遺児育英会では、吉川は、主として、機関紙づくりとつどいと年史づくりをやらされた。機関紙づくりは、山本孝史が中心になって編集、レイアウト、整理がおこなわれており、吉川はその手伝いをしていたが、七八年に山本がアメリカに留学すると、吉川が中心的役割をになうようになった。また、つどいでは、吉川は遺児たちの自分史語りをプログラムの機軸にするスタイルを導入するが、これは後にいくらかくわしく述べる。年史づくりでは、吉川は、『交通遺児育英会十年史』、『交通遺児育英会二十年史』および『心塾十五年史』のいずれもで編集実務を担当する中心人物たちのひとりであった。玉井は、これらの年史づくりを部下にたいする教育・訓練の重要な機会と明確に位置づけていたが、三冊の年史でつねに編集担当者たちのひとりとして起用したのは吉川のみであった(『十年史』と『二十年史』では山本と吉川、『十五年史』では林田と吉川を起用)。ここには、玉井の吉川にたいする評価がうかがわれる。

吉川の玉井評のうち、私にとって印象的であったものを三つほど紹介する。

第一。玉井義臣は言葉についてすぐれた感性をもっている。恩返し運動、「あしながおじさん」、ユックリズムなど、非常によい言葉を引っぱり出してきて、日本人のこころをたくみにとらえる。それは、部下の吉川たちには真似ができないものであった。玉井のこの言葉にかんする特異な感性があって、交通遺児育英会の教育的な部分も、運動的な部分もうまくいったと、かれはつよく思っている。文章でも、ひとの感性にぐっと訴える言葉を最初にもってくる文章を、玉井は書く。これは、かれの父親が俳句を長年やったことと関連しているのではなかろうか。玉井自身は、父親から言葉や文章を特別に教わったことはないと言っているが。また、玉井は、さまざまな論理をたくみに図式化して示す才能をもっている。非常にわかりやすく、論理を説明することができる。これは、運動家として、教育者としての玉井の決定的強味になっている。それを聞いた人びとが、かれの話に共鳴するのも、そのためである。そこから、カリスマ性、教祖的要素も出てくることになる。

私は、この吉川の判断に大筋のところで同意するが、一点だけ異を唱えるコメントをつけておきたい。ユックリズムという英語もどきの日本語のみには私はつよい違和感を感じており、これは自分の日本語にかんする美意識とまったくあいいれない。運動のなかでも、この言葉は、恩返し運動や「あしながおじさん」ほど、広い範囲で定着しなかったと思う。玉井は造語の名手だが、この言葉は例外的失敗作ではないか。

第二。玉井は、社会運動家として、仕事が好きで、仕事に賭けてきた人である。人使いは荒かった。荒いなんていうだけではすまない荒さであったが、それでも部下の吉川たちがやってこられたのは、親分がいっしょに猛烈にはたらいていたから、である。あれが口先だけの人であったら、かれらはついてゆかなかった。それに偉ぶらない。専務だからどうだ、部下だからどうだということはなく、若者たちを運動の同志として、一貫してあつかってくれた。だから、かれらは心身を極限まで酷使する仕事を長い年月にわたってやれたのだ。また、社会運動家としての玉井には、ものすごく理想主義的な部分とものすごく現実主義的な部分があって、両者がみごとに混じりあい、調和している。吉川は、それにずっと惹かれてきた。七〇年安保闘争がすべて駄目になっていったのは、観念論のみがあって、現実論がなかったからだと思っている。玉井はいっぽうで高い理想をかかげるが、たほうではきちっと必要な資金を集めてくる。理想論と現実論がなぜあんなにうまく結びつくのだろうか。吉川自身はそれがまったくうまくいかない。

第三。吉川にとって、玉井は「親父的存在」であった。仕事のしかた、もののつくりかた、人との対応のしかた、部下のあつかいかた、いずれも真似をしてやってきた。大学四年生ぐらいのときから、かれは、この親父に賭けてやってゆけば間違いないと思い、必死になってついてゆきつつ、学んできた。年史をつくる仕事も、かれにとって、玉井にかんする理解、その凄味も問題もあわせて理解する機会であった。『十年史』の編集実務担当者にえらばれたとき、玉井からいわれた言葉を吉川はいまでも鮮烈におぼえている。『十年史』をいっしょにつくるのは、おれの価値観と思考形態を全部みることになるんだからね。それをみとどけるということで一所懸命やってくれよ」。吉川は、玉井が指導してきた運動の歴史をたどりなおしながら、人間としての玉井の総体を認識しようとした。なお、年史にかんして、吉川が玉井の問題と感じたものは、玉井が自己を語りすぎるというところであった。権力と対峙する運動家には、自らの業績を早く記録しておきたいという焦りがあったように思うと、吉川は語った。

7　林田吉司

玉井のもとではたらいた若い運動家たちのうちで、林田吉司はその資質、能力、業績がきわだって独自の存在である。それは、かれの経歴をみればただちにあきらかである。林田は一九七五年三月、立教大学文学部キリスト教学科を卒業して、四月、交通遺児育英会事務局に入局した。育英会との縁は、かれが立教大学の自動車部の部員で、一年生のときから学生募金に参加し、三年生の夏休み、育英会の赤とんぼ号全国一周キャンペーンのおり、アルバイトの雇われドライバーとしてはたらいたことから生じた。玉井はそのとき、林田を、育英会の将来の奨学生教育の機軸になる人材であるとみさだめ、四年生になった早々のかれを卒業したら育英会にこないかと誘った。林田が入局して三年後の七八年、育英会は都下日野市に奨学生のための学生寮・心塾を開設した。玉井は自らが塾長になったが、学寮教育の実質的責任者として、二五歳の林田を起用した。かれは、心塾に配置された総務課係長、ついで心塾課課長補佐、同課長などをへて、最後は事務局次長・心塾塾頭と地位の名称こそ変わったが、二〇年間、一貫して、心塾の学寮教育の実質的責任者をつとめた。九七年、林田は交通遺児育英会からあしなが育英会にうつり、九九年、同会が神戸にレインボー・ハウスを開設し、学生寮・虹の心塾を併設すると、玉井は林田をその館長に就任させている。

一言でいえば、林田はすぐれた教育家であった。それを証拠だてる証言は、『心塾十五年史』などの年史で枚挙にいとまがない。本書ではⅨ章の心塾をあつかう節で、そのいくつかの事例を紹介するつもりである。ここでは、玉井の人物観察眼の確かさにふれておきたい。玉井は、二一歳の若者であった林田をひと夏観察して、かれのうちに教育者として大成する資質、可能性をみきわめ、林田はそのとおりに成長して、玉井の教育運動における右腕として四半世紀ちかくはたらいている。これは事実であるが、玉井の信奉者たちのあいだでは、かれの人物鑑識眼の確かさを示すものとして伝説化している。山北は私にいった。われわれのように運動のなかで一年、二年といっしょにはたらいた者の才能や可能性をみぬくのでも難しいことでしょうに、アルバイトの学生として数十日間つかっただけの若者がすぐれた教育者になる資質をもっていると見抜いたのですからね、玉井の人を見る目はすごい。あの人を見る目があって、かれは、運動の将来の展開にも的確な準備をすることができた。それはそうだと、私も考える。しかし、玉井の人物鑑識眼はしばしば凄みのある確かさをみせるのであるが、ときにひどい見間違いをすることもある。さきの久木のばあいはその一例だし、のちにさらに別の例にもふれる。それらを総合的に理解することを私はこころがけたい。

林田の交通遺児育英会に入局するまでのライフ・コースについて述べる。

林田は一九五二年七月、東京で、建具職人の父親と栃木県の農家の出である母親のあいだに、生まれた。かれは六人兄弟の五男で、生家ははなはだしく貧しかった。一家がくらしていた住居は壁がくずれたあばら屋で、屋内は建具をつくるさいに出るおがくずが散らばっていた。毎日米の飯を食うことができず、すいとんや粥がまじり、兄たちは中学校に弁当をもってゆけない日があった。かれは、小学校四年生のとき、お使いにいって、おつりを少なく間違えられたか、落としたかして、母親にひどく怒られたことがあった。貧しさのきわみで彼女は神経がひりひりするように苛だっていた。四人の兄たちは、いずれも、中卒ではたらいていた。三番目の兄は私立高校の入学試験に合格したのだが、当時で年間一〇万円ほどの学資がつくれず、最終的には進学をあきらめたのであった。

中学生時代、林田は成績がきわだって良かったので、四人の兄たちは相談して、費用を出しあい、かれを高校から大学にまで進学させてくれた。高校生時代、林田の意識には二つのつよい想いがあった。ひとつは、貧乏がどうしてもいやだという気分である。自分だけは、なるべく早く、この汚いごみだらけの住居から、金銭に汲々としている生活から脱出したい。エゴイストの少年は、兄たちの好意への感謝より、自分の将来の幸福を灼けつくように願っていた。いまひとつは、倫理学や哲学、キリスト教などへの関心、憧れである。きっかけは、高校での倫理社会という科目の授業が面白く、その科目を担任する教員が好きになったことであった。思想的に早熟であった少年は、図書館で倫理学などの専門書をよんでみたり、未知のキリスト教に憧れたりしながら、立教大学文学部キリスト教学科に進学した。

大学生時代、林田は回心を体験する。それは約言すれば、自分は貧困を嫌ってそこからの脱出をひたすら願ってきたが、豊かにくらすことができたらよいというものではない、自分は貧しい人びとの側に立つべきだ、という回心であった。この回心の背景には、立教大学に入学して富裕な階層の子弟に接し、かれらと自らの所属階層の違いを実感したということがあった。

「大学の食堂での経験で、のちになって象徴的なものとして感じられることがあります。私が一番安いA定食をたべていると、きれいなお嬢さんが三、四人で、よこで一番高いC定食をたべていて、食い散らかす、ほとんど手をつけていない皿もある。彼女たちの背後では三角巾のおばちゃんたちがはたらいていて、女子学生たちの食い散らかしたものを黙々と片付けている。それをみていて、私は貧乏人のせがれですから、どうしても、おばちゃんたちの立場になって考えてしまう。こいつらは顔はきれいだが、やることはなんだ。こうはなりたくない。なんといやな学校だ、ここは。それにしても貧乏は辛いな。高校時代は自分は大学を出て、早くいいかっこうをしようなどと思っていたのですが、そういうものじゃないな、と思いました。大学時代にいろいろな事柄にゆきあって、これに段々に気づいてゆく訳ですが、このときのことは象徴的な体験として、しっかり記憶しています」。

林田の心塾における教育実践については後出の章にゆずる。ここでは、このライフ・コースが規定したかれの教育思想をかいつまんでみておきたい。林田は自らの幼少年時代の体験を「貧すれば鈍する」と要約する。貧乏であること自体は罪ではない。しかし、貧乏によって生じるさまざまな事柄は、劣等感、他者への不信、エゴイズムなどを引き起こし、人間の精神を蝕む。子どものばあい、貧困によって直接蝕まれるのみでなく、蝕まれた周囲のおとなたちによって、さらに蝕まれる。しかし、他面において、「家貧しくして孝子顕る」という事実もある。孝子は親に孝をつくす子どもであるが、それをさらに一般化して天下万民につかえる好士とみよう。貧しい体験、苦しい体験、悲しい体験をした者こそ、その体験をいかして、他者にやさしくなれるのではないか。西洋の諺でも、涙とともにパンを食べた人間が思いやり深くなるという。ひとから助けられた体験は、ひとを助ける志向、すなわち、人間の品性と理想に転化する。「鈍する」か「孝子顕る」かのわかれ道は、青春時代の教育にある。

交通遺児の多くは父親を亡くし、母子家庭で育ち、貧困と差別を体験してきている。かれらはその生活体験から根強い被害者意識をもつようになっている。他人を信用しない、怪しいといぶかる性癖が身についている者が多い。したがって、他人には無関心になりがちで、自分と家族の生活を守ることに精一杯である。これにたいして、交通遺児育英会は、奨学生を「暖かい心」、「広い視野」、「行動力」をかねそなえた人間に成長させようとする。その目標は、世のため人のためにはたらくことができる人材の育成である。そのための方法としての教育は、かれらのライフ・コースを充分に知り、それにもとづく劣等感などからかれらを解放し、ひとりひとりの遺児がそれぞれに個性的に生きてゆくことができるように援助すること、かれらがもつ多様な可能性を引き出してやること、である。

玉井は、心塾をつくろうと考え、その教育を担当する人材をさがしていたとき、二一歳の林田に出会った。「若いけれど品性高く、理想を語りあえ、行動的な男」と、玉井は林田のことをのちに端的に書いている。林田は、大学時代の回心によって、自らのライフ・コースから品性と理想をすでに抽出し、身につけていた。かれは、その回心を、交通遺児育英会の奨学生教育、なかんずく、心塾教育で集合的に推進していったのである。

林田の教育思想は、現代社会学の貧困理論の盲点のひとつを鋭くついている。その理論においては貧困は社会に原因がある分配の不平等であり、不幸である。貧困は、その状況におかれた人びとの生活の諸局面に破壊的影響をおよぼす。社会における貧困階層の大きさ、貧困家庭の数量、そこでの貧困による破壊的影響について、多くの実証的調査・研究が蓄積されている。林田の言葉で言えば、それらはいずれも「貧すれば鈍する」という事実をとりあつかっている。さらに社会問題としての貧困を予防、解決するのは社会保障、社会福祉である。それらの社会政策を、国民は要求する権利をもち、国家は実施する責務をもっている。それらの政策は「貧すれば鈍する」という事実の部分的、あるいは全面的解消である。この理論は、そこで述べられているかぎりのことは正しいのだが、「家貧しくて孝子顕る」という事実に関心をまったくはらわない。貧困がときに品性と理想をうむことがある回心のメカニズムをいっさい無視している。貧しい人びとは一方的に犠牲者であるとされ、かれらが貧しさゆえに主体的に、人間的に生きることができるという真理を認識しない。現代社会学の貧困理論は、結果として、貧しい人びとへの敬意を欠いた理論になっていると言わざるをえない。

8　工藤長彦

工藤長彦は、一九五三年六月、秋田県山本郡琴丘町で比較的裕福な農家の次男としてうまれた。農家では、長男が家をつぎ、次男、三男は大学までゆかせるけれども、後は自分で何とかしなさいという存在である。かれは子どものころから、それをよくわきまえていた。琴丘町は山間の狭い地域にあって、一日の日照時間が短いところであった。山々に仕切られた空を流れる雲をみながら、かれは、いつか自分も山々のむこうの外の世界に出てゆくのだろうと思っていた。そのころ、かれにとって外の世界を代表するのは、北海道大学に在学して、休暇のつど帰省してくる叔父であった。祖母も父親も、かれに、お前も叔父さんのように大学にゆきなさいと言っていた。

工藤は、能代高校に進学して、親許をはなれて能代市内に下宿し、ついで宇都宮大学農学部農業開発工学科に進学して宇都宮市内に下宿した。その学科を選んだのは、当時、環境問題、食糧問題が注目を集めはじめており、その時代のムードに影響され、また生まれ育った土地と家庭のせいで農業が大事だ、自分も農業をつうじて社会に貢献したいと考えたからであった。次男だから農家の後継者になれないが、農業技術者となってやってゆこうと考えていた。大学に入学した年は浅間山荘事件があった年で、事件のテレビ中継をみながら受験勉強をしていて、学生運動はこわい、大学に入っても学生運動には絶対にかかわらないでおこう、と思っていた。大学の入学式には闘争学生たちがなだれこんできて、式をこわしてしまい、最初の半年は授業もほとんどなかった。

宇都宮市の下宿で、工藤は、隣室にいた池沢勤・亨という兄弟の上級生と識りあった。池沢勤は宇都宮市交通遺児を励ます会のリーダーで、かれは工藤に『天国にいるお父さま』と励ます会の会報を読んでみてくれといって、貸してくれた。工藤は『天国にいるお父さま』を読んで、その内容に心を鷲づかみにされ、激しくゆさぶられる想いを味わった。車を憎み、けなげに生きている遺児たちへの同情、かれらを援助しない社会への怒り、その問題に無知であった自分を責める気持。かれは読みながら泣き、泣きながら読んだ。遺児たちのために、なにかをしてやらねばならないとおもった。工藤は池沢勤から交通遺児を励ます会にさそわれ、試しに顔を出してみると、女子学生たちが多い、明るく華やかな雰囲気の会であった。それでも、かれは、最初はためらって準会員としてつきあっていたが、やがて会員として本格的に活動するようになった。そのきっかけは、長野市でひらかれた励ます会の全国大会に参加し、討論の水準の高さに打たれ、玉井義臣に会って心服したことである。工藤は大学三年生のときには、宇都宮市の励ます会の代表となり、全国学生募金の事務局次長にもなって、しょっちゅう東京にきては育英会の事務局に出入りする活動家になっていた。子どものころ、かれが考えた外の世界は、そういうようにしてあらわれたのであった。

工藤にインタビューして自分史を語らせると、死にかんする体験が大きい比重を占める。それは、かれの自分史の客観的現実でもあり、主観的真実でもあるらしい。父の戦場体験談における死の危険、幼時に目撃した祖父の遺体、かれは死について思い惑い、怯え恐れる子どもであった。かれが大学三年生の冬、励ます会の活動の直後、交通事故で仲間の二人が死亡、ひとりが重傷という事件がおこった。その日、かれは、励ます会のリーダーとして、会員を市内のいくつかのクリスマス集会の場に割り振って送った。そのひとつは障害児施設の会で、三人の女子学生がさしむけられた。集会がおわり、帰りみち、彼女たちがバス停でまっていたところに居眠り運転のダンプ・カーが突っ込んできたのであった。工藤は池沢亨ともうひとりの仲間と三人で、報せをうけて病院にとんでいったが、二人の遺体と包帯につつまれたひとりの重傷者に会えただけであった。工藤たち三人は、しばらく泣きくらし、酒びたりの日々を送った。交通遺児を助けよう、交通事故をなくそうと運動をしている自分たちの仲間が交通事故で殺される。自分たちの運動は何なのだ。口惜しさと無力感、それに工藤には被害者の行先を決めたことによる自責感がのしかかって、かれを苦しめた。

大学四年生になり、工藤は就職を考えるようになった。実家で父親と酒をのんで喋っているときに、大学で勉強したことをいかすことにして、秋田県庁に入って地元の農業土木のためにはたらいたらどうかと勧められ、かれはそれはよいアイディアであると思った。六月、玉井から電話があり、「君と話がしたい、宇都宮にゆくからホテルをとっておいてくれ」といわれた。その夜、ホテルであうと、「交通遺児育英会は君を必要としている、いっしょにやらないか」という。思いがけない申し出をうけ、かれはひどく驚いた。かれは即答することができなかった。ひとつには、励ます会の仲間が事故死したショックが残っていた。県庁への就職を考えるにあたっては、育英会の仕事は外部にいて手伝おうと思ってきたこともあった。しかし、励ます会の活動を大学時代だけで止めてしまってよいのだろうかという迷いもあった。玉井は工藤を熱心に説得した。工藤は、のほほんと育ってきた自分が、いまあるような思考力、行動力をもつようになったのは励ます会に参加させてもらったおかげである。また、励ます会の仲間で交通事故死した二人のためにも、育英会に入局し、なんらかの成果を証明としてのこしてやるべきだと思い、玉井の説得を最終的にはうけいれた。

つぎの日の朝、工藤は玉井といっしょにホテルを出た。空は晴れあがって、日光連山がはっきりとみえた。そのとき、気持がなんとも晴々として、世界がそれまでと違ったように鮮明にみえたのを、かれはいまでもよく憶えている。心が洗われて、たかぶっている感じであった。かれは下宿に戻って、実家に電話をし、かれの前夜の決心をつたえた。父親はなにもいわなかったが、母親は泣きだしそうな思いつめた口調で反対して、思いなおしておくれと、息子をかき口説いた。しかし、その後は、工藤は一切迷わず、卒業論文を仕上げ、励ます会の後輩づくりも入念にやって、育英会に入局した。

工藤は、交通遺児育英会に入局すると、最初の二年間は業務課に配属され、一年目はつどいの仕事をやり、二年目は奨学生の採用と機関紙づくりをやった。この二年目に高校奨学生の海外研修大学という行事があり、その研修団の団長は久木がつとめたが、工藤は副団長格で同行した。工藤にいわせると、そのときから久木とかれの人間関係は悪化してゆき、工藤は悩むことが多かった。工藤は吉川や林田に久木から受けている仕打ちについて訴え、かれらはできるだけ工藤をかばったのだが、かばいきれず、二年目の終りに工藤は退職を決意するにいたった。この退職は、三年目に心塾が開所され、玉井がそこに工藤をうつして辛うじて回避された。

工藤は心塾で八年はたらき、それから本部にもどり、指導課でつどいの仕事をやり、ついで奨学課で奨学金の貸与の業務を手がけ、一九九六年、あしなが育英会に移ってきた。かれは、入局早々に久木との人間関係に苦しんだけれども、全体としては、二つの育英会ではたらく機会を、社会的意義がある運動に参加することができたこと、人間的に成長することができたことの両面で満足感をもって評価している。運動の社会的意義については、いまはかれの両親が熱心な信奉者になり、兄、姉、弟たちもそれぞれの立場から応援してくれる。子ども時代、憧れていた叔父はＩＢＭに入ったが、工藤の仕事をやり甲斐のある仕事だろうといい、かれの影響をうけて、地方自治体の文化交流部門に転職してしまった。工藤自身の人間的成長にとっては、心塾での八年間の体験が大きい。玉井の下で林田といっしょに、交通遺児たちと日常的につきあってくらしながら、かれは格段にタフになった。そのあたりについては、のちに心塾について述べるときにまたふれる。

しかし、交通遺児育英会の勤務は過労に過労がかぶさってくるきびしいものであった。とくに最初の一〇年、慢性的な睡眠不足の日々がつづいた。そんな生活形態のなかで、工藤の最初の結婚はこわれた。かれは一九七九年に結婚したのだが、相手は交通遺児の大学奨学生だった女性で、地方の励ます会の幹部であった経歴をもっており、かれは彼女が育英会の仕事の意義を理解してくれているから、自らの勤務への打ちこみぶりをも許容してくれると勝手に決めこんで、やりたいようにはたらいていた。かれはあまり家に帰らず、彼女とすごす時間を創る努力をまったくしなかった。その結果、かれらの結婚生活は一〇ケ月しかつづかなかった。彼女が実家に帰ってしまったあと、かれは大いに反省して詫びを入れてみたが、いっさいとりあってもらえなかった。八七年、工藤は再婚した。かれ自身に言わせると、今度は家庭をおおいに大事にしているそうだが、長時間勤務、休日出勤は、ときに細君を怒らせているらしい。

工藤は玉井について大いに語ったが、そのひとつだけを引用する。私は自分には父親が二人いるような気がします。実の父親と玉井さんと。玉井さんは歴史を創る教育者だというように感じます。男たちの多くには、明治維新の志士たちに憧れる気持があります。私にもかれらのようにカッコよく生きたいという願望、大きい仕事をしたいという気持が、心の底のどこかにある。玉井さんはそれを実現させてくれる指導者だと思っているのです。歴史を創る教育者のたとえ、維新の志士への憧れはそれなりにわかるのだが、問題のひとつは、かれがかれを父親の息子としてのみ自己規定するところにあるのではないか。かれは、やがて、かれを自らの子どもの父親として自己規定しなければならない。

9　かれらはなぜ交通遺児育英会をえらんだのか

一九七〇年代の前半、日本列島の各地で交通遺児を励ます会が組織され、そこに集まってきた人びとは遺児と遺児家庭の救済をめざしていた。かれらのなかで、本章で紹介した七人の若者たちは大学にいて、それぞれのライフ・コースをたどりながら、交通遺児育英会を率いる玉井義臣の許に惹きつけられてくる。かれらの、大学所在地、大学名、氏名を北から南へいえば、(1)帯広市、帯広畜産大学畜産学部、吉川明、(2)秋田市、秋田大学鉱山学部、桜井芳雄、(3)宇都宮市、宇都宮大学農学部、工藤長彦、(4)東京都、立教大学文学部、林田吉司、(5)大阪府、立命館大学産業社会学部、山本孝史、(6)広島市、広島大学工学部、藤村修、(7)福岡市、福岡工業大学工学部、山北洋二、である。だれがたくらんだ訳でもないのだが、かれらの大学の所在地は、北海道から東北、関東、関西、中国をへて、九州まで、全国の各ブロックにきれいに散らばっていた。

七人の若者たちのライフ・コースをみてゆくと、交通遺児育英会の運動が同時代の大学紛争、学生運動、反体制運動との対抗関係において出現したことがあきらかである。これについては、学生募金の初期段階を分析したおりにすでにわずかにふれた。それを、ここであらためて、ややくわしく論じてみよう。なお、この事実は、玉井のライフ・コースを追うのみでは、ほとんどあきらかになってこない。

まず、すでにみた七人の自分史のなかでこの事実がどのように言及されていたかを確認しよう。林田をのぞく六人のばあい、同時代の大学紛争、学生運動などへの直接の言及がある。桜井は中核派の活動にわずかにくわわったことがあり、そこから撤退することによる心理的負担感を埋めあわせるために、学生募金に打ちこみ、それが育英会入局につながった。吉川は高校生時代、七〇年安保闘争に積極的に身を投じ、その延長線上で大学入学後、学生募金、励ます会運動に参加し、育英会入局にいたっている。藤村は自動車部のボランティア活動、学生募金に大学紛争の影響があったことを認めており、かれはそれらの活動の経験に媒介されて、育英会に入局している。なお、この論法にしたがえば、林田も、かれ自身は意識していた訳ではないが、大学紛争の影響下に自動車部の学生募金に参加し、それがきっかけで育英会でアルバイトをして、同会に入局したといえる。山本、山北はボランティア運動に打ちこんでおり、それが学生募金、励ます会運動を経由して育英会入局につながるのだが、かれらはそのボランティア活動との対比で大学紛争、学生運動などを空しいものとしてやや軽侮して語っており、そのような見方で育英会の運動と同時代の反権力運動を対置していたのだといえる。工藤は学生運動はこわいものとみて、励ます会の運動に参加してゆくのだが、これは、かれが運動家の第一世代では最年少であり、かれが大学に入学する前後には、大学紛争の残党の一部がいわゆる過激派集団に転化していたためである。

なぜ、七人の若者は、そうして、かれらの背後にいた多数の学生募金と励ます会への参加者たちは、大学紛争の時代に全共闘運動に参加せず、交通遺児育英会の運動に参加したのか。体制の否定とコンミューンの建設をめざす観念的な社会革命の運動ではなく、自助と共生に特徴づけられつつ車文明と成長至上主義を批判する現実的な社会改良の運動をえらんだのか。その後、七〇年代後半から八〇年代の歴史的時間の経過のなかで、前者は急速に暴力行使を自己目的化するテロリスト諸派に転落し、相互に殺戮しあって、大衆の支持を完全に失うことになる。後者はＮＰＯ運動、教育運動、福祉運動として発展し、福祉国家の成立基盤である福祉社会の一環として、大衆の支持を集めつづけた。なぜ、かれらは前者ではなく、後者をえらんだのか。その選択を可能にした有力な要因と推定されるものを六つあげてみる。

第一、ボランティア体験。山本と山北で典型的にみられることであり、藤村と工藤にも一部でみられるのだが、ボランティア活動に打ちこんだ体験は、交通遺児育英会の運動への参加への跳躍板になりやすく、反体制運動や反米運動などへの批判的姿勢、冷淡さ、無関心さをひきだしやすい。ボランティア活動は、全体社会の既存の秩序を認めたうえで、個人や組織が自発的に活動し、その力がおよぶ範囲で問題を解決し、善意や正義を実現しようとする行為である。これはそのまま交通遺児育英会の社会運動の性格でもあった。これにたいして同時代の反体制運動や反米運動は、社会主義や共産主義、あるいはコンミューンなどのユートピア思想にもとづき、全体社会の秩序を根源的に否定することをめざす運動である。ボランティア体験に根ざすリアリズム(現実主義)は、このユートピア思想のアイディアリズム(理想主義)を信用しない。

第二、自動車部体験。それぞれの所属大学の自動車部において、藤村は主務、林田は主将であり、吉川は一時期部員であった。かれらはその縁で学生募金や励ます会に参加している。

桜井は各大学の自動車部を組織して学生募金をはじめたのであった。自動車部は体育会系のクラブであり、総じていえば上級生と下級生のあいだに成立する上下関係を機軸とした既存秩序を重視する保守的傾向があった。大学紛争の時代には、そこでも社会的関心はつよくなったが、その傾向は社会的関心をもつ部員たちに社会改良志向を選択させ、社会革命志向を忌避させた。体育会系クラブの自動車部の価値意識は、この改良志向のほか、無定限無定量にはたらくのを美化する傾向や、男性が一人前の存在であって女性は添えものという男社会の論理を、交通遺児育英会にもちこんだ。

第三、貧困問題への関心。林田は生家の人並みの食事がままならなかった貧困を語り、山北は励ます会の訪問活動でおとずれた冬季に暖房がなかった貧困家族について語っている。桜井をのぞくほかの四人も、いずれも励ます会の活動をしているので、同様に極貧の交通遺児家庭の生活をみているはずである。そういえば、私が一九七四年、交通遺児育英会の委嘱で第一回目の調査をやったとき、その報告書『交通遺児家庭の生活実態調査』の「第三部事例調査」の巻頭には、当時まだ帯広畜産大学の学生であった吉川が執筆したすぐれたケース・レポート「北海道C・N・さん」が掲載されていた。その家庭の家計の収支をくわしく紹介したあと、吉川は母親の談話をつぎのように記録した。

「支出について詳しくいいますと、子どもが伸び盛り食べ盛りですので、食費だけは普通並みにお金をかけているつもりです。大変助かっているのは、私も(亡くなった)主人も里が農家なので、色々な野菜をもらって来ていることなのです。庭で私も野菜を作っていますし。

食費以外はすべて切りつめています。とくに娯楽費、被服費、教育費はまったくといっていいほど使っていないんです。子どもに本なんか買って与えたことはないし、娯楽費と名がつくのはテレビの受信料くらいなものです。たまに親子そろって旅行したいんですが、一度も出たことがない。衣類も買うといえば下着くらいで、あとは親類で古いものをもらって、着させているんです。（後略）」

このような貧しさについての切実な訴えにあえば、なるべく早くその事態を解決する所得保障などの社会改良が第一義的に考えられるのが自然である。体制変革だとか反米反帝などというのは、社会の最底辺を識らない中産階級か中流上層の学生たちの夢物語、ユートピア物語であるというほかない。七人の若者たちはみな貧困の実態にふれて社会改良を志向した。

第四、環境問題への関心。吉川は二人の友人と高校生時代に農業、土地、資源などの問題につよい関心をもち、それが三人の大学進学のさいの進学先を決定している。工藤にもほぼ同じ事情があった。桜井は大学に入学したのち、環境問題の重要性に気付いている。交通遺児育英会の運動は、モータリゼーション批判から環境問題への注目、自然の生態系の保護を提唱していたので、かれらがそこに惹きつけられていったのは当然であった。これにたいして、全共闘の思想は体制変革をめざしていても、環境保護に関心をはらっていなかった。これは、その思想の祖型としての一九世紀マルクス主義思想が、自然科学による自然の支配＝収奪を、産業活動として無条件に肯定したことに由来していた（たとえば、F・エンゲルス、奥田八二訳「猿の人間化における労働の役割」『マルクス・エンゲルス選集第4巻・史的唯物論』新潮社、一九五七年)。このばあい、育英会の運動と全共闘の運動を、改良運動対革命運動の対抗図式においてとらえるのみでは不充分である。それはエコロジーを備えた思想とそれを欠いた思想の対抗図式においてとらえられねばならない。

第五、理系学部への所属。七人の若者たちのうち、五人までが大学で理系学部に所属していた。くり返しをいとわずに、もう一度列挙すれば、吉川＝畜産学部、桜井＝鉱山学部、工藤＝農学部、藤村＝工学部、山北＝工学部である。この事実の一部は前項で指摘した事柄と因果の関係にある。また、それらの学部で学習される現代の自然科学的発想、とくに工学的発想は、若者たちの社会的実践を漸進的な社会改良の方向にみちびき、空想的なユートピア思想やそれにもとづく体制変革、社会革命の思想に傾斜することへの歯止めとしてはたらいたのではないだろうか。

第六、玉井義臣の牽引力。以上の五要因にくわえて、玉井の個人的魅力が若者たちをかれが率いる交通遺児育英会に惹きつけた。かれらがそれぞれに語ったその魅力の各側面はまことに多様であった。それらの感性的描写を一々くり返すことはしない。ここで多少の整理をしながらいえば、かれは、成功しつつある新しいタイプの社会運動家として登場し、運動家志望の若者たちをかれの運動のなかに牽引したのであった。その新しさはなによりも交通遺児の救済、車文明の批判という時代のニーズに正面からとりくんだことによる。あわせて、かれは、若者たちにとって父性的存在、家父長的存在であり、また、かれらを運動の同志として対等の相手として一貫して遇する人物であった。

Ⅷ　「あしながおじさん」群像

1　「あしながおじさん」制度の発明

一九七九年度、交通遺児育英会は創立一一年目に入るのだが、その年度初頭に深刻な財政危機にみまわれた。奨学金の貸し付けの仕事をそれまでどおりに続けてゆけば、年度の半ばまでゆかずに、手持ち資金がつきてしまうほどの小ささに減ってしまったと、当時、同会はキャンペーンしたし『交通遺児育英会二十年史』にも同趣旨の記述がある。これには危機を訴えるための多少の誇張があるのだが、しかし、なにほどか危機の実態があったことも確かであった。

正確にいえば、つぎのような財政状況があった。七八年度終り、交通遺児育英会のもつ繰越金＝金融資産は、基本財産が一八億二〇〇〇万円、運用財産が五億二六〇〇万円であった。前年度、七七年度終り、同会の金融資産は、基本財産は同額の一八億二〇〇〇万円、運用財産は一二億四四〇〇万円であった。あらためていうまでもないが、財団法人の金融資産のうち経常の業務につかえるのは運用財産のみである。基本財産に手をつけることが許されるのは、財団法人の解散にさいしての清算業務のためだけである。その運用財産が七八年度終り、前年度終りの金額の半分以下になったので、さきの財政危機キャンペーンはおこなわれたのであろう。この運用財産のみで、七九年度の奨学金の貸し付けをおこなってゆけば、年度の途中で育英会の金庫は空になる。しかし、実際には、財団法人の経常の業務には、運用財産以外にその年度の収入もつかうことができ、収入が支出を上まわれば、その差額は翌年度の運用財産に加えられてゆくのである。運用資産の半分以下への減少のみを理由として、手持ち資金が年度半ば以前につきるといったのには不確かな推測と誇張があったといわざるをえない。

しかし、交通遺児育英会の事務局にいた玉井以下のスタッフで、同会の財政状況に危機意識をつのらせていた人びとにたいして同情的な見方をすれば、つぎのようにもいえる。同会は創立以来、七年目まで収入が支出を上まわっており、そのかぎりで黒字財政がつづき、運用資産も増大してきていた。ところが、八年目、九年目と赤字財政となり、とくに九年目の赤字は三億五六〇〇万円という巨額に達した。その赤字におうじて、運用資産も減少をつづける。この赤字は一〇年目にもつづいて、三億五三〇〇万円となっている。一〇年目の七八年度の初め、この赤字の見通しはほぼついていたであろうから、スタッフの危機意識はそれなりに切実なものであっただろう。ただし、赤字財政はこの三ケ年度だけであったし、その主要原因は心塾の建設費であった。その建設費の支出は三年間にかぎられるものであることが、スタッフに知られていたのも確かである。

玉井は、この財政危機を打開するために、国民各層に新しい資金寄付者たちをもとめて、

「あしながおじさん」制度を創り出した。これが決定的な成功をおさめて、交通遺児育英会は財政危機から脱出し、以後の一〇年間をとおして、同会の収入の約三五％はこの制度によってまかなわれることになった。

「あしながおじさん」は匿名の学資提供者である。かれあるいは彼女は、交通遺児育英会に「あしながおじさん」になることを申し込み、登録される。そのさい、申し込み者は、高校生に毎月一万五〇〇〇円を三年間贈るか、大学生に毎月三万円を四年間贈るか、のみ意思表示する。育英会は、この寄付者を、奨学金の貸与を希望している、特定の交通遺児の高校生あるいは大学生に、遺児の名を伏せたまま結びつける。つまり、「あしながおじさん」は、交通遺児であることだけは確かなどこかのだれかに、在学期間をつうじて学資を贈りつづける。交通遺児の奨学生の側からみれば、善意と自発性をもつ寄付者であるどこかのだれかによって、在学期間をつうじて、学資を贈られつづける。かれらはたがいに匿名の存在であり、おたがいに名乗りあうことはない。相手は確実に存在しており、それは育英会が保証しているのだが、その相手の属性は想像力によって想い描くほかはない。

玉井は、この構想の細部までを固めたうえで、四月一八日に記者会見をおこない、制度の紹介をしたうえで、二八日から全国の主要都市の街頭で「あしながおじさん」募集のキャンペーンをはじめると発表した。翌日の各紙の朝刊はいずれも、これを大きく報道した。たとえば「読売新聞」は八段をつかって「交通遺児が待ってます」、「あしながおじさんヤーイ」、「『育英会』財源ピンチ」などのキャプションをならべている。この記事のなかの玉井の談話は、この制度が寄付者にたいしてもつ魅力を巧みに描写していると感じられる。

「ひとりの遺児に愛情を注ぎ、卒業まで面倒をみる、という寄付者の大きな意志が加わっているところに、従来の寄付との違いがある。むろん、〝おじさん〟には会報や、奨学生の文集を送り届け、キズナを深めていく」。

ひとりの「あしながおじさん」にとって、かれが提供する学資をうけとる特定の奨学生は完全に匿名の存在である。しかし、その奨学生の生活史や性格、意識について、あれこれと想像するための材料は、会報や文集で提供される。そうして、なによりも、自身の愛情と意志がその奨学生の学業を完成させるのだという確信と自負をもつことができる。

この制度を玉井が思いついたきっかけにかんしては、一部は伝説になりかかっている説明がある。すなわち、(1)育英会が発足してまもない一九七〇年一月から毎月現金書留に育英会と遺児への励ましの手紙をそえて送りつづけてきた、東京都本所に住むかなり高齢らしい女性の存在、(2)「いま私にできるのは、遺児になんの負担も感じさせず毎月奨学金を出すことくらいです。これを制度化しませんか」という、樋口恵子の助言、(3)その助言からうまれた「教育里親」というアイディア、(4)玉井の姉たちのひとり、夏水は文学少女で、彼女の愛読書の一冊が、M・ウェブスターの小説『あしながおじさん』だった。これは孤児の娘が、匿名の寄付者「あしながおじさん」に学資を贈られて大学を卒業し、その後、その男性と恋をして結婚することになるという物語である。夏水は看護婦をやっていたが、過労から脊椎カリエスを患い、二〇歳すぎに亡くなっている。病気が重くなってから、彼女は実家に帰ってきて療養していたが、そのころ、子どもだった玉井に『あしながおじさん』を読んでくれた。そのタイトルと「あしながおじさん」のイラストにかんするかれの記憶。その記憶は、制度のネーミングを考えたとき、ひょっこりと想い浮んだのだった。

結果から判断すれば、これらの契機のうち、決定的な影響力をもったのは、『あしながおじさん』の記憶であった。実は、交通遺児育英会は、「あしながおじさん」制度の発足にさきだって、名称はちがうが内容はほとんど同一の「教育里親」制度をつくって、寄付者を募集したことがあった。しかし、これに応募してきた人びとは皆無にちかかった。それが名称を「あしながおじさん」とあらためたら、おもいがけない多勢の寄付者があらわれたのである。このネーミングがかれらの想像力をかきたて、自発的な寄付行為におもむかせる有力な要因であったことは確かである。さきにも述べたように、玉井は、ネーミングや造語の才能にめぐまれた人だが、この「あしながおじさん」という命名は、かれの最高傑作となった。

2 「あしながおじさん」たちの登場

一九七九年四月末から約一ケ月のあいだに、一五〇〇人あまりの人びとが「あしながおじさん」になることを申し込んできた。かれらの大多数は交通遺児の高校奨学生へ奨学金の提供を申し込んできたので、交通遺児育英会は、「あしながおじさん」の活動期間を一期三年間として、三年おきに、とくに力をいれて、「あしながおじさん」を募集することにした。もちろん、各期の途中でも、申し込みがあれば、それをうけつけていった。各期の「あしながおじさん」の数の最終結果は、つぎのとおりであった。

第一期、七九年四月―八二年三月、一七七〇人
第二期、八二年四月―八五年三月、四六〇五人
第三期、八五年四月―八八年三月、七五八八人
第四期、八八年四月―九一年三月、四九七三人
第五期、九一年四月―九四年三月、一七六一人

第一期の人数に比較して、第二期、第三期のそれが急激に増加した原因のひとつは、制度発足時には想定していなかった、「短足おばさん」と自称した人びとの登場である。制度がはじまったときは、「あしながおじさん」は、規定どおりに、高校奨学生が相手ならば、三年間、毎月、一万五〇〇〇円を贈ると考えられていた。これにたいして、満額を贈るのはむりだが、その一部を贈らせてもらいたいと申し込んでくる人びとがあらわれたのである。きっかけは、横浜市に住む四八歳の主婦からの手紙であった。

「毎月一万五千円は乏しい収入で家計をやりくりする者にとっては、ちょっと負担できない額です。でも、悲しみや苦しみに耐えて学ぶ子たちのために、たとえ砂の粒ほどのわずかな額であっても贈ってあげたい。生活を切りつめれば、毎月五千円は送れそうです。私のような、〝短足おばさん〟でも応募できますか」。

この申し出とそれが交通遺児育英会によって歓迎されうけいれられたことが、マス・メディアによって報道されると、同じような申し出があいついで、「あしながおじさん」の数を

急激に押し上げることになった。

なお、この当時から、「短足おばさん」という表現には、あしながにたいする短足とは、自己をいやしめ、他者を見下す表現であり、善意の寄付をその金額の小ささゆえに差別することになるという批判があった。しかし、寄付者自身が短足ですと名乗る例が多かったこと、おそらくそこには、一種の諧謔というかユーモラスな気分がこめられており、さらには、貧者の一灯という日本の伝統文化に属する心意気、自分はかならずしも裕福ではないが、できるだけつつましく暮らして、自分よりもっと貧しい他者のためにわずかでも援助したいという心情がこめられていたことなどから、この表現は、しばらくのあいだ、広い範囲でつかわれた。

さて、「あしながおじさん」による寄付の金額とそれが育英会の全収入に占める割合はどうであったか。表21によって、七九年度から九三年度までの一五年間でみると、「あしながおじさん」による寄付の累計額は一一四億八七〇八万五一六九円となる。この期間の育英会の収入の累計額は二八五億六六五七万六一二四円であったから、そこでの「あしながおじさん」の寄付の比率は四〇・二一％になる。

各年度ごとにこの比率の推移をみると、各期ごとの特徴がはっきりと読みとれる。第一期の三年間は一四・一三％、一九・九四％、一六・六五％と、一〇％台を上下している。これが、第二期の三年間になると、三六・一四％、三五・一三％、三五・一七％と、三五、六％台をつねに記録する。交通遺児育英会の年間総収入の三分の一強は、「あしながおじさん」の寄付に

表 21 「あしながおじさん」による寄付と交通遺児育英会の全収入の年次推移(1979–93 年度)

年度	A＝「あしながおじさん」による寄付	B＝交通遺児育英会の全収入	A/B×100
1979	236,616,768	1,674,905,699	14.13
80	272,963,747	1,369,056,301	19.94
81	227,210,383	1,364,585,039	16.65
小計	736,790,898	4,408,547,039	16.71
1982	679,760,999	1,880,766,263	36.14
83	641,880,561	1,827,065,443	35.13
84	600,899,082	1,708,552,750	35.17
小計	1,922,540,642	5,416,384,456	35.49
1985	860,515,252	2,179,003,045	39.49
86	1,013,495,491	2,200,505,005	46.06
87	983,590,783	2,249,852,333	43.72
小計	2,857,601,526	6,629,360,383	43.11
1988	1,055,308,504	2,185,015,294	48.30
89	1,094,451,611	2,295,687,706	47.67
90	1,071,889,369	2,251,755,686	47.60
小計	3,221,649,484	6,732,458,686	47.85
1991	1,039,619,019	2,168,607,114	47.94
92	971,502,041	1,798,919,221	54.00
93	737,381,559	1,412,299,225	52.21
小計	2,748,502,619	5,379,825,560	51.09
	11,487,085,169	28,566,576,124	40.21

よっていることになる。さらに第三期の三年間では、三九・四九％、四六・〇六％、四三・七二％となって、第四期の一年目には四八・三〇％という最高値が記録され、ついで四七・六七％、四七・六〇％となる。第三期の八五年からは、春秋の学生募金のさいに街頭で、「あしながおじさん」になることを申し込むための資料請求用の葉書がついたチラシを配付したが、これが大きい掘りおこし効果をあげた。このころよりのちになると、育英会の財政の約半分は、「あしながおじさん」によって支えられているという認識が、玉井やかれのスタッフに共有されるようになっていた。

「あしながおじさん」を居住地域別にみると、首都圏への集中という特性がまず目につく。表22は、第三期の「あしながおじさん」の実数を都道府県別にみて、人口一〇万人にたいする出現数を算出したものである。その大きさの順位は、一位、東京、二四・〇、二位、神奈川、一四・五、三位、千葉、一〇・一、四位、埼玉、九・三、五位、宮城、四・八となる。全国ではこの数字は六・三であるから、全国平均を上まわるのは、全都道府県のうち東京、神奈川、千葉、埼玉の四都県のみである。この首都圏における出現数の相対的大きさは、手持ちの資料のみでは充分に説明されないが、仮説構成風にいえば、交通遺児育英会の学生募金が首都圏でもっとも活発におこなわれており、したがって資料請求用の葉書のついたチラシもそこでもっとも大量に配布されていることが有力原因のひとつになっていよう。

「あしながおじさん」の人間像についてさらに具体的な特性を述べようとすると、まとまった調査資料としては、一九八四年に交通遺児育英会が私に委託して実施した調査の報告書、

表 22　都道府県別「あしながおじさん」数(第 3 期)，人口(1985 年)，人口 10 万人あたりの「あしながおじさん」数

	A＝「あしながおじさん」数	B＝人口(千人)	A/B ×100		A＝「あしながおじさん」数	B＝人口(千人)	A/B ×100
北海道	107	5,679	1.9	京　都	80	2,587	3.1
青　森	15	1,524	1.0	大　阪	293	8,668	3.4
岩　手	24	1,434	1.7	兵　庫	228	5,278	4.3
宮　城	105	2,176	4.8	奈　良	33	1,305	2.5
秋　田	28	1,254	2.2	和歌山	19	1,087	1.7
山　形	16	1,262	1.3	鳥　取	22	616	3.6
福　島	39	2,080	1.9	島　根	16	795	2.0
東　京	2,835	11,829	24.0	岡　山	62	1,917	3.2
茨　城	98	2,725	3.6	広　島	134	2,819	4.8
栃　木	57	1,866	3.1	山　口	60	1,602	3.7
群　馬	50	1,921	2.6	徳　島	17	835	2.0
埼　玉	543	5,864	9.3	香　川	43	1,023	4.2
千　葉	521	5,148	10.1	愛　媛	33	1,530	2.2
神奈川	1,075	7,432	14.5	高　知	23	840	2.7
新　潟	44	2,478	1.8	福　岡	110	4,719	2.3
山　梨	27	833	3.2	佐　賀	24	880	2.7
長　野	77	2,137	3.6	長　崎	27	1,594	1.7
静　岡	128	3,575	3.6	熊　本	65	1,838	3.5
富　山	24	1,118	2.1	大　分	25	1,250	2.0
石　川	28	1,152	2.4	宮　崎	16	1,176	1.4
福　井	14	818	1.7	鹿児島	42	1,819	2.3
岐　阜	44	2,029	2.2	沖　縄	19	1,179	1.6
愛　知	218	6,455	3.4	海　外	5	—	—
三　重	46	1,747	2.6	計	7,588	121,049	6.3
滋　賀	29	1,156	2.5				

注：人口 10 万人あたりの「あしながおじさん」数の計欄は，「あしながおじさん」の全数から海外分を減じて求めている．

資料出所：「あしながおじさん」数は，『交通遺児育英会二十年史』p. 528，人口は国立社会保障・人口問題研究所編『人口の動向 ―― 日本と世界』p. 171.

『「あしながおじさん」の体験と意見』があるのみである。これは、第二期の「あしながおじさん」を対象にしておこなわれたものだが、その標本の基本的属性と、「あしながおじさん」になった動機を紹介しておこう。

調査は事例調査と全国調査から構成された。事例調査は、私とスタッフが「あしながおじさん」二四例に個別に長時間インタビューをおこない、ケース記録を作成、分析する方法でおこなわれた。全国調査は、事例調査でえた知見にもとづき調査票を作成し、これを三七八三名の「あしながおじさん」に郵送し、一五六七名から回答をえて、それを集計、分析する方法でおこなわれた。

標本の基本的属性として年齢をみると、一〇歳きざみで、二〇代六・四％、三〇代二〇・九％、四〇代二五・一％、五〇代二四・二％、六〇代一五・八％、七〇歳以上六・四％となる。四〇代が最頻値で、これに三〇代、五〇代をあわせると、「あしながおじさん」の約七割は壮年期の人びとである。これにたいして、六〇代と七〇歳以上、つまり向老期と老年期にあたる人びとが約二割であった。性別では、男性四四・〇％、女性五四・六％。さきにみた年齢別と性別のクロス集計では、二〇代から五〇代までの各年齢階層では女性の比率が男性のそれより高いが、六〇代では両性の比率がほぼ並び、七〇歳以上では男性の比率が女性のそれより高くなる。

のちにみるが、単身者、子どもをもっていないか育ておわった者が、家族関係の心理的代替をもとめて、「あしながおじさん」になる例は少なくない。そこで配偶者の有無別をみると、全体は「いる」七二・六％、「いない」二五・五％にわかれる。これは、男性では「いる」八二・〇％、「いない」一六・五％、女性では「いる」六五・四％、「いない」三三・二％となる。単身者の比率が、女性のばあい、男性のばあいの二倍になっている。また、学生、生徒、浪人および学齢に達していない子どもの有無では「いる」三八・二％、「いない」五五・八％にわかれる。これは、性別では、男性で「いる」四二・七％、「いない」五二・八％、女性で「いる」三四・九％、「いない」五八・六％となる。

3 「あしながおじさん」になった動機

前記の全国調査でつかわれた調査票は全五五問から成っている。それによってえられたデータは膨大なものであるが、ここでは、そのわずかな一部、「あしながおじさん」になった動機にかんする三つの質問への回答をつかって、「あしながおじさん」の人間像を素描してみたい。

まず、その三つの質問を紹介する。

問5、「あしながおじさん」になることを申し込まれたさいのお気持は、下のようにわけるとどれにあたりましょうか。主なもの三つまでに〇印をつけてください。

1、かつて他人からうけた恩を返したい。2、いまの自分の幸福を感謝して、その一部をわかちたい。3、世の中のために役立ちたい。4、だれか他人のために役立ちたい。5、身近かでうれしいことがあったので、それを記念したい。6、身近かで不幸があったので、供養・追善のためにしたい。7、自分の力、意志をためしたい。

問6、「あしながおじさん」になることを申し込まれたさいのお気持に、下のようなものがありましたか。主なもの三つまでに○印をつけてけっこうです。

1、交通遺児であるから高校進学ができないのはかわいそうだ。2、自分は若いころ苦学・苦労したので、ひとごととはおもえない。3、自分は若いころ学校にゆけなかったので、ひとごととは思えない。4、自分の子は一人前になって手がかからなくなった。5、自分には子どもがいないから。6、交通遺児に援助することが、自分の子の教育のためになるから。

問7、まえの二つの問(問5、問6)のみでは、「あしながおじさん」になられたお気持が充分に表わしきれないだろうとおもいます。そのおりのお気持をなんでも自由にお書きください。

問5は「あしながおじさん」になったさいの動機を一般的にたずねたものであり、問6はその動機をとくに交通遺児イメージ、自らの青年期の体験、自分の子の教育などとの関連でたずねたものである。問7は、自由記述で回答をもとめた。この問7の回答を整理すると一一の動機類型がえられた。その各類型の説明を手短かにおこない、それらについて問5、問6で関連する統計データがえられているならばそれを紹介し、事例をあげて多少の分析を試みたい。

(1) 幸福に感謝する。

これは、現在の自分が幸福であると考え、それに感謝し、その幸福の一部を他人に分かとうとして、「あしながおじさん」になったという動機タイプである。

私たちは事例調査からはじめたのだが、この動機タイプが高い頻度であらわれてくるのに、すぐに気づいた。調査に入るまで、これはまったく予想していなかったので、それは思いがけないことと感じられた。「あしながおじさん」の多数部分は、自分を幸福な存在であると考え、その幸福を他者にわかつために、「あしながおじさん」になっている。全国調査でも、「あしながおじさん」になった動機を三つまでの複数回答で訊いたとき、回答者の六八・九%、約七割の人びとが、「いまの自分の幸福を感謝して、その一部をわかちたい」をあげている。

自由回答を読んでいて、あらためて考えさせられるのは、この幸福の性質である。まず、多くの人びとが無条件に幸福とみなす状態がある。その大部分は家族生活に属するもので、円満な夫婦仲、子どもの健やかな成長、入学や卒業、安定した家計などである。ほかに充実した労働、過去の幸福な体験もある。

「結婚二〇年目で気づいたとき、立派な舅様と素敵な主人、私には過ぎたよい子どもたちに恵まれて、五人家族全員が病気もせず、日々をくらしています。み仏の深い恵みによるものです。この喜びをなにかに感謝したいと思い、このことを思いたちました」。

「私は自分の希望通りに高校、大学生活を送り、社会人となりました。『学生時代』は、いま考えると、親や周囲の人びとに甘えて、好きなこともやって、楽しい時でした。勉強も、スポーツも、友だちも……。それは、社会人となったいまとは、違う世界のような気がします。そういう世界を望む人には味わってもらいたいと思います」。

しかし、これらとは性質が異なる幸福もある。ひとつには、このひとは不幸を知っているので、あるいは不幸を想像することができるので、それとの対照で現在の自分を幸福とみることができるのだと、思わせられる例が少なくない。社会学はとかく民衆像をなにほどか不幸な存在とみなしがちである。これにたいして、さきに指摘した事柄は、一見不幸にみえるひとの幸福感の由来を説明する。また、あたえられた条件のもとで足ることを知る謙虚さをもちあわせているので、幸福であるという感情や感謝の気持をもつことができるのだと、考えさせられる例も多く目につく。この足るを知るという考えかたは、民衆論ではつねに退嬰的なものとして否定されてきているが、その積極的効用も考えられるべきであろう。

「私には二人、男の子がおります。この子たちが健康に育っていることにたいする感謝の気持です。私は四歳のとき、原爆で被爆しました。結婚すべきかどうか、子どもをつくるべきかどうか、迷いました。でも、子どもは二人でき、元気でいます。不思議な気持です」。

「いまは亡き父ですが、戦傷の後遺症から体が弱く、そのために交通事故にもあい、小さいときから父母の苦労をみてきました。父は、私が高二のときに亡くなり、私自身も奨学金をうけました。いまは三歳の長男をかしらに、三人の子宝に恵まれ、幸せにすごさせてもらっています。子どもをもってから、あらためて親の苦労がしのばれ、なにか役に立ちたい気持になりました」。

「人はそれぞれ、できるかぎりの努力はしなければならないと思います。その結果、得られたものは、自分だけで使ってしまってよいとはかぎりません。やはりそこには限度があり、自分がたまたま得たものであっても、多くの人びととわかちあわなければと思うのです。私の生活レベルはけっして高いとは思いませんが、分相応と思われます。そのため、超過分について送金させてもらっています」。

(2) 他人に役立ちたい。

これは、家族、親族以外のだれかのために役立ちたくて、「あしながおじさん」になったという動機タイプである。

事例調査ではこれが高い頻度であらわれてきたが、これは充分に予想されていたことであった。全国調査では、さきにいった、「あしながおじさん」になった動機が訊かれたとき、「他人のために役立ちたい」という回答が五三・九％におよび、幸福に感謝するという動機についで二位を占めた。

自由回答を読んでいて考えさせられるのは、この動機が成立するさいの理由である。そのひとつは、子どもや若い人びとへの愛情、かれらの成長への期待、かれらにたいする責任感などである。愛情のばあい、見知らぬ交通遺児に直接向けられるものもあり、身近なだれかに本来向けられたはずのものが、そこで受け入れられず、いわば転じて交通遺児に向けられたというものもある。責任感は、成人世代や老人世代に属するものとして、あとにつづく世代の教育を保障しようとする責任感である。

「子どもも若者も大好きです。その子らが、すくすくと、まっすぐに育ってほしいと希っています。しかし、いまの日本の繁栄が、かえって、この子たちを不幸にしているようです。子どもの幸せのための努力をしないで、お金だけ出すのはさびしいことです。子どもたちをもっと幸せにしたい」。

「いまから三年まえ、ひとりの女性に恋をしてしまいました。彼女は高校二年生。こんなに好きなのに、なにもしてあげられないのが切なくて辛くて。ちょうどそんなとき、新聞で交通遺児のこと、あしながおじさんのことを知りました。彼女と同じ高校生がこんなに一生懸命生きている。私の彼女への愛の証として、奨学資金を送ります」。

「私どもの娘は俗にいう非行少女です。中学校もきちんと卒業できず、親としてどんなに悩み苦しんだことか。望めばできるかぎりの教育をと考えていたのに、とても悲しい思いをしました。そのときも、そしていまも、多くの方がたに迷惑をかけています。そんな娘への報われぬ思いをこめて、微力でも、苦学している子どもたちのために、かげながら援助したいという願いからでした」。

「一生涯勉強は当然のこと。しかし、その基礎として、若年者にしっかり教育をうけさせるのは、年長者として、もっとも大切な責務と考えています。私は年金生活者でけっして豊かではありませんが、少しでも励ましと支えになってあげたい」。

また、年長者、成人の責任感のひとつのヴァリアント(変形)とみるべきであろうが、自分の子どもを育てあげたから、あるいは自分には子がいないから、交通遺児の役に立ちたいというものがあった。全国調査で、「あしながおじさん」になった動機を交通遺児についての見方との関連にしぼって三つまでの重複回答を許して訊いたさい、「自分の子は一人前になって手がかからなくなったから」は一九・九%、「子どもがいないから」一三・〇%などがあった。一例ずつあげる。

「二人の娘は幸せな結婚をし、親としてのつとめは一応終りました。でも、まだ、なにか親らしいことをしたい気持があり、新たに子どもを引き取って育てる体力は自信がないため、『あしながおじさん』に参加させていただきました。匿名で援助できるということが、大変すばらしいことと思います」。

「私の年代は、戦争のせいで結婚の機会が少なく、独身者が多いのです。私もそうで、結婚をし、子どもを育てるということをしておりません。自分では立派に生きているつもりでも、他人からみると、人間的にどこか冷たいものの見方をすると思われているようです。あしながおじさんになってみるのも、なにか自分の生きかたにプラスになるのではないかと考えた次第です」。

(3) **世間に役立ちたい。**

これは、世間に役立ちたくて「あしながおじさん」になったという動機タイプである。前項の、他人に役立ちたいという動機と似ているが、それが役立ちの対象を個人として考えているのにたいして、こちらは役立ちの対象をいくらか漠然と世間と考えている。

全国調査で「あしながおじさん」になった動機を一般的に訊いたさい、「世の中のために役立ちたい」は幸福への感謝、他人への役立ちについで四二・九%を占めて第三位となった。

この回答の意味するものを自由回答に即して考えてみると、ひとつは、世の中はもちつもたれつの相互依存の関係から成り立っているとみる、世の中観とでもいうべきものがある。これは、社会学の連帯概念でいえば、闘争理論の階級的連帯よりは、統合理論のコミュニティ感情によった社会関係にちかい。また、その世の中観によってみれば、社会の現状は、エゴセントリズム、連帯の欠如などにより、批判され、告発されることになる。

「私があしながおじさんになったのは、世の中は回り回っているもの、いつどこで私たちや子どもたちが、どういうかたちで人様のお世話になるかもわからないからです。できるときに、できる範囲で手助けを……。だから、遺児の皆様も『恩返し』などといわずに、できる範囲でどんな小さなことでもよいから、誰かにその愛をあげてください。どこかで、だれかとつながっている。ステキです」。

「人の世は、ギブ・アンド・テイクだと考えるから。けっして依存型の人間を認めるのではない。自立した個々の人間が、たがいにギブ・アンド・テイクの精神で生きていくべきだと考える。高卒の学歴は、現状では自立した人間の条件であり、交通遺児というだけの理由で、高校進学を断念することは放っておけない。

また、現在あるような交通遺児の母を作りたくないから。もし、女性が専門職につくだけの学問があれば、夫を失った悲しみ、寂しさはあっても、生活苦におそわれないはずである。現在、四〇代以上の女性は、学校のみならず、家庭、社会全体の、男女差別教育の被害者である」。

「『人間はみな平等であってほしい』と願っています。でも、現実はどうでしょう。それを考えてみるとき、自分の気持ち(欲ばりな心など)をいましめ、願いをかなえるために努力をしようと思ったのです」。

「一部で高級車を乗りまわす若者、お金の使いみちに困るのか、ただ無駄に海外旅行をする人びと。その半面、家の経済が許さないため、勉強したくてもできない人びとがいる。なにか不合理に感じます。私はさいわいに一人分くらい負担しても、それほど生活が圧迫されません」。

世の中に役立つことを、社会参加の観点からとらえた回答も少なからずみられた。社会とつながりをもつこと、そのなかで必要とされる存在になりたいという動機からあしながおじさんになったという例である。

「私は主婦ですが、何らかの形で社会とつながっていたかったことと、『あしながおじさん』では、個人の名前が出ないのがすばらしいと思い、入会させていただきました。気楽に入りましたので、たくさんの方がたにも、そんなつもりで入っていただけたらよいと思います」。

(4) 不幸な人に同情する。

交通遺児に同情して、かれらが貧困ゆえに進学できないという不幸をなくすために「あしながおじさん」になったという動機タイプである。

全国調査で「あしながおじさん」になった動機を交通遺児の見方との関係にしぼって訊くと、「交通遺児であるから高校進学ができないのはかわいそうだ」は六八・六%で、第一位である。「あしながおじさん」の七割は、かわいそうという同情、気の毒に思う気持から、その経済的援助をしている。

自由回答でみると、この同情が成立する基礎的条件のひとつは、他人の不幸による苦しみを想像して自らのものとする能力、いわゆる共苦関係に入る能力である。これにあわせて、現代日本では交通事故は個人の注意などによっては避けられない不幸の典型であるという認識が作用している。

「他人の不幸を見逃せないのが自分の性格です。かといって、自分にもできる限界というのがあります。『あしながおじさん』を知って、万分の一でも他人のためになろうと思いました。それも、いま現在、自分も働いているからで、主人の収入をあてにして生活するようになったら、そうはいっておられないので、できるだけいまから協力していきたい」。

「お金がない、片親が苦労をしている、そのような理由だけで勉強の場を去らなければならないのは、子どもの気持ちとしてはあまりに無念であろうと思われます。また、頭の良し悪しで、進学を決めるのも賛成できません。若いということはいくらでも希望をかなえる条件なのだから。かれらの夢を先払いしてあげているだけです」。

「交通戦争といわれる時代に、災禍にあうあわないは、まったく紙一重の差です。その差がもたらす波紋の大きさは、はかりしれないものがありましょう。その紙一重の差から交通遺児になった人たちのことは、ひとごととは思えませんし、いつ自分や自分の家族がそうならないとも限りません。

現在までは順調に、幸せに生きてきました。そのことへの感謝と未来への祈りと、そして少しでも世の中にお返しできたら……と、そんな気持です」。

不幸への同情を支える想像力は、同じ性質の不幸を体験した人にとくに活発にはたらくようである。そのような体験として比較的多くあげられるのは、若いころ苦学をしたり、貧困ゆえに進学を断念した体験、母子世帯で育った、あるいは暮らした体験、交通事故の被害者となった体験などである。

全国調査で、「あしながおじさん」になった動機のうちに、「自分は若いころ苦労、苦学したので、ひとごととは思えない」をあげたものが二〇・〇%、「自分は若いころ学校にいけなかったので、ひとごととは思えない」をあげたものが、七・五%いた。また、「あしながおじさん」のうち、母子世帯で育った人、母子家庭の現在成員である人のそれぞれの比率は、日本人のそれぞれの平均的比率の二倍ほどである。

「私は家庭の事情で大学を断念せざるをえませんでした。それでも高校へは、年老いた祖母が行商をし、母も朝から晩まではたらいて、なんとか行かせてもらいました。そんな苦労をした祖母や母を知っていますから、交通遺児本人だけではなく、そのご家族のことも推察して、なにかしてあげたいと思いました」

「私は入試に合格したことを父に報告したときに、一言『払う金はないよ』といわれ、ショックをうけました。貧しい家庭ではなかったし、受験のことは両親は承知していたのに、裏切られたように思いました。もし、お金がないことを事前に話してくれたら、就職してもかまわなかったのに……。

たまたま高校時代に英語を教えたアルバイトの貯金で八割方まかなえたので、無事入学、二年間一生懸命勉強しました。勉強したくてもチャンスがない人、はたらきたくてもチャンスがない人、必死に生きようとする人に援助してあげたい」。

「交通遺児をかかえた母親の生活の苦しさに同情。私自身も戦争で父を亡くし、母一人子一人で育ったが、戦後大変な苦労をした。交通遺児よりも、その遺児をかかえた母を助けたい。『一隅を照らす』という精神が大切と思う」。

「ひとごとと思っていた交通事故で主人が被害者になり、苦しい思いをさせられたが、奇跡的に社会復帰ができた経験から。交通事故被害者をひとごとと思えなくなったので、交通遺児のためにお役にたてたらという希いとともに、私どもはラッキーだった、その感謝のなかから思いたった」。

(5) 恩返し。

過去に自分にたいして他者がおこなった善行を恩としてとらえ、その恩を返すために今度は自分が他者に善行をおこなうという考えかたが日本人にある。この恩返しの善行をおこないたいので、「あしながおじさん」になったという動機タイプである。

全国調査で訊いた「あしながおじさん」になった動機では、「他人からうけた恩を返したい」は一六・〇%になっている。「あしながおじさん」の六人にひとりは、その動機のひとつとして、この恩返しを意識しているわけである。

日本人の恩の思想については、アメリカの女性文化人類学者、ルース・ベネディクトが日本人の国民性を論じた著作『菊と刀』で説いたところが、ひろく知られている。彼女はそこで、日本では親の子育てが子にとっての親の恩と意識されること、子はその恩返しのために親に孝行をつくすことなどを指摘して、恩と恩返しの関係は借金と返済の関係に似ているといった。そして、これと対照的に、アメリカでは、親が子を育てるとき、それは子を育てたいから育てるのであって、それに報いを求めるのではないともいった(前掲『菊と刀——日本文化の型』一三三—一三七ページ)。

たしかに、日本人の恩の思想には彼女が指摘する一面がある。しかし、それがすべてではない。なぜならば、恩は、それを受けた相手に返すとはかぎらないからである。恩返しの動機から「あしながおじさん」になった人びとのばあい、かれらは、過去に他者から善行＝恩をうけ、それをいま、その他者とは別人の交通遺児に善行をおこなうことで返している。このとき、恩返しを恩をうけた他者にしていると考えられているばあいと、恩返しを遺児にしていると考えられているばあいがある。前者では、善行の相手と恩返しの相手が異なる。後者では、恩をうけた相手と恩返しの相手が異なる。以下で五例をあげるが、第一例は明白に前者のケースであり、第五例は明白に後者のケースである。ここは学問的論議に深入りする場所ではないが、ベネディクト女史の恩の論議には修正の余地があること、恩の思想には日本人の人間性の一端があらわれていることは示唆しておきたい。

「生まれて間もなく実母に死に別れ、養女に出されました。養家は貧しい百姓でしたが、養母の仏様のような愛情につつまれ、実子とかわらないように育てられました。労働こそ小さい時からせい一杯やりましたが、国庫補助をうけて、女子師範学校に入ることができました。養母との出会いなくしては、今日の私はありません。その亡き母にたいする恩返しの気持ちです」。

「六歳のとき、とんぼとりをしていて、過って池に落ち、通りがかりの人が池にとびこんで命をたすけてくれた。その人はそのまま立ち去り、母が懸命に探したが、その人がどうしてもわからなかった。せめてもの恩返しという気持が、私の生活のなかにつねにあらわれてくる」。

「主人と死別、直後に始まった息子の非行、多数の方の善意によって苦しい体験の後、その苦境をのりこえてホッと一息ついたとき、ふと手にした新聞で、あしながおじさんのことを知りました。これは私にできる社会への報恩の一つと思い、即座に電話で申し込みました」。

「夫が戦死し、女の子三人は日本育英会より奨学金を拝借いたしました。一人が国立大学を、二人が都立高校を卒業できました。そのご恩返しのため、命ある限り送金させていただきます」。

「独身のため、親に育ててもらった恩を子供に返すことができません。生きているうちに借りを返したいと思いました。自分自身のためです。このような機会をあたえられている私のほうが感謝すべきと思っております」。

(なお、この恩の主題についての学問的論議に関心をもつ読者はつぎの文献を参照されたい。副田義也『日本文化試論――ベネディクト「菊と刀」を読む』新曜社、一九九三年、一五三―一七八ページ)

(6) 供養、追善。

愛していた人間が亡くなったので、そのひとの後生を祈って、そのために善行をおこないたいから、「あしながおじさん」になったという動機タイプである。

全国調査で訊かれた「あしながおじさん」になった動機では、七・五%が「不幸なことの供養をしたい」をあげている。死去した愛していた人間の多くは子どもであるが、一部には親が入る。その死者の後生を祈るほかに、生き残った自分の辛く悲しい心を支えるという動機もいっしょに作用している。四例をあげる。

「昭和五四年四月六日、長女を交通事故で亡くし、何をする気力もないまま目を通した二〇日付の朝日新聞で『あしながおじさん』の記事を読みました。人にいろいろしてあげることの好きな娘でした。供養にでもなれば幸いですし、将来ある人のお役にたつと思いますし、これから生きていく支えにもなると思いました」。

「長女を生後一週間でなくしました。以前からきちんとした団体でお金をいかして使ってくださるなら、自分の恵まれた生活に感謝して、一部を困っている人にわかちたいという気持をもっていました。

娘を亡くしたことがきっかけで、長女が生きておれば当然かかったであろう費用を交通遺児育英会で使っていただくことで、長女の供養にもなるし、別の子を育てることにもなると思い、なりました」。

「昭和五五年九月、下校途中、集中豪雨の鉄砲水で小学一年生の娘を亡くし、続いて昭和五七年一月、授かった娘を心臓病で生後一〇日で亡くし、どうしてよいかわからなくなっていたとき、以前から耳にしていた『あしながおじさん』にわずかでも協力していくことで、自分も立ち直り、生きてゆく希望、はりあいにしたいと思いました。

その後、五九年二月再び娘に恵まれ、毎日感謝して、これからも続けられるだけ、あしながおじさんでいたいと思っています」。

「二〇年前に主人を亡くしました。その主人は幼いころ、父親を亡くして、大学進学をあきらめました。その悲しみをよく聞いておりました」。

⑺ 死者との連帯感。

親密な関係にあった人びと、あるいは個人が死んだ。しかし死者と自分とのあいだには、想像上の連帯感がある。死者が生きていたら、「あしながおじさん」になったであろうと思う。あるいは、死者は生前、善行をおこなうひとであった。だから、いま、生きている自分が「あしながおじさん」になるというのである。

これは、事例調査では気づかれず、全国調査の調査票を作成するさいにも意識されていなかった。しかし、全国調査の自由回答を分析するなかで、独自のひとつの動機タイプとして発見された。供養・追善の動機と似ているが、まったく同じではない。少数例であるが、日本人の死生観に深く根ざす、善行の動機タイプであると思い、とりあげた。三例をあげるが、最初の二つが典型例であり、最後のものはヴァリアントのひとつである。

「浜松陸軍飛行学校戦技第二期卒業生として、一五〇名が卒業しました。戦友のうち私ども約一〇名が生き残りました。あとは皆、台湾沖と沖縄戦で戦死しました。生き残ったひとりとして、死んでいったかれらは、おそらく生きていたらこうしたであろうと考えて、あしながおじさんになりました」。

「二十数年前、実父が亡くなりましたあとで、牧師様から医師であった実父が『あしながおじさん』であったということを聞かされました。今から五十数年以前、たまたま父が学資を援助していた学生に町で出会ったところ、父よりも立派な身なりで闊歩している姿に腹が立ったそうです。

その腹立ちの後に、毎日最初の患者さんからいただく代金を箱に投入し、一ケ月分宛を牧師様に委託、以来自らは相手の学生を知らず、まったくのあしながおじさんとなった由。父の志を継ぐことは、私にそそがれた父の愛への讃歌だと思いつづけております」。

「高校のとき、クラブがいっしょだった同期生が交通事故で死にました。無免許でした。三年後に、その人のために免許をとりました。免許をとってもペーパードライバーでいるつもりでしたが、車がほしくなって乗っています。いつもその人の写真を免許証といっしょに持って、事故を起こさないように気をつけています。その人が見守っていてくれるという気持もあります。こんな悲しい思いを誰にもしてほしくないし、不幸にもそうなってしまった人たちに、少しでも役立ちたいと思います」。

(8) 運転者の自戒、責任感。

自動車を運転する者として事故を起こしたくないという気持があり、その気持ちを日々新たに持ちつづけたいので、「あしながおじさん」になったという動機タイプである。

これも事例調査では気づかれなかったが、全国調査の自由回答の分析にさいしては、かなり高い頻度であらわれてきた。ヴァリアントとしては、過去におこした交通事故への償いをしたいという動機や、自動車産業あるいは自動車関連産業ではたらいていたり、はたらく者を身内にもっているので交通事故に間接的に責任を感じることにもとづく動機があった。

「私も主人も毎日のように車を運転します。この便利な車も、いつ、どこで人に害を加える恐ろしい道具となるか、それは誰にもわかりません。一台の車が、たとえ安全運転をしていても、温かい家庭を、幸福を破壊するかもしれない。それはひとごとではないと思います。自戒の気持と、少しでもその犠牲となったお子さんの役に立ちたいと考えました」。

「自分の会社はダンプトラック四〇台を所有しております。昨日までは幸いにも、交通遺児を発生させておりません。しかし、事故はいつおこるかわかりません。無事故運動の一端として申し込みました」。

「長女が大学に入って運転免許をとり、自動車も買ったのに、学校にも行けない子供さんがいらっしゃる。自分たちだけ幸せなのは申しわけない気がしたことと、あしながおじさんになったことを神様が知ってくだされば、子どもが交通事故を起こさずにすむかもしれないという恥ずかしい理由から」。

「私はもう一〇年以上もまえ、交通事故で相手の方を死なせたことがあり、刑にも服した者です。相手の方にも何人かのお子さんがありました。現在、私は仕事も順調にさせていただいております。過去の償いのほんの一部にでもなればと思っております」。

「じつは私の主人も、実家の父もタイヤメーカー会社につとめていました。直接交通事故をおこした者は、身のまわりにはまったくありません。でも、年々交通事故が増え、交通遺児がふえてゆく現実を見ていて、間接的ながら、責任がないとは言えないと思うようになりました。そんなおり、あしながおじさんのことを知って、わずかでも罪ほろぼしの一つにでもなるならという気持ちで申し込みました」。

(9) 小説『あしながおじさん』の感動。

ウェブスターの小説『あしながおじさん』を読んで、あるいはそれが映画化された作品を観て、主人公がひそかにおこなう善行に感動した経験があり、その善行を自分もしてみたいので、「あしながおじさん」になったという動機タイプである。

全国調査によれば、「あしながおじさん」になった人びとのうち、この小説を読んでいたものは四七・二％におよび、この映画を観ていたものは一二・八％となっている。そのほか、テレビドラマ、絵本、子ども向きの本などで、この物語は知られている。他人から話で聞いていたばあいまでいれると、八三・五％の人びとが、この物語を知っていたと回答している。とくに女性でこれらの比率が高くなる。この小説を読んだものだけで六二・五％、この物語を知っていた人びとは九一・八％にまでおよんでいる。

「幸福な少女時代を送らせてくれた親に感謝する気持と、昔、父が親類の子供の学費を援助していた時代のあったことを思い出し、それと学生時代読んだ『あしながおじさん』の感激を味わわせていただけるのが嬉しくて申し込みました」。

「昔読んだ『あしながおじさん』の気持、どこかの誰かがどこかの誰かにそっと名も告げずにおこなう陰徳の行為。こんなすばらしいことをしてくださる会について娘より聞き、私の気持にピッタリですっかり感激。さっそく貧者の一灯を捧げたく入会させていただきました」。

「作家の名前は忘れたが、若い頃読んだ『あしながおじさん』の小説、フレッド・アステアの映画を観て、アメリカではこういう形で一人の人間を社会に役立つ人間に育てる人がいるのだなあと感動しました。現在はアメリカの巨大さに失望しています。特に犯罪の多発についてです。しかし、アメリカ人気質を変わらず持ちつづけている人びともいると思います。交通遺児の方には、一人でも多く社会の有用な人物になってもらうのが、日本を繁栄させる道と思います」。

「昔、洋画で『あしながおじさん』をみました。それが、心に残っていました。自分の生活が、年金をいただくようになってからは、いくらかでも遺児たちのためになりたいと、ほんの少しですが送らせていただいております」。

「助けを求めている人がいて、自分が助けてあげられるときにはそうするのがあたりまえだと思います。私たちは何をしても、この世でどれほどのことができるかわかりません。身近なところで自分にできるよいことがあるのは、自分にとってとてもうれしいことです。それを誰かが喜んでくれるならこの上ない幸せです。しかも未来ある若い人の成長に役にたつなら、できるだけのことをしたいです。

『あしながおじさん』という名称もとてもいいです。とてもよい精神から出発していて応援のしがいがあります。本当はもっとたくさん応援したいのですが」。

⑽ 自分の子どもの教育のため。

子どもが不幸な人びとにたいして思いやりがある人間に育つようにと願い、そのために「あしながおじさん」になったという動機タイプである。

全国調査で、「あしながおじさん」になった動機を交通遺児との関係にしぼって訊いたばあいでは、「自分の子どもの教育のため」は一九・一％になった。このばあい、親があしながおじさんになるということが、子どもにたいして示す生きかたの手本、子どもに不幸な人びとの存在について目を向けさせるきっかけと考えられている。

「自分の子に利己的に育ってほしくない、恵まれない弱い立場の人たちに温かい目を向けられるような人間になってほしい。それには、親がまず率先してやらねばいかんと思い、申し込んだ」。

「私どもの子供は恵まれ過ぎていて、困ったという経験がないと思います。高校進学にしてもあたりまえ、誰でも行くから……など。世の中には勉強がしたいと思っていても父親がいなく、経済的に進学を断念している仲間がいるのだということを、親が援助を申し出たということでよくわかってもらえるように、決心し、申し込みました」。

⑾　**交通遺児育英会への賛同・信頼。**

交通遺児育英会の活動に賛同し、それを信頼して、「あしながおじさん」になったという動機タイプである。

これも全国調査の自由回答を分析する過程で高い頻度であらわれてきて、ひとつの独立した動機タイプとしてあつかわれるべきであろうと考えられた。交通遺児に育英資金を出すことの意義の認識、交通遺児育英会の組織への信頼、そこでは寄付が本当に活きた金としてつかわれることへの期待などがあげられている。これらを形成する条件のひとつとして、交通遺児育英会の出版物などを通じての啓蒙活動があることも、回答から知られる。

「貴会をはじめて知ったのは、昭和四六年夏ごろでしたか。『天国にいるおとうさま』を偶然に読む機会に恵まれてのことでした。第一期のあしながおじさんへの参加は経済的に無理でしたが、第二期のこの機会に申し込みました。昔から本はあまり読みませんでしたが、『天国にいるおとうさま』は夢中で読んだことをおぼえています。すごいショックでした。この本二冊は、親しい人にプレゼントしました」。

「組織がしっかりしているので、自分の力は微力ながら、大きな力に集約されてゆくであろうと信頼できたこと。明確な目的のもとに地味な援助活動がおこなわれることに賛同し、加わりたいと思ったこと。次代を背負う子どもたちは、自分の子、他人の子にかかわりなく、勉強してほしいと思っていること」。

「私たち夫婦は子供のできないまま結婚一〇年を迎えました。忙しさにまぎれて、自分を振りかえる余裕のないのを反省し、社会との連帯感を求めたいのです。

交通遺児育英会がエリート志向でないごく普通の青年の進学を援助していることは素晴らしいことだと思います」。

「会社を経営していて思うことの一つに、納税した税金の使われ方がある。本当に活きたお金として、国のため、社会のために使ってほしい。しかし、残念ながらムダが相当ある。ならば、利益の一部だけでも自由に使い、自分で納得することに使いたい。せっかく全社員で汗水ながして稼いだ大切なお金だから」。

4　日本人的ボランティア像

「あしながおじさん」の人間像を、かれらが「あしながおじさん」になった一一の動機タイプを通じて素描してきた。さきにも述べたように、これは、日本人の人間性、愛と同情心、正義感などを示すものであり、日本的な福祉ボランティア像である。発見の主要部分を要約し、日本文化論への示唆とみるべきものを指摘しておく。

幸福に感謝するという動機は、もっとも広い範囲にみられたが、このばあい、自分の現在の幸福を、自分の能力や努力の結果であると考えるよりは、自分を超えたなにか大きいもののおかげと考える発想が背後にある。これは、工業社会の業績達成主義よりは、農業社会の収穫感謝思想にちかい。それによって幸福に感謝するという考えかたが生じるのである。ほかに不幸を知っていること、足るを知っていることの積極的意味が見出された。他人に役立ちたいという動機では、理由として、子どもや若い人びとへの愛情、かれらの成長への期待、かれらにたいする責任感が重要である。愛情のばあい、最初から遺児に向けられるものと、身近な存在に受けいれられなかったので遺児に転じて向けられるものとがあった。世間に役立ちたいという動機では、世の中は相互依存の関係にあるとみる世の中観が根底にあった。

また、それによってみれば、社会の現状はエゴセントリズムと連帯の欠如によって批判されることになる。

不幸な人に同情するという動機では、他人の不幸による苦しみを想像して自らのものとする能力が、基礎的条件になっている。それは、苦学した経験、貧しさゆえに就学を断念した経験、母子世帯で育った経験、交通事故にあった経験などがあるとき、より活発にはたらく。また、交通事故はいつ、どこでわが身に生じるかもしれないという認識もある。恩返しの動機では、ベネディクト流の批判的な見方にたいして、別の見方があることが示唆された。それは、運命への感謝としての恩返しとでもいうべきものである。供養、追善の動機、死者との連帯感にもとづく動機のばあい、いずれも、想像力によって、あるいは記憶のなかで生きつづける死者との関係で、善行の動機づけが生じている。これら三つの動機には、運命観、死生観などで、とくに日本人的なものを感じさせられる。

ほかに、運転者の自戒、責任感にもとづく動機があったが、これは、交通遺児のためのボランティア活動のみで出現する動機タイプであろう。『あしながおじさん』の作品の感動による動機では、「あしながおじさん」というネーミングの効果が大きかったことが示唆されている。自分の子どもの教育のためという動機は、子どもが不幸な人にたいして思いやりをもつ人間に育つようにと願うものであった。最後に、交通遺児育英会の活動に賛同し、これを信頼するところに生じる動機があり、そのためには育英会の啓蒙活動が重要な役割をはたしていることが知られた。

本書は二〇〇三年三月、岩波書店より刊行された。

あしなが運動と玉井義臣—歴史社会学からの考察（上）

2023 年 4 月 14 日　第 1 刷発行

著　者　副田義也《そえだよしや》

発行者　坂本政謙

発行所　株式会社　岩波書店
〒101-8002 東京都千代田区一ツ橋 2-5-5

案内 03-5210-4000　営業部 03-5210-4111
https://www.iwanami.co.jp/
印刷・精興社　製本・中永製本

ISBN 978-4-00-603338-5　　Printed in Japan

岩波現代文庫創刊二〇年に際して

二一世紀が始まってからすでに二〇年が経とうとしています。この間のグローバル化の急激な進行は世界のあり方を大きく変えました。世界規模で経済や情報の結びつきが強まるとともに、国境を越えた人の移動は日常の光景となり、今やどこに住んでいても、私たちの暮らしは世界中の様々な出来事と無関係ではいられません。しかし、グローバル化の中で否応なくもたらされる「他者」との出会いや交流は、新たな文化や価値観だけではなく、摩擦や衝突、そしてしばしば憎悪までをも生み出しています。グローバル化にともなう副作用は、その恩恵を遥かにこえていると言わざるを得ません。

今私たちに求められているのは、国内、国外にかかわらず、異なる歴史や経験、文化を持つ「他者」と向き合い、よりよい関係を結び直してゆくための想像力、構想力ではないでしょうか。

新世紀の到来を目前にした二〇〇〇年一月に創刊された岩波現代文庫は、この二〇年を通して、哲学や歴史、経済、自然科学から、小説やエッセイ、ルポルタージュにいたるまで幅広いジャンルの書目を刊行してきました。一〇〇〇点を超える書目には、人類が直面してきた様々な課題と、試行錯誤の営みが刻まれています。読書を通した過去の「他者」との出会いから得られる知識や経験は、私たちがよりよい社会を作り上げてゆくために大きな示唆を与えてくれるはずです。

一冊の本が世界を変える大きな力を持つことを信じ、岩波現代文庫はこれからもさらなるラインナップの充実をめざしてゆきます。

（二〇二〇年一月）

岩波現代文庫[社会]

S292
食べかた上手だった日本人
―よみがえる昭和モダン時代の知恵―
魚柄仁之助

八〇年前の日本にあった、モダン食生活のユートピア。食料クライシスを生き抜くための知恵と技術を、大量の資料を駆使して復元！

S293
新版 報復ではなく和解を
―ヒロシマから世界へ―
秋葉忠利

長年、被爆者のメッセージを伝え、平和活動を続けてきた秋葉忠利氏の講演録。好評を博した旧版に三・一一以後の講演三本を加えた。

S294
新島襄
和田洋一

キリスト教を深く理解することで、日本の近代思想に大きな影響を与えた宗教家・教育家、新島襄の生涯と思想を理解するための最良の評伝。〈解説〉佐藤 優

S295
戦争は女の顔をしていない
スヴェトラーナ・アレクシエーヴィチ
三浦みどり訳

ソ連では第二次世界大戦で百万人をこえる女性が従軍した。その五百人以上にインタビューした、ノーベル文学賞作家のデビュー作にして主著。〈解説〉澤地久枝

S296
ボタン穴から見た戦争
―白ロシアの子供たちの証言―
スヴェトラーナ・アレクシエーヴィチ
三浦みどり訳

一九四一年にソ連白ロシアで十五歳以下の子供だった人たちに、約四十年後、戦争の記憶がどう刻まれているかをインタビューした戦争証言集。〈解説〉沼野充義

S297
フードバンクという挑戦
―貧困と飽食のあいだで―
大原悦子

食べられるのに捨てられてゆく大量の食品。一方に、空腹に苦しむ人びと。両者をつなぐフードバンクの活動の、これまでとこれからを見つめる。

S298
いのちの旅
「水俣学」への軌跡
原田正純

水俣病公式確認から六〇年。人類の負の遺産「水俣」を将来に活かすべく水俣学を提唱した著者が、様々な出会いの中に見出した希望の原点とは。〈解説〉花田昌宣

S299
紙の建築 行動する
―建築家は社会のために何ができるか―
坂茂

地震や水害が起きるたび、世界中の被災者のもとへ駆けつける建築家が、命を守る建築の誕生とその人道的な実践を語る。カラー写真多数。

S300
犬、そして猫が生きる力をくれた
―介助犬と人びとの新しい物語―
大塚敦子

保護された犬を受刑者が介助犬に育てるという米国での画期的な試みが始まって三〇年。保護猫が刑務所で受刑者と暮らし始めたこと、元受刑者のその後も活写する。

S301
沖縄 若夏の記憶
大石芳野

戦争や基地の悲劇を背負いながらも、豊かな風土に寄り添い独自の文化を育んできた沖縄。その魅力を撮りつづけてきた著者の、珠玉のフォトエッセイ。カラー写真多数。

2023. 4

S302
機会不平等
斎藤貴男

機会すら平等に与えられない〝新たな階級社会の現出〟を粘り強い取材で明らかにした衝撃の著作。最新事情をめぐる新章と、森永卓郎氏との対談を増補。

S303
私の沖縄現代史
—米軍支配時代を日本《ヤマト》で生きて—
新崎盛暉

敗戦から返還に至るまでの沖縄と日本の激動の同時代史を、自らの歩みと重ねて描く。日本〈ヤマト〉で「沖縄を生きた」半生の回顧録。岩波現代文庫オリジナル版。

S304
私の生きた証はどこにあるのか
—大人のための人生論—
H.S.クシュナー
松宮克昌訳

私の人生にはどんな意味があったのか? 人生の後半を迎え、空虚感に襲われる人々に旧約聖書の言葉などを引用し、悩みの解決法を提示。岩波現代文庫オリジナル版。

S305
戦後日本のジャズ文化
—映画・文学・アングラ—
マイク・モラスキー

占領軍とともに入ってきたジャズは、アメリカそのものだった! 映画、文学作品等の中のジャズを通して、戦後日本社会を読み解く。

S306
村山富市回顧録
薬師寺克行編

戦後五五年体制の一翼を担っていた日本社会党は、その誕生から常に抗争を内部にはらんでいた。その最後に立ち会った元首相が見たものは。

S307
大逆事件
―死と生の群像―
田中伸尚

天皇制国家が生み出した最大の思想弾圧「大逆事件」。巻き込まれた人々の死と生を描き出し、近代史の暗部を現代に照らし出す。〈解説〉田中優子

S308
「どんぐりの家」のデッサン
漫画で障害者を描く
山本おさむ

かつて障害者を漫画で描くことはタブーだった。漫画家としての著者の経験から考えてきた、障害者を取り巻く状況を、創作過程の試行錯誤を交え、率直に語る。

S309
鎖塚
―自由民権と囚人労働の記録―
小池喜孝

北海道開拓のため無残な死を強いられた囚人たちの墓、鎖塚。犠牲者は誰か。なぜその地で死んだのか。日本近代の暗部をあばく迫力のドキュメント。〈解説〉色川大吉

S310
聞き書 野中広務回顧録
御厨貴
牧原出 編

二〇一八年一月に亡くなった、平成の政治をリードした野中広務氏が残したメッセージ。五五年体制が崩れていくときに自民党の中で野中氏が見ていたものは。〈解説〉中島岳志

S311
不敗のドキュメンタリー
―水俣を撮りつづけて―
土本典昭

『水俣―患者さんとその世界―』『医学としての水俣病』『不知火海』などの名作映画の作り手の思想と仕事が、精選した文章群から甦る。〈解説〉栗原彬

S312
増補 隔離
―故郷を追われたハンセン病者たち―
徳永 進

らい予防法が廃止され、国の法的責任が明らかになった後も、ハンセン病隔離政策が終わり解決したわけではなかった。回復者たちの現在の声をも伝える増補版。〈解説〉宮坂道夫

S313
沖縄の歩み
国場幸太郎
新川 明
鹿野政直 編

米軍占領下の沖縄で抵抗運動に献身した著者が、復帰直後に若い世代に向けてやさしく説き明かした沖縄通史。幻の名著がいま蘇る。〈解説〉新川 明・鹿野政直

S314
ぼくたちはこうして学者になった
―脳・チンパンジー・人間―
松本 元
松沢哲郎

「人間とは何か」を知ろうと、それぞれ新たな学問を切り拓いてきた二人は、どのような生い立ちや出会いを経て、何を学んだのか。

S315
ニクソンのアメリカ
―アメリカ第一主義の起源―
松尾文夫

白人中産層に徹底的に迎合する内政と、中国との和解を果たした外交。ニクソンのしたたかな論理に迫った名著を再編集した決定版。〈解説〉西山隆行

S316
負ける建築
隈 研吾

コンクリートから木造へ。「勝つ建築」から「負ける建築」へ。新国立競技場の設計に携わった著者の、独自の建築哲学が窺える論集。

S317
全盲の弁護士　竹下義樹
小林照幸

視覚障害をものともせず、九度の挑戦を経て弁護士の夢をつかんだ男、竹下義樹。読む人の心を揺さぶる傑作ノンフィクション！

S318
一粒の柿の種
―科学と文化を語る―
渡辺政隆

身の回りを科学の目で見れば…。その何と楽しいことか！　文学や漫画を科学の目で楽しむコツを披露。科学教育や疑似科学にも一言。〈解説〉最相葉月

S319
聞き書　緒方貞子回顧録
野林健
納家政嗣編

「人の命を助けること」、これに尽きます――。国連難民高等弁務官をつとめ、「人間の安全保障」を提起した緒方貞子。人生とともに、世界と日本を語る。〈解説〉中満泉

S320
「無罪」を見抜く
―裁判官・木谷明の生き方―
木谷明
山田隆司
嘉多山宗聞き手・編

有罪率が高い日本の刑事裁判において、在職中いくつもの無罪判決を出し、その全てが確定した裁判官は、いかにして無罪を見抜いたのか。〈解説〉門野博

S321
聖路加病院　生と死の現場
早瀬圭一

医療と看護の原点を描いた『聖路加病院で働くということ』に、緩和ケア病棟での出会いと別れの新章を増補。〈解説〉山根基世

S322
菌世界紀行
―誰も知らないきのこを追って―
星野 保

大の男が這いつくばって、世界中の寒冷地にきのこを探す。雪の下でしたたかに生きる菌たちの生態とともに綴る、とっておきの〈菌道中〉。〈解説〉渡邊十絲子

S323-324
キッシンジャー回想録 中国(上・下)
ヘンリー・A・キッシンジャー
塚越敏彦ほか訳

世界中に衝撃を与えた米中和解の立役者であるキッシンジャー。国際政治の現実と中国の論理を誰よりも知り尽くした彼が綴った、決定的「中国論」。〈解説〉松尾文夫

S325
井上ひさしの憲法指南
井上ひさし

「日本国憲法は最高の傑作」と語る井上ひさし。憲法の基本を分かりやすく説いたエッセイ、講演録を収めました。〈解説〉小森陽一

S326
増補版 日本レスリングの物語
柳澤 健

草創期から現在まで、無数のドラマを描ききる日本レスリングの「正史」にしてエンターテインメント。〈解説〉夢枕 獏

S327
抵抗の新聞人 桐生悠々
井出孫六

日米開戦前夜まで、反戦と不正追及の姿勢を貫きジャーナリズム史上に屹立する桐生悠々。その烈々たる生涯。巻末には五男による〈親子関係〉の回想文を収録。〈解説〉青木 理

S328
人は愛するに足り、真心は信ずるに足る
―アフガンとの約束―
中村 哲
澤地久枝(聞き手)

戦乱と劣悪な自然環境に苦しむアフガンで、人々の命を救うべく身命を賭して活動を続けた故・中村哲医師が熱い思いを語った貴重な記録。

S329
負け組のメディア史
―天下無敵 野依秀市伝―
佐藤卓己

明治末期から戦後にかけて「言論界の暴れん坊」の異名をとった男、野依秀市。忘れられた桁外れの鬼才に着目したメディア史を描く。〈解説〉平山 昇

S330
ヨーロッパ・コーリング・リターンズ
―社会・政治時評クロニクル 2014-2021―
ブレイディみかこ

人か資本か。優先順位を間違えた政治は希望を奪い貧困と分断を拡大させる。地べたから英国を読み解き日本を照らす、最新時評集。

S331
増補版 悪役レスラーは笑う
―「卑劣なジャップ」グレート東郷―
森 達也

第二次大戦後の米国プロレス界で「卑劣な日本人」を演じ、巨万の富を築いた伝説の悪役レスラーがいた。謎に満ちた男の素顔に迫る。

S332
戦争と罪責
野田正彰

旧兵士たちの内面を精神病理学者が丹念に聞き取る。罪の意識を抑圧する文化において豊かな感情を取り戻す道を探る。

2023.4

S333
孤塁
―双葉郡消防士たちの3・11―
吉田千亜

原発が暴走するなか、住民救助や避難誘導、原発構内での活動にもあたった双葉消防本部の消防士たち。その苦闘を初めてすくいあげた迫力作。新たに「『孤塁』その後」を加筆。

S334
ウクライナ 通貨誕生
―独立の命運を賭けた闘い―
西谷公明

自国通貨創造の現場に身を置いた日本人エコノミストによるゼロからの国づくりの記録。二〇一四年、二〇二二年の追記を収録。〈解説〉佐藤優

S335
「科学にすがるな！」
―宇宙と死をめぐる特別授業―
佐藤文隆
艸場よしみ

「死とは何かの答えを宇宙に求めるな」と科学論に基づいて答える科学者 vs. 死の意味を問い続ける女性。3・11をはさんだ激闘の記録。〈解説〉サンキュータツオ

S336
増補 空疎な小皇帝
「石原慎太郎」という問題
斎藤貴男

差別的な言動でポピュリズムや排外主義を煽りながら、東京都知事として君臨した石原慎太郎。現代に引き継がれる「負の遺産」を、いま改めて問う。新取材を加え大幅に増補。

S337
鳥肉以上、鳥学未満。
―Human Chicken Interface―
川上和人

ボンジリってお尻じゃないの？ 鳥の首はろくろ首!? トリビアもネタも満載。キッチンから始まる、とびっきりのサイエンス。〈解説〉枝元なほみ

岩波現代文庫[社会]

S338-339

あしなが運動と玉井義臣(上・下)
—歴史社会学からの考察—

副田義也

日本有数のボランティア運動の軌跡を描き出し、そのリーダー、玉井義臣の活動の意義を歴史社会学的に考察。〈解説〉苅谷剛彦

2023. 4